rowohlt
BERLIN

Dirk Sager

Pulverfass Russland

Wohin steuert die Großmacht?

Rowohlt · Berlin

1. Auflage Januar 2008

Satz aus der Swift PostScript, InDesign,
bei Pinkuin Satz und Datentechnik, Berlin
Druck und Bindung Clausen & Bosse, Leck
Printed in Germany
ISBN 978 3 87134 592 0

Inhalt

Vorwort	**7**
1. Kapitel	Was treibt Putin an? **15**
2. Kapitel	Lehrjahre eines Meisters **31**
3. Kapitel	Die Entdeckung des Patriotismus **53**
4. Kapitel	Medien im Würgegriff **73**
5. Kapitel	Der Leviathan erwacht **101**
6. Kapitel	Die Gleichschaltung der Legislative **125**
7. Kapitel	Wo bleibt die Opposition? **149**
8. Kapitel	Die Reichen und die Macht **175**
9. Kapitel	Energie als Waffe **193**
10. Kapitel	Demokratie mit Adjektiven **215**
11. Kapitel	Annäherung durch Verflechtung? **245**
Literatur	**269**
Dank	**271**

Vorwort

Butowo war damals ein Dorf vor den Toren Moskaus. Am Rand der von Kiefern umstandenen Siedlung aus Holzhäusern lag der Schießplatz – den Widerhall von Gewehr- und Pistolenschüssen kannten die Anwohner. Doch seit dem 8. August 1937 drangen des Nachts und in den frühen Morgenstunden auch die Rufe von Frauen und Männern in die Hütten – Gebete und das Flehen, man möge doch um Gottes und der Kinder willen ein Einsehen haben. Es begann, was später Stalins «Großer Terror» oder die «Große Säuberung» genannt wurde, obwohl das vom Staat verordnete Morden längst schon zur Gewohnheit geworden war.

An jenem ersten Tag wurden 91 Menschen erschossen. Die nach dem Ende der Sowjetunion erstellten Listen der in Butowo Getöteten zählen insgesamt über zwanzigtausend Namen. Die Opfer, die Tag und Nacht in Lastwagen herangekarrt wurden, waren keineswegs, wie später offiziell behauptet wurde, in ihrer Mehrzahl Parteimitglieder. Zu den Erschossenen gehörte Tatjana Iwanowna, eine Frau in den Dreißigern. Man weiß von ihrem Schicksal, weil Verwandte später den Ort der Erschießung aufsuchten, wo die Leiche von Tatjana Iwanowna irgendwo unter der wuchernden Grasnarbe in einem Graben verscharrt worden war. Als Grund für ihre Verhaftung und Exekution reichte es, dass sie in ihrer Jugend mit einem deutschen Unternehmer in Moskau verheiratet war, der nach der Revolution sie und das Land verließ. Daraus konstruierte das NKWD, so hieß der Geheimdienst damals, den Vorwurf der Spionage.

Dass sich die Spuren ihres Lebens in jener Zeit nicht verloren, ist einfachen Kirchenleuten und der Menschenrechtsorganisation «Memorial» zu danken. Die einen bauten nach dem Ende der kommunistischen Herrschaft am Rand der Erschießungsstätte eine Kirche aus Holz. Und gemeinsam trug man die Namen der Hingerichteten zu einem Totenbuch zusammen. Der Staat zeigte kein Interesse für das Gedenken an diesen Teil seiner Geschichte. Wer in späteren Jahren nach Butowo fuhr, durchquerte die Ödnis der Vorstadt, wo sowjetische Industriebrachen und grelle Reklamewände die Lust am Verdrängen spiegelten. Man hatte Mühe, das Ziel zu erreichen, weil es auf keinem Stadtplan verzeichnet war und keine Schilder den Weg wiesen. Endlich angekommen, traf man in einem Haus neben der Kirche die selbst ernannten Hüter des vergessenen Ortes. Dort hatten sie die Dokumente gesammelt, gewährten Einblick in die langen Listen, ein paar Menschen, die sich staatlicher Gewissenlosigkeit entgegenstemmen, wie man sie immer wieder in Russland trifft, so gradlinig und offenherzig in Mitgefühl und Gastfreundschaft, wo sie doch fast nichts zu teilen hatten.

Als ich im März 1980 zum ersten Mal nach Moskau kam, wagte kaum jemand von Butowo zu sprechen. Doch bei aller Tristesse in der Endphase der Herrschaft Leonid Breschnews, die rückblickend als die «Zeit der Stagnation» betrachtet wird, gab es Zeichen der Hoffnung. Angesichts des politischen und ökonomischen Niedergangs griff im Land die Erkenntnis um sich, dass die Lügen nicht andauern konnten, dass hinter dem sich pompös gebärdenden Gebilde von Staat und Partei etwas

Neues entstehen musste, auch wenn noch niemand wusste, wie die Zukunft aussehen würde. So dachten nicht nur diejenigen, die damals von Amts wegen abfällig Dissidenten genannt wurden. Selbst im Zentralkomitee der Kommunisten regten sich unruhige Geister.

Valentin Falin, der frühere sowjetische Botschafter in Bonn, war auf interne Dokumente zu den Erschießungen polnischer Offiziere in Katyn 1940 gestoßen, die nach Lesart der Partei immer noch den Deutschen angelastet wurden. Falin, damals Berater des Generalsekretärs Juri Andropow, der Breschnew im Amt gefolgt war, drängte darauf, das Geheimnis zu lüften und zu bekennen, dass die Mörder dem NKWD angehörten und die Exekutionen auf Geheiß Stalins vollzogen worden waren.

Die Zeit war noch nicht reif für solche Wahrheiten. Falin wurde aus dem Zentralkomitee entlassen, und man traf ihn fortan im Redaktionshaus der Zeitung «Iswestija», wo er als Kommentator arbeitete. Auch dieses abrupte Ende einer Karriere war ein Beleg für die wachsende Unruhe im Apparat, in dem Falin keineswegs ein Einzelgänger blieb. Später gelangte er wieder zu Ansehen und Ehren, als Michail Gorbatschow ihn in sein Team berief.

Auf Ungeduld und Widerspruch konnte man auch fernab der Hauptstadt stoßen, etwa bei Fabrikdirektoren oder Kolchosvorsitzenden, die das Elend der Wirtschaft in ihren eigenen Betrieben erlebten. Der sowjetische Koloss war erstarrt, erschöpft nicht zuletzt von der Fixierung auf den Rüstungswettlauf mit den USA. Aber die Vorbeben der kommenden Veränderungen waren zu spüren. Die vagen Hoffnungen jener frühen achtziger Jahre schlugen um in Euphorie, als Gorbatschow die Stunde der Wahrheit einläutete. Er wies einen neuen Weg ohne Umkehr, wie es damals schien, einen Weg, der Demokratie und Rechtsstaatlichkeit – so phantastisch das noch klingen mochte – keinesfalls ausschloss. In den Straßen Moskaus demonstrierten Bürger für ihre Rechte. Im August 1991 verteidigten sie die demokratischen Ansätze gegen jene Kräfte in Geheimdienst und Partei, die das alte System wiederherstellen wollten.

Kaum zwanzig Jahre sind seither vergangen. Demokratie und Rechtsstaatlichkeit erscheinen so fern wie eh und je. Ohne Zweifel, die sowjetischen Zeiten sind endgültig vorüber. Das heutige Russland hat zwar manches gemein mit jenem untergegangenen Staatsmoloch, doch es ist ein anderes Land geworden. Die Grenzen sind offen, jedenfalls für alle, die das Geld haben, um zu reisen. Das wiedererblühte St. Petersburg erinnert an das «Palmyra des Nordens», wie die Dichter ihre Stadt einst genannt haben. Und wer heute durch Moskau fährt, mag sich zuweilen in Las Vegas wähnen. Andernorts ist der Wetteifer mit Manhattan unverkennbar.

Inmitten der Stadt liegt der Kreml. Er ist umkränzt von Baukränen, die die Silhouette des neuen Reichtums in den Himmel zeichnen. Das Machtzentrum des großen Landes steht wie seit Urzeiten in weißer, unschuldiger Reinheit am Ufer der Moskwa, als sei es ein Märchenschloss. Dabei ranken sich um den Palast grausame Mythen und Legenden von Machtintrigen und Herrscherwahn. Ein führender Politiker der nachkommunistischen Zeit empfahl einst, man möge die Festung als Museum zur Besichtigung freigeben, damit sich die Betrachter an den Kulissen düsterer Geschichte erbauen könnten. Der neuen Politik jedenfalls könne in diesen Mauern kein Glück beschieden sein.

Auch damals, als ich nach Moskau kam, war die Burganlage aus dem Mittelalter eine Bastion gegen Wahrheit und Aufklärung. Doch was zu Breschnews Zeiten unter den Herrschenden vorging, wer mit wem in Fehde lag, wer bei Hofe an Gunst verloren hatte oder im Aufstieg begriffen war, drang nach außen. Selbst das Erscheinen des späteren Predigers von Glasnost und

Perestroika wurde schon Gegenstand von Diskussionen, als er noch weit von seinen Zielen entfernt war.

So merkwürdig es klingt, in jener Zeit der späten Sowjetunion existierte ein gewisses Maß an Transparenz und auch ein Minimum an Machtbalance. Es gab Kontrollgremien, deren Aufgaben in den Parteistatuten festgeschrieben waren und die diese wenigstens rudimentär erfüllten. Und es gab im Apparat eine ganze Reihe von abendländisch gebildeten Menschen, die längst die Defizite des Systems erkannt hatten, die empfindsam waren gegenüber den Lügen und Wirrungen der Vergangenheit. Manche von ihnen wurden später enttäuschte Zeugen, wie die junge russische Demokratie entgleiste.

Heute ist das Symbol für die Herrschaft in Russland in ein Mysterium gehüllt, das viel undurchdringlicher ist als zu jenen Zeiten, in denen die Beobachter der Kremlpolitik schmählich «Astrologen» genannt wurden. Was auf den Korridoren der Macht ausgehandelt wird, welche Interessen vertreten werden, wer die handelnden Akteure sind, ist allenfalls Stoff für Spekulationen – solange man nicht zum engsten Kreis der Eingeweihten gehört. Es ist bezeichnend, dass sich wenige Monate, bevor der russische Präsident aus seinem Amt scheidet, hartnäckig das Gerücht hält, er würde trotz gegenteiliger Bekundungen seine eigene Nachfolge anstreben. Der Präsident preist die bevorstehenden Wahlen als Ausweis praktizierter Demokratie und stürzt gleichzeitig durch seine Vexierspiele mit möglichen Nachfolgern das Land in Verwirrung. Nicht nur die Auguren bleiben ratlos. Viel schlimmer, sein Jonglieren mit Kandidaten zeugt von der Missachtung des Wählers – der soll seine Stimme demjenigen geben, der ihm schließlich als Favorit präsentiert wird, vom staatlich kontrollierten Fernsehen ins Rampenlicht gerückt.

Wladimir Wladimirowitsch Putin hat alle politischen Strukturen und Machtinstanzen auf seine Person ausgerichtet. Er hat sich umgeben mit «Silowiki», wie die Klasse der aus Militär und Geheimdienst stammenden Uniformträger genannt wird. Die meisten von ihnen haben ihre biographischen Wurzeln im sowjetischen KGB, was nach eigenem Bekenntnis das Leben prägt: «Einmal Tschekist – immer Tschekist.» Putin und seine Mitstreiter sind jeglicher demokratischen Kontrolle entzogen. Denn jene Institutionen, auf die die Demokratie sich stützt – das frei gewählte Parlament, die unabhängige Justiz, die freien Medien –, haben sie deformiert zu ihrem Nutzen. Wenn es überhaupt je einen demokratischen Geist in der Verfassung von 1993 gab, so wurde er in Ketten gelegt, um die Macht zu zementieren.

Ist Putin nur die Galionsfigur dieser Machtstrukturen oder tatsächlich der alles bestimmende Steuermann am Ruder des Staates, der auch den Nachfolger wie eine Marionette führen wird? Und wenn es so wäre, wie stabil ist ein Staatswesen, das sich ohne institutionelle Absicherung auf die Weitsicht eines Einzelnen verlassen muss? Im Moment ist Putins Popularität die einzige Legitimation seiner Herrschaft. Wird sie übertragbar sein auf den gesalbten Nachfolger?

Vom Umgang der Herrschenden mit den Beherrschten hat eine ganze Reihe von Ereignissen Zeugnis abgelegt: fragwürdige Gerichtsverfahren, die Knebelung der Opposition, die Übernahme unabhängiger Medien. Auch einige Morde sind zu verzeichnen, nicht nur die Fälle, die im Westen Aufsehen erregten. Sie sind in einer vom Kreml aufgeheizten Atmosphäre geschehen, wenn nicht sogar die Spuren direkt auf eine Mittäterschaft staatlicher Institutionen verweisen. Betrachtet man die Entwicklung der vergangenen Jahre als Ganzes und ruft sich auch scheinbar entrückte Details wieder in Erinnerung, bleibt nur der beklemmende Eindruck, dass die Weichen für Russlands nahe Zukunft gestellt sind, fort von den einst gewonnenen Ansätzen zur Demokratie hin zu autoritärer Herrschaft – ganz unabhängig davon, wer im März 2008 das Amt des Präsidenten übernimmt. Es ist ein beunruhigendes Erbe – und eine herbe Enttäuschung für jene, die darauf hofften, dass Russland den Weg zur Demokratie finden würde.

Längst hat die neue Machtelite erkannt, dass die Stärke des Landes nicht auf der Schlagkraft seiner Armeen beruht. Seine internationale Rolle wird zunehmend durch den Reichtum an Bodenschätzen bestimmt, vor allem Erdgas und Erdöl. Russlands Nachbarn haben bereits erlebt, wie Energieressourcen als politische Waffe dienen können. Und aus der ökonomischen Dominanz leitet Russland einen Anspruch auf politische Vorherrschaft ab, auf den auch Westeuropa eine Antwort finden muss.

Das Kaleidoskop russischer Wirklichkeit schillert in vielen Farben: das Feuerwerk explodierenden Reichtums in den Städten, die graue Armut auf dem Land, die Pracht eines selbstbewussten Staates, die Düsternis der Geheimdienstwelten. Dieses Buch versucht ein Mosaik zusammenzusetzen, indem es an Vorgänge erinnert, ohne die die Gegenwart nicht zu verstehen ist. Und indem es in der Kette der Ereignisse die Zusammenhänge sichtbar macht.

Der Rückblick auf die Präsidentenjahre von Wladimir Putin mag wie eine *chronique scandaleuse* erscheinen. Doch was der westliche Zeitungsleser als einzelnes Ereignis wahrnimmt, fügt sich in ein System. In diesem System gilt das Recht des Stärkeren, der Machtanspruch des autoritären Staates. Er wird zusammengehalten von den Netzen des Geheimdienstes und von Machteliten, die sich um den Kreml gruppieren. Sie bemänteln ihre Interessen mit patriotischem Stolz, der sich innen- wie außenpolitisch als gefährlicher Nationalismus gebärdet.

Putin weckt Sehnsüchte nach einem starken Russland. Noch in den letzten Tagen vor den Dumawahlen im Dezember 2007 schürte er in hysterischer Weise die Ängste der Bürger, als stehe das Land unmittelbar vor einer Invasion durch die NATO. In der Stunde der Gefahr sollten die Wähler sich hinter der Partei des Kreml versammeln. Wunschgemäß erzielte «Einiges Russland» mit 64,1 Prozent der Stimmen einen demonstrativen Sieg – der sogleich als Referendum für den Machterhalt des Präsidenten interpretiert wurde.

Die Erfahrung nicht nur des politischen Lebens lehrt, dass mehrere Betrachter denselben Gegenstand höchst unterschiedlich beurteilen können. So ist auch die Sicht des Verfassers von seinen persönlichen Erfahrungen geprägt. Es geht ihm nicht um die Frage, ob das Messglas für politische Reformen in Russland halb voll oder halb leer ist. Sondern um die Feststellung, dass die Flüssigkeit im Glas nicht weniger ist als Gift für die Entwicklung eines demokratischen Gesellschaftssystems in Russland.

Die Innen- und Außenpolitik eines Landes stehen naturgemäß in enger Beziehung zueinander. Insofern kann es Russlands Nachbarn nicht gleichgültig sein, was dort geschieht – umso weniger, wenn sie Zeugen werden, wie die Opposition im Land verfolgt wird und Kritiker sogar Mordanschlägen zum Opfer fallen. Und wenn sie erleben, wie Russland seine kleineren Nachbarstaaten unter Druck setzt. Vor vielen Jahren träumte der damalige sowjetische Präsident Gorbatschow von einem «Haus Europa», in dem jede Nation für ein Leben in Wohlstand und Sicherheit ihren Platz finden werde. Wenn diese Vision heute entrückter erscheint als vor zwanzig Jahren, dann haben das auch die Architekten im Westen zu verantworten. Es ist Zeit für eine Bestandsaufnahme, die für die Zukunft wappnet.

1. Kapitel

Was treibt Putin an?

Das kleine Seitengemach im Kreml, in dem ZDF und ARD ihre Kameras aufbauten, war mit Bedacht gewählt. Wenige Tage nach seiner Inauguration wollte der frisch gekürte Nachfolger Jelzins zu seinem Antrittsbesuch nach Berlin aufbrechen. Es entspricht den Gepflogenheiten, sich vor einer solchen Visite Journalisten des Gastlandes zum Gespräch zu stellen, damit die Bürger erfahren, was sie von dem hohen Besuch zu erwarten haben. So waren Thomas Roth für die ARD und sein Kollege vom ZDF in den Kreml gebeten worden. Die Regie hatte als Kulisse nicht einen der prächtigen Säle vorgesehen, deren imperialer Glanz tradierten Herrschaftsanspruch verkündet. Für die Verhältnisse des Hauses war es ein dezent eingerichteter Raum: die Wände waren mit freundlicher grüner Seidentapete ausgestattet, gedämpftes Licht fiel auf goldene Stuckatur. Ein zierlicher Stuhl und ein Tischchen waren als Platz für den Präsidenten vorgesehen. Es gab keine äußerlichen Attribute, um dessen Autorität und Amtswürde zu unterstreichen. Die Maßgabe war Bescheidenheit.

Keiner der Anwesenden, die emsig mit den technischen Vorbereitungen beschäftigt waren, hatte bemerkt, wie die schmale, im dunklen Anzug gekleidete Gestalt den Raum betreten hatte und sich unauffällig unter die aufgeregten Ausländer mischte, so unscheinbar, wie man es Wladimir Putin nachsagt: einer, dem es gelingt, in einem Raum nicht einmal einen Schatten zu werfen. In bescheidener Freundlichkeit begrüßte er jeden der Anwesenden mit Handschlag, als schmerze ihn, dass die Begegnung in einem so förmlichen Rahmen stattfinden müsse, das hohe Amt wie eine Verkleidung, in der sich der Amtsträger als Mensch zu behaupten versucht. Es weckte Erinnerungen an Begegnungen mit Olof Palme, den später ermordeten schwedischen Ministerpräsidenten, der wie kein zweiter Regierungschef in Europa das Bild des bürgernahen Politikers geprägt hatte.

Der Auftritt war gelungen. Der Eindruck von Vertrautheit verfestigte sich im Vorgespräch, als man zwangsläufig auf die Jahre in Dresden zu sprechen kam, der Präsident mühelos wechselnd zwischen der russischen und der deutschen Sprache. Die beiden Korrespondenten fühlten sich von so viel freundschaftlicher Ausstrahlung fast in einen Rauschzustand versetzt. Wie sich später zeigte, blieben sie nicht die Einzigen, die diesem Charme erlagen. Lilia Schewzowa, die langjährige Beobachterin der politischen Szene Russlands und Autorin eines klugen Buches über die Präsidentschaft Putins, bemerkte: «Ich kenne viele Menschen, die ihm misstrauisch oder geradezu skeptisch gegenüberstanden, bis sie Putin trafen und dann seine aktiven Unterstützer wurden. Er wusste, wie man Freunde macht.»

Die beiden Korrespondenten, die an jenem Tag im Juni 2000 zum Interview in den Kreml gefahren waren – nicht durch den Dienstboteneingang am Spassky-Turm, sondern durch das Borowitzky-Tor, das sonst nur hohen Würdenträgern vorbehalten war –, hatten sehr wohl ernüchternde Bilder aus den vorangegangenen Monaten vor Augen. Unvergessen war der erste Auftritt des jungen Politikers Putin auf der Bühne der Weltpolitik. Im Herbst 1999 fuhr Putin, der gerade zwei Monate vorher zum

Ministerpräsidenten ernannt worden war, zu einem Treffen mit EU-Regierungschefs nach Helsinki, um die Partnerschaft Russlands mit der Europäischen Union zu untermauern.

Als Putin an der Tafel der Regierungschefs Platz nahm, hatten die Raketen ihr Ziel schon getroffen. Die Nachricht sickerte durch, dass der zentrale Markt in der tschetschenischen Hauptstadt Grosny in den frühen Abendstunden – als Hochbetrieb herrschte – zerstört worden sei. Von dreihundert Toten wurde berichtet. Die Konferenz in Helsinki drohte als Debakel in die Geschichte der wechselhaften Beziehungen zwischen Ost und West einzugehen. Putin zog sich gegenüber den Regierungschefs der EU scheinbar ungerührt aus der Affäre. Würdelos konnte sein Abgang in Helsinki nur demjenigen erscheinen, der mit den Verhältnissen genauer vertraut war.

Auf der Pressekonferenz blieb ihm die Frage nach dem Raketenbeschuss von Grosny nicht erspart. Sein Gesicht nahm jenen kantigen und trotzigen Ausdruck an, dem man auch später immer wieder begegnete, wenn er mit unerfreulichen Themen konfrontiert wurde. Der Blick wird dann kalt und starr und verrät wenig Sympathien für das Gewerbe der Berichterstatter. «Ich möchte die Aufmerksamkeit der Presse darauf lenken», sagte er spitz, «dass es sich (in Grosny) nicht um einen gewöhnlichen Markt handelt, sondern um einen Platz für Waffenhandel.» Nicht die Streitkräfte seien für die Explosionen verantwortlich, sondern ein Streit zwischen tschetschenischen Fraktionen.

Den anwesenden westlichen Politikern verschlug es die Sprache. Wie sollte man auf solche Kaltblütigkeit reagieren? Schließlich antwortete der damalige EU-Kommissionschef Prodi, man habe andere Informationen und sei sehr besorgt über die Entwicklung im Kaukasus. Damals schien es, als habe der Mann, den Boris Jelzin zu seinem Nachfolger auserkoren hatte, auf internationalem Parkett jedenfalls seine Glaubwürdigkeit verloren. Aber Putin hatte längst begriffen, dass die Zeit über solche Momente hinweggeht – wenn man nur kühn die Stirn bietet. Die Kühnheit sollte ihn später noch über ganz andere Klippen tragen.

Der Ort, von dem Putin in Helsinki behauptet hatte, er sei Schauplatz eines innertschetschenischen Kampfes gewesen, bot noch drei Tage später ein Bild des Grauens. Die Marktstände waren ausgebrannt, die Dächer hingen zerfetzt von den Gestellen. Der Markt war verlassen. Aber am Rand traf man Menschen, die erregt von den einschlagenden Raketen berichteten, von der Panik und von den Toten und Verletzten. Getroffen hatte der Raketenangriff die Bevölkerung, es war nichts anderes als ein ferngesteuertes Massaker. Die örtlichen, noch vom ersten Tschetschenienkrieg gezeichneten armseligen Krankenhäuser waren völlig überfordert. Die Verwundeten, darunter viele Frauen und Kinder, lagen in den Fluren auf dem Boden. «Zu viele Opfer», sagte resignierend ein junger Arzt, «wir haben zu wenig Verbandsmaterial und Medikamente. Wir haben keinen Platz, kein Licht, nicht einmal Wasser.»

Der neue Krieg werde die Zivilisten schonen, hatte Moskau versprochen. Doch bereits der erste, der im Dezember 1995 durch Jelzin vom Zaun gebrochen wurde, hatte Verderben über das kleine Volk am Kaukasus gebracht. Damals war die russische Öffentlichkeit noch empört über so viel sinnlose Grausamkeit. Putin hatte gelernt aus der Erfahrung des fehlgeschlagenen Feldzugs, der 1996 in – nach Moskauer Lesart – demütigenden Friedensverhandlungen mündete. Er wusste, wie man sich als Oberbefehlshaber in Szene setzen konnte.

Es ist nicht zu leugnen, der zweite Krieg im Kaukasus, der diesmal unter Putins Befehl geführt wurde, hatte das Bild des jungen Präsidenten geprägt, dessen Sanftmut die beiden Korrespondenten an jenem Junitag des Jahres 2000 fast erlegen wären. Denn der Krieg hatte sie zu Zeugen von Begebenheiten werden lassen, die im Drehbuch eines erfolgreichen Feldzugs nicht vorgesehen waren. Gelegentlich wurden sie sogar zu Gejagten. Für ausländische Journalisten wurde die Region zu einer verbotenen Zone erklärt. Die russischen Kollegen hingegen nahm man an die kurze Leine. Keine verstörenden Bilder vom Ort des Geschehens sollten die patriotisch getönte Stimmungslage verunsichern, keine Meldungen von Übergriffen und Fehlern der Armee, die ausgezogen war, um den schmachvollen Abzug von 1996 zu rächen.

Um unserer Pflicht zur Berichterstattung nachzukommen, reisten wir westlichen Journalisten auf Schleichwegen über die Berge nach Tschetschenien. Wir gelangten bis zum tschetschenischen Präsidenten Aslan Maschadow, der 1997 in demokratischen, von der OSZE kontrollierten Wahlen ins Amt gewählt worden war und die Einstellung der Kampfhandlungen forderte. Die Journalisten wurden Zeugen, wie die Stadt Grosny nach sechswöchigem Bombardement in Schutt und Asche lag – so mochte Dresden nach dem Feuersturm 1945 ausgesehen haben. Sie erlebten in einem von der russischen Armee umzingelten Dorf, wie ganze Familien durch Raketenbeschuss ausgelöscht wurden.

Das waren die Bilder, die Putin der russischen Öffentlichkeit und auch dem Rest der Welt vorenthalten wollte. Die Korrespondenten, die sich während des ersten Krieges hatten frei bewegen können, waren im zweiten Krieg ständig bedroht. Die Streitkräfte hatten den Auftrag, sie festzunehmen, wo immer man ihrer habhaft wurde, und sie dem Geheimdienst auszuliefern. Man kann den Armeeoffizieren zur Ehre anrechnen, dass sie nicht überall diesem Befehl folgten. Sie sahen darüber hinweg, dass vorgezeigte Dokumente nicht echt waren, oder sie empfahlen, nur Seitenwege zu benutzen, um den nächsten

Kontrollposten zu umgehen. Manche boten sogar eine Unterkunft an. Andere drohten, demonstrierten ihre Missachtung gegenüber Journalisten. Dazu kamen Rachegefühle, weil man fürchtete, die Grausamkeiten der russischen Soldateska würden offengelegt. Das war das Vorspiel zu den Verfolgungen, denen später Anna Politkowskaja in Tschetschenien ausgesetzt war.

Die Journalisten sollten begreifen, dass man sie und ihre Arbeit gering schätzte. Und wenn schon nicht eigene Erfahrung, dann lieferte das Schicksal des Kollegen Andrej Babitzki ein Beispiel für das skrupellose Vorgehen des Kreml. Im Februar 2000 ging die Nachricht von seinem spurlosen Verschwinden um die Welt. Babitzki, ein russischer Staatsbürger, arbeitete für den amerikanischen Rundfunksender «Radio Free Europe – Radio Liberty», der in sowjetischen Zeiten das Land mit unabhängigen Informationen versorgt hatte und nach der Wende in Moskau ein renommiertes Büro unterhielt. Dem jungen Journalisten hatte es während des Krieges nie an Mut gefehlt, um für die Wahrheit sein Leben aufs Spiel zu setzen. Die Zerstörung Grosnys hatte er in den Kellern der Stadt verfolgt und von dort auch berichtet. Wie die Obrigkeit mit ihm verfuhr, erweist sich im Rückblick als ein Lehrstück für den Umgang mit Kritik.

Babitzkis Kritik am Krieg war fundamental. Doch sie war zugleich glaubwürdig, weil sie auf eigenen Erlebnissen und Beobachtungen beruhte. Er überschritt damit eine Linie, die Putins Regime gezogen hatte – sie trennt die Freunde von den Feinden. Der stellvertretende Stabschef im Kreml Wladislaw Surkow, bis heute eine Art graue Eminenz, sagte einer russischen Journalistin damals: «Babitzki ist ein Feind. Schau dir doch seine Reportagen an! Er hat geschrieben, dass er nach den ‹gewaltsamen Säuberungsaktionen› gegen die ‹friedliche tschetschenische Bevölkerung› verstehen kann, warum die Tschetschenen zu den Waffen greifen. Babitzki ist ein Feind des russischen Staates und ein Provokateur.» Surkow schlug einen Ton an, der aus alten Zeiten vertraut ist – als Begleitmusik für Exekutionskommandos. Dass diese Art zu denken wieder Schule macht, wurde erst später deutlich. Aber der Zynismus war schon damals nicht zu übersehen.

Babitzkis Spuren hatten sich im Kriegsgebiet verloren. Seine Redaktion und seine Familie blieben viele Tage ohne Nachricht. Da auch sein Leichnam nicht gefunden wurde, hielt sich in Moskau hartnäckig die Vermutung, der Journalist sei in die Hände des russischen Geheimdienstes gefallen. Die Sorge um sein Leben rüttelte das Moskauer Journalistenkorps so sehr auf, dass sich mehr als fünfzig von ihnen in einem offenen Brief an den damals noch amtierenden Präsidenten wandten: «Nie seit dem Beginn der Perestroika», schrieben sie, «haben sich die Regierenden einen solchen Akt von unverfrorener Gesetzlosigkeit und von Zynismus gegenüber Mitarbeitern der Massenmedien erlaubt.» Es war die letzte kollektive Auflehnung dieser Art. Sie blieb nicht ohne Wirkung.

Elena Tregubowa, die damalige Kreml-Korrespondentin der angesehenen Zeitung «Kommersant», schilderte im Rückblick auf die Zeit mit Putin, welche Wirkung der Verstoß der Journalisten im Kreml zeigte. Der Präsident habe eine Kollegin, die gerade zu einem Interview bei ihm war, angeherrscht, es würde bald ein Videoband veröffentlicht, auf dem die Unversehrtheit des Vermissten klar zu erkennen sei. So wurde offenbar, dass der erste Mann im Staat in die Affäre involviert war. Die Fernsehbilder gingen um die Welt, die damit zum Zeugen einer mysteriösen Transaktion wurde: Uniformierte Russen übergeben Babitzki auf einer Landstraße an Unbekannte, die wie tschetschenische Kämpfer gekleidet waren. Er sei wie ein Kriegsgefangener gegen russische Gefangene ausgetauscht worden, hieß es. Einige Zeit später kam Babitzki frei. Den ursprünglich erhobenen Vorwurf, er habe gegen Russland Spionage getrieben, ließ man fallen. Der Austausch, berichtete Babitzki nach seiner Rückkehr nach Moskau, sei eine stümperhafte Inszenierung des Geheimdienstes gewesen, denn er sei auch danach dessen Gefangener geblieben. Babitzki hat mittlerweile Russland den Rücken gekehrt. Die Politologin Lilia Schewzowa bezeichnete den Fall als «Syndrom des Totalitarismus in einer pluralistischen Gesellschaft». Damals war dies noch eine angemessene Beschreibung.

Vor diesem Hintergrund hätten die beiden Putin-Befrager im Kreml doch gewappnet sein können. Dieser Staat begann von seinen erklärten demokratischen Zielen abzuweichen. Und sein Präsident verfügte über ein beeindruckendes Repertoire im Rollenspiel. Dennoch hinterließ er im Gespräch einen entspannten, gewinnenden Eindruck. Geduldig erläuterte der junge Präsident, weshalb es zwingend sei, sieben «Super-Gouverneure» (im Volksmund bald die «sieben Samurai» genannt) zu installieren, um die zentrifugalen Kräfte im Riesenreich zu bändigen und die Vertikale der Macht zu stärken. Nur fünf Tage nach seiner Inauguration hatte er damit in aller Unschuld das Fundament für den zentralistischen Staat gelegt, der Russland heute prägt. Dass von den sieben Bevollmächtigten für die Großregionen fünf aus der Welt des Militärs oder des Geheimdienstes stammten, sei Zufall, so der Präsident. Das seien nun einmal vertrauenswürdige Menschen. Für empfindliche Gemüter mochte das ein bisschen anrüchig klingen.

Eine andere Wendung im Dialog machte uns sprachlos. Wir befragten Putin zum Tschetschenienkrieg: Warum er nicht mit dem gewählten Präsidenten der Tschetschenen Aslan Maschadow Verhandlungen aufnehme – Maschadow, ein ehemaliger Oberst der sowjetischen Armee, sei doch unter demokratischen

Bedingungen gewählt worden. Der Kreml, der die Tschetschenen stets als «bewaffnete Banditen» und «Terroristen» bezeichnete, musste diese Frage als Provokation auffassen. Dass sie gestellt werden musste, war gleichwohl allen Beteiligten schon vorher klar. Üblicherweise lautete die Antwort, mit bewaffneten Banditen gebe es keine Basis für Verhandlungen.

Doch der Präsident reagierte mit verständnisvollem, friedfertigem Lächeln. Er würde ja gern mit Maschadow verhandeln, entgegnete er zur Überraschung seiner Zuhörer. Nur gebe es da ein Problem – Maschadow entsende immer wieder Unterhändler, die unverhüllt antisemitisch eingestellt seien. Und wir, als deutsche Korrespondenten, könnten doch nicht im Ernst verlangen, dass er, Putin, mit Antisemiten verhandele. Nie wieder war dieses Argument aus seinem Mund zu hören. Aber um im Interview zu punkten und den deutschen Zuschauern seine Rechtschaffenheit zu demonstrieren, kam es mehr als gelegen.

In den zehn Jahren, in denen ich seit 1991 die kleine Kaukasusrepublik in Kriegs- und Friedenszeiten immer wieder besuchte, bin ich nie auf die geringste Spur von Antisemitismus gestoßen. Fünf Jahre nach dem Interim wurde Maschadow in einem tschetschenischen Dorf von einem russischen Spezialkommando erschossen. Es war der 8. März 2005, der Internationale Frauentag, der mit dieser Heldentat geschmückt wurde. Sein Leichnam wurde nach Moskau geflogen, seine Asche verstreut. Die Sitte, noch einen Toten zu strafen, ihm und seiner Familie die Würde einer letzten Ruhestätte zu verweigern, ist seit den Zeiten Kreons, des Herrschers von Theben, den Tyrannen eigen. Das ist die Sprache des unauslöschlichen Hasses, den Maschadow wohl gerade deswegen auf sich zog, weil er allen, die ihn jemals trafen, als zugänglich und gemäßigt galt – der einzige Repräsentant des kleinen Landes, der als Verhandlungspartner überhaupt infrage gekommen wäre.

Die Begegnung im Kreml war weniger eine Sternstunde journalistischen Handwerks als ein früher Beweis strategischen Denkens. Heute wünscht Wladimir Putin seinen Nachfolgern auf dem Präsidententhron – zu denen sehr wohl auch er selbst gehören kann – eine längere Amtsperiode als vier Jahre, weil das erste Jahr im Kreml als Einarbeitungszeit abzubuchen sei und schon zwei Jahre später der Wahlkampf für die Wiederwahl beginne. Er selbst hat bewiesen, dass man bei Mobilisierung aller Kräfte auch mit einer deutlich kürzeren Kampagne sein Ziel erreicht. Und dass man sich schon in den ersten Amtstagen als Meister des politischen Geschäfts erweisen kann. Davon zeugt nicht nur unsere Begegnung. Aber schon hier wurde deutlich: Er hatte seine Lehrjahre längst erfolgreich absolviert. Das Interview bot einen Beleg für sein handwerkliches Geschick, mit dem er selbst auf Gipfeltreffen souveräne Überlegenheit demonstriert. Das schlichte Geheimnis seiner Taktik ist die sorgfältige Vorbereitung und die Fähigkeit, keine Gesprächswendung dem Zufall zu überlassen.

Putins kalkulierte Unwahrheit im Gespräch mit den Korrespondenten mag in Zeiten des Krieges als lässliche Sünde erscheinen. Die Vorgeschichte des Irak-Krieges konfrontierte die Weltöffentlichkeit mit ganz anderen Dimensionen von Lug und Trug. Dennoch erlaubt jene Episode aus der frühen Zeit seiner Präsidentschaft einen Blick in die Trickkiste des neuen Herrschers, deren reicher Ausstattung auch andere Beobachter später Anerkennung zollten. Der russische Philosoph und Essayist Michail Ryklin lobte in Anbetracht des «verheerend dahinschmelzenden Wortschatzes» von Vorgänger Jelzin die Eloquenz des Nachfolgers. Aber er kam im Mai 2000, wenige Wochen nach dem geschilderten Interview, zu dem Schluss: «Es ist wohl eher so, dass Worte für den neuen Präsidenten keine Rolle spielen. Es genügt, wenn sie den jeweiligen Umständen entsprechen ... Man kann lediglich hoffen, dass sich der neue Präsident, wenn er politische Erfahrung gesammelt haben wird, auf die Vorzüge der Aufrichtigkeit besinnen wird.» Wie spätere öffentliche Ausbrüche Putins bezeugen, erfüllte sich zuweilen der Wunsch Ryklins. Dann allerdings bezog die Wahrhaftigkeit ihre Kraft aus dem Vulgären.

Lilia Schewzowa, die subtilste Beobachterin des Geschehens bei Hofe, beschreibt, wie Putin in seiner zweiten Amtszeit ausländische Korrespondenten davon überzeugen wollte, wie sehr ihm an der Stärkung des demokratischen Systems in Russland gelegen sei – während zeitgleich sein stellvertretender Stabschef Surkow Thesen äußerte, die ihr wie eine «aktualisierte Stalin-Doktrin» erschienen. Auch die gewiss schärfste Kritikerin Putins, Anna Politkowskaja, zeigte sich von seiner «ausgeprägten Fähigkeit zum Mimikry» beeindruckt.

Die Bewertung der Rolle Putins in Russlands jüngerer Geschichte führt – zumal in Deutschland – nicht selten zu einem Dissens, der mit der Wucht weltanschaulicher Konflikte ausgetragen wird. Kritiker Putins werden gern als verblendete «Feinde Russlands» gebrandmarkt. Mindestens trifft sie der Vorwurf, sie beurteilten die Politik des Landes mit den falschen, westlich geprägten Maßstäben. Das muss schon deshalb in die Irre führen, weil das Urteil von Stimmen aus Russland bekräftigt wird. Eine westliche Kritik am Herrschaftsgebaren im Kreml wäre wohlfeil, gäbe es nicht die Bezeugungen aus dem Land selbst. Und dann sind da noch jene, die nichts mehr bezeugen können, weil ihre Ermordung zu einem grauenvollen Zeugnis ganz eigener Art geworden ist. Wie kann man antirussisch gescholten werden, wenn man deren Argumente aufgreift? Zeigen nicht vielmehr diejenigen eine versteckte antirussische Haltung, die behaupten, angesichts seiner Größe und seiner Geschichte brauche das Land eine «starke Hand»? Reden sie damit nicht einer wohlmeinenden Diktatur das Wort? Die aber hat es in der Geschichte noch nie gegeben, weil sich die angemaßte Benevolenz stets als trügerisch erwies. In Wahrheit zielt sie auf die Effizienz eines autoritären Staatswesens, dessen Opfer um des höheren Zwecks willen in Kauf genommen werden.

Besonders in ausländischen Wirtschaftskreisen wird der «strengen Hand» gehuldigt und am Rande bemerkt, «der Russe» bedürfe solchen Reglements, weil er eben zur Demokratie – quasi genetisch – unfähig sei. Da keimt in der angeblichen Fürsorge gegenüber dem Land ein versteckter Rassismus, dem freilich manche aus der Gefolgschaft Putins zuarbeiten – etwa die Gouverneurin von St. Petersburg Valentina Matwienko, die erklärt, ein autoritärer Regierungsstil sei dem Wesen ihrer Landsleute gemäß. Aber die damit verbundene Hoffnung auf Ordnung und Stabilität, die nicht zuletzt Investitionen zu sichern scheint, könnte sich als vergebens erweisen. Denn wo die Gewaltenteilung ausgehebelt ist und demokratische Prozesse zu einem Ritual verkommen, bleiben die Entscheidungen der Willkür eines selbst ernannten Kreises weniger Mächtiger überlassen.

Gerne wird in diesem Zusammenhang auch darauf verwiesen, dass Russland über keine demokratische Tradition verfüge, mit Ausnahme der kurzen turbulenten Zeit zwischen Februar- und Oktober-Revolution 1917. Gewiss gab der Weg aus der Autokratie des Zarenreiches in die bolschewistische Diktatur, die Tyrannei Stalins bis hin zum Siechtum der Sowjetunion einer politischen Evolution wenig Raum. Aber an demokratischen Vordenkern hat es in Russland zu keiner Zeit gemangelt. Besonders die Schriftsteller des 19. Jahrhunderts lehnten sich auf gegen die Autokratie. Manche von ihnen, wie Alexander Herzen, mussten wegen ihres bekundeten Freiheitswillens im Ausland leben.

Der Schriftsteller Vladimir Nabokov, der mit seiner Familie den Bolschewisten entkommen war, schildert in seiner Autobiographie «Erinnerung sprich», wie sehr demokratisches Denken in seinem – zudem adeligen – Elternhaus verankert war. Sein Vater bekämpfte den zaristisch sanktionierten Antisemitismus und landete sogar im Gefängnis, weil er sich der durch Zar Nikolai II. erzwungenen Auflösung der Duma nicht beugen wollte. In Sowjetzeiten waren es die Dissidenten, die dem Regime die Stirn boten. Allein die Tatsache, dass viele von denen, die damals für ihren Widerstand mit Gefängnis und Lagerhaft bestraft wurden, heute wieder als Dissidenten gelten, sollte alarmieren. Es war keineswegs von der Geschichte determiniert, dass aus den Ruinen der Sowjetunion keine Demokratie erwuchs.

Schließlich wird in Moskau, aber auch im Westen, im Disput über die gegenwärtigen Verhältnisse eine Haltung vertreten, der zufolge die Kritik am System als unangemessene Einmischung in die inneren Angelegenheiten des Landes gilt. Doch falsche Zurückhaltung würde einen Rückfall in die siebziger Jahre bedeuten, als sich das östliche und westliche Lager im Kalten Krieg zaghaft um «Wandel durch Annäherung» bemühten. Auf der Konferenz von Helsinki 1975, wo sich die Regierungschefs und Staatspräsidenten Europas versammelt hatten, wurde eben nicht nur über ein System der gemeinsamen Sicherheit und die Verbesserung des Handels diskutiert, sondern auch über Menschenrechte. Teile der russischen Zivilgesellschaft fanden schon damals zusammen und beriefen sich auf die Beschlüsse dieser großen Ost-West-Konferenz.

Das Prinzip der Nichteinmischung ist damals wie heute ein Verrat an jenen Kräften in Russland, die Leib und Leben riskieren, weil sie das Land auf einem Irrweg sehen. Einmischung muss also erlaubt sein, nur eines ist deplatziert: deutscher

Hochmut. Denn ungeheuer ist das Leid, das die Deutschen den Völkern der Sowjetunion zugefügt haben.

Acht Jahre nach seinem Amtsantritt ist der Streit über die Frage, welche Rolle der russische Präsident verkörpert, welche Ziele seine Politik verfolgt und was sein politisches Erbe darstellt, keinesfalls zu Ende. Die Freunde Putins bezichtigen seine Kritiker der Russophobie und würden doch ihrerseits den Vorwurf des Anti-Amerikanismus zurückweisen, den sie sich wegen ihrer Kritik an der Außenpolitik von George W. Bush einhandelten. Für sie verkörpert Putin die Hoffnung auf ein besseres Russland. «Putin denkt abendländisch» – so bilanziert Altkanzler Gerhard Schröder seine Gespräche mit dem russischen Präsidenten. Er erkennt «Putins klaren Willen, sich und sein Land in die westliche Wertegemeinschaft zu integrieren». Diese wohlwollende Betrachtungsweise, so könnte man mit Bosheit behaupten, ist vielleicht der Tatsache geschuldet, dass der Held seines Russlandbildes auch gleichzeitig seine wichtigste Informationsquelle ist. Immerhin spricht Putin Deutsch und hat unter den Deutschen eine Reihe von Jahren nicht als feindlicher, sondern «eingebetteter» Agent gelebt. Doch schon die Tatsache, dass er so alternativlos dasteht, ist beunruhigend.

Unter welcher Anspannung der Streit auch in Deutschland ausgetragen wird, zeigt der Eklat um eine Fernsehdiskussion zum Thema Russland im Dezember 2006. Damals wurde dem russischen Botschafter in Berlin unterstellt, er habe hinter den Kulissen Regie geführt und dafür gesorgt, dass missliebige Diskussionsgäste wieder ausgeladen wurden. Denn auch an den ehemaligen Schachweltmeister Garri Kasparow, der in Moskau zu den Führungspersonen der Oppositionsbewegung zählt, war eine Einladung ergangen. Sein Erscheinen wäre umso wünschenswerter gewesen, da wenige Tage zuvor in einer Polizeiaktion sein Büro durchsucht worden war. Das warf immerhin ein Schlaglicht auf die Situation in Moskau, jede Redaktion hätte sich über solch einen Gesprächspartner glücklich schätzen können. Zu seinem Nichterscheinen in der Sendung gab es widersprüchliche Erklärungen. Das Moskauer ARD-Studio, aus dem Kasparow zugeschaltet werden sollte, wies den Vorwurf, die Schaltung sei aus technischen Gründen nicht zustande gekommen, jedenfalls entrüstet zurück. Auch Klaus Bednarz, ein guter Kenner Russlands und bekannt als nüchtern denkender Fernsehjournalist mit der Fähigkeit zu unbestechlicher Analyse, wurde wieder ausgeladen. Die Leitung der Redaktion bestritt, dass es eine Einflussnahme gegeben habe.

Schon in den neunziger Jahren war die Bewertung des Reformkurses in Russland ein umstrittenes Thema. Zumal die Regierenden im Westen bejubelten Jelzin und ignorierten alle Einwände, Russland steuere in eine Sackgasse. Putin führte das Land aus jener «Zeit der Wirren» heraus. Und als Legitimation seines Kurses dient der Verweis auf das zurückliegende Chaos. Was aber ist im Verlauf dieser Metamorphose entstanden? Und was wird geschehen, wenn die dominierende Figur der letzten acht Jahre den Kreml verlässt? Welche Chancen haben Rechtsstaat und Demokratie? Geht es, um ein Wort aus der Propagandasprache des «real existierenden Sozialismus» aufzugreifen, um ihre «Vervollkommnung»? Wie verlässlich wird Russland als Partner und Nachbar sein? Oder ist das Land weiter denn je von den Traditionen und Gepflogenheiten westlicher Demokratien entfernt, weil es in die Hände eines Clans von Geheimdienstlern geraten ist? Wer in die Zukunft sehen will, muss auf die Vorgeschichte zurückblicken.

2. Kapitel

Lehrjahre eines Meisters

Die Machtprobe fand im Föderationsrat statt, der zweiten Kammer des Parlaments, in der sich nach damaliger Regelung die Gouverneure und Parlamentssprecher der Regionen versammelten. An jenem Morgen im Frühjahr 1999 blieb die Loge, die den Vertretern der Regierung vorbehalten war, fast leer. Nur ein Platz war besetzt. Dort lehnte sich ein schmaler, in dunklem Anzug gekleideter Mann über die Brüstung und verfolgte mit ausdruckslosem Gesicht die Debatte. Kein anderer aus dem Kreml-Lager schien ein Bedürfnis zu haben, sich an der parlamentarischen Schlacht um die Zukunft des Präsidenten zu erbauen. Doch der Anwesende, den keiner kannte und den man für einen Entsandten aus der mittleren Hierarchieebene halten mochte, hatte seinen Anteil an der Diskussion, wenngleich dieser zunächst im Verborgenen lag.

Wladimir Putin war damals Chef des Geheimdienstes FSB und hatte – darin waren sich jedenfalls später die meisten Chronisten einig – das filmische Vorspiel zur Debatte geliefert. Für Putin war dies die Stunde, die über seinen weiteren Aufstieg entschied. Der Föderationsrat wiederum sollte mit seiner Aufsässigkeit das eigene Schicksal besiegeln – schon ein Jahr darauf, inzwischen war aus dem unauffälligen Geheimdienstmann der Präsident Russlands geworden, unterminierte er die

Machtposition der Provinzfürsten im Föderationsrat. Nie wieder in späteren Jahren konnte diese Parlamentskammer ihre Kontrollfunktion gegenüber der Exekutive in der Form wahrnehmen, die die Verfassung ihr zugedacht hatte.

Jelzins zweite Amtsperiode neigte sich in den Tagen jener Sitzung dem Ende zu, und die politischen Turbulenzen in der Hauptstadt kündigten einen erbitterten Kampf um die Macht an. Der Widerstand, auf den Jelzin im Föderationsrat stieß, war Ausdruck des gewachsenen Selbstbewusstseins der Regionen wie auch des Machtverfalls des Präsidenten, der gewohnt war, das Land in autokratischer Manier zu regieren. Streitpunkt war die Absetzung des Generalstaatsanwaltes, die Präsident Jelzin forderte. Aber der Föderationsrat verweigerte ihm die durch die Verfassung vorgeschriebene Zustimmung.

In jenen Tagen verhieß die politische Stimmung im Land Götterdämmerung. Denn gleichzeitig wuchs in der Duma, der ersten Kammer des Parlaments, die Gefahr, dass ein Amtsenthebungsverfahren gegen den Präsidenten eingeleitet werden könnte. Die Begründung dafür war zum Teil weit hergeholt, aber das zählte nicht mehr in einer Phase, in der der Sturz des unpopulären Präsidenten in greifbare Nähe gerückt schien. Einer der Anklagepunkte lautete auf Landesverrat wegen der Auflösung der Sowjetunion 1991, dabei hatte ihr damals der Oberste Sowjet – so hieß das noch zu Sowjetzeiten gewählte Parlament in jenen Jahren des Umbruchs – selbst zugestimmt. Aber das hinderte die Duma nicht daran, Jelzin zum Alleinschuldigen zu erklären. Ein anderer Vorwurf galt den «Oktober-Ereignissen» 1993, als Jelzin eben jenen Obersten Sowjet mit Panzer- und Artilleriebeschuss aus seinem Haus verjagte. Dazu kam noch der Vorwurf des Genozids am russischen Volk wegen der schlimmen wirtschaftlichen und sozialen Lage, in die Jelzin das Land gestürzt habe. Das alles klang abstrus, aber es konnte durchaus eine Mehrheit finden. So wirr waren die Zeiten.

Doch sosehr die Anschuldigungen die Gemüter der Parlamentarier erhitzten, die Öffentlichkeit bewegte eine andere Frage: Wie weit hatten die Jelzins und ihre Freunde sich im Netz von Korruption und Vetternwirtschaft verfangen, und wie sehr hatten sie die Präsidentschaft genutzt, um persönlich Reichtümer anzuhäufen? Der Generalstaatsanwalt hatte die Ermittlungen aufgenommen und war bei der Spurensuche in gefährliche Nähe des Kreml geraten, weshalb man dort beschloss, sich des Quälgeistes zu entledigen.

Aus nie offiziell benannter Quelle tauchte plötzlich ein Video auf, das einen Mann zeigte, der dem Generalstaatsanwalt Juri Skuratow nicht unähnlich sah. Er befand sich in der Gesellschaft zweier unbekleideter Damen. Der staatliche Fernsehsender RTR, dem die Bilder auf wundersame Weise zugespielt worden waren, mochte diese delikate Szene seinen Zuschauern nicht vorenthalten und sendete sie am Vorabend der Sitzung des Föderationsrates, in der über die Absetzung des Generalstaatsanwaltes entschieden werden sollte – sie wurde gleich mehrfach dem erstaunten und befremdeten Publikum vorgeführt. Offensichtlich sollten die delikaten Bilder Jelzins Antrag auf Ablösung von Skuratow mit einem moralischen Akzent verstärken.

Längst hatten sich die Menschen im Land daran gewöhnen können, dass der politische Kampf nicht nur mit Argumenten ausgetragen wurde, denn die Akteure hatten ihrerseits als schärfste Waffe das «Kompromat», kompromittierendes Material, entdeckt. Und der Geheimdienst mit seinen unerschöpflichen Dossiers besaß darin kein Monopol. Jedes größere Unternehmen beschäftigte einen eigenen Sicherheitsdienst, rekrutiert zumeist aus ehemaligen Mitarbeitern des alten sowjetischen Geheimdienstes KGB, die nicht nur für die keineswegs selbstverständliche physische Unversehrtheit des Eigentümers zu sorgen hatten, sondern auch eingesetzt wurden, um Informationen zu sammeln, mit denen konkurrierende Unternehmer oder politische Gegner unter Druck gesetzt werden konnten. Die beste Quelle dafür bot jedoch mit seinem reichhaltigen Schatz an Techniken und Begabungen der Geheimdienst selbst. Und der Kreml, der zu diesem Zeitpunkt längst alle politische und öffentliche Unterstützung verloren hatte, wusste sich ihrer zu bedienen. Doch nie zuvor war diese Waffe so zynisch und skrupellos eingesetzt worden wie in diesem Fall, als sich der Präsident eines lästig gewordenen Spitzenbeamten entledigen wollte.

Der Diskurs im Föderationsrat, dem der Chef des Geheimdienstes Wladimir Putin mit auffälligem Interesse beiwohnte, führte nicht zum gewünschten Erfolg. Die Senatoren widersetzten sich dem Antrag des Präsidenten, sei es, weil die eingesetzten schmutzigen Mittel sie zu trotziger Auflehnung bewegten, oder weil ihnen der Absturz des Präsidenten durchaus gelegen kam. Jelzins Antrag wurde abgelehnt.

Für Putin jedoch wurde diese Schlüsselszene zur Sternstunde. Er, der nach seinem Eintritt in die Dienste Jelzins 1996 sich mit raschen Karrieresprüngen in den Kreis der Getreuen eingereiht hatte, bewies in jenen Tagen, zu welchen Taten er fähig war, auch wenn sie nicht sofort zum Erfolg führten. Denn zumindest hatte er in einer der kritischen Phasen der Präsidentschaft Jelzins den Beweis seiner unzweifelhaften Loyalität erbracht. Es tat der Sache keinen Abbruch, dass das gegen Skuratow vorgebrachte Video einer Überprüfung auf Echtheit wohl nicht standgehalten hätte, wie Fachleute meinten. Als einige Monate später tatsächlich Kreditkartenbelege auftauchten, die Jelzin und seine Töchter unterzeichnet hatten und die über die

Konten der Schweizer Firma Mabetex in Lugano abgerechnet wurden, konnte kein politischer Schaden mehr entstehen. Es war schließlich doch gelungen, den Generalstaatsanwalt zum Rücktritt zu drängen. Und zu jenem Zeitpunkt regierte ein Ministerpräsident, der, anders als seine Vorgänger, ein enger Vertrauter Jelzins war: Wladimir Putin.

Seine Treue zur Familie prädestinierte den in der Öffentlichkeit völlig unbekannten Geheimdienstmann, nicht nur in den engsten Zirkel der Macht aufzusteigen, sondern auch Kandidat für die Nachfolge Jelzins zu werden. Seine Verlässlichkeit sollte das Wohlergehen des Jelzin-Clans garantieren, damit der scheidende Präsident, der Immunität des Amtes beraubt, nicht Opfer der Strafverfolgungsbehörden werden konnte. «Putins Verhalten als Chef des FSB war der bestimmende Faktor für Jelzin und seine Familie, um ihn als Nachfolger auszuwählen ... er hatte bewiesen, dass man ihm in schwierigen Tagen vertrauen könnte.» So beschreibt Lilia Schewzowa das Kriterium, das einen ehemaligen KGB-Agenten zum Präsidentschaftskandidaten machte.

Die Zeiten waren so bewegt, dass sich das Spiel der Intrigen unmöglich nur hinter den Kulissen inszenieren ließ. Das Drama blieb der Öffentlichkeit nicht verborgen. Die Zeitungen lasen sich wie ein Kriminalroman in Fortsetzung.

Heute birgt der Kreml wieder so viele Geheimnisse, wie die Legenden ihm nachsagen. Ist es tatsächlich die Herrschaft eines Einzelnen, die die Politik des Landes bestimmt? Oder existiert ein geheimer Rat nach der Art des alten Politbüros, der jetzt aber in keinem Parteistatut und schon gar nicht in der Verfassung verankert ist? Gibt dieses Kollektiv gar die Richtlinien vor und entscheidet auch über die Nachfolge? Ist der scheinbar so mächtige Herr im Kreml am Ende ein Gefangener anonymer Entscheidungsträger?

In dem an Verschwörungstheorien reichen Moskau teilen nicht wenige diese Ansicht, und sie wissen auch sogleich, wie diese Runde bestückt sein müsste: mit Offizieren, die wie Putin dem KGB entstammen. Schon der Aufstieg Putins vom Major des Dienstes zum ersten Mann im Staat war stets von der Vermutung begleitet, seine Karriere sei nicht allein seinem Geschick zu danken. Vielmehr habe ein geheimes Netzwerk daran mitgewirkt, einen Mann aus den eigenen Reihen an die Spitze zu befördern, der auch anderen ehemaligen Agenten den Weg in die Politik öffnen könnte.

An merkwürdigen Zufällen hat es jedenfalls nicht gefehlt. Und das Ergebnis ist eindeutig: Siebzig Prozent der Führungselite entstammen heute dem Sicherheitsapparat. Mächtiger und einflussreicher sind die Geheimdienstler in ihrer Geschichte nie gewesen. Putin selbst warf in den Wochen vor seiner Wahl zum Präsidenten einen betont harmlosen Blick zurück. Mangels einer Autobiographie, mit der man seinen Lebensweg den Wählern hätte vorstellen können, gab er drei renommierten Journalistinnen ein über mehrere Sitzungen dauerndes Interview. Die Gespräche erschienen in Buchform unter dem Titel «Aus erster Hand». Darin plaudert er über das Auf und Ab in seiner Karriere. Auch Familienmitglieder und Freunde kommen zu Wort. Einer von ihnen, Sergej Roldugin, Musiker beim Symphonieorchester des Mariinski-Theaters, zitiert eine frühere Äußerung Putins: «Ich bin ein Spezialist für den Umgang mit Menschen.» Sein Gespräch mit den Journalistinnen liefert dafür den Beleg.

Der Mann, der zu dem Zeitpunkt seiner Offenbarung gegenüber den Journalistinnen schon als Präsident amtierte, weil Jelzin am 31. Dezember 1999 überraschend zurückgetreten war, blickte zurück in gewinnender Unbefangenheit. Er schildert, ohne sich selbst zu schonen, die ärmlichen Verhältnisse seiner Kindheit in Leningrad, den gewöhnlichen Albtraum einer

«Kommunalka», wo sich mehrere Familien eine Wohnung teilen müssen. Schwer lastet der Schatten des Krieges auf der Familie. Zwei Brüder waren umgekommen in der Zeit der Blockade der Stadt. Die Mutter wäre fast verhungert. Der Vater kehrte schwer verletzt aus dem Krieg gegen die Deutschen zurück. Die Bilder, die er aus jener Zeit beschreibt, sind beklemmend – besonders für den deutschen Leser. Der früh gereifte Entschluss, beim KGB zu dienen, entsprang, wie er sich erinnert, romantischen Gefühlen. Ganz sicher bot dieser Berufsweg auch die Möglichkeit, aus der familiären Beschränkung zu fliehen. Und schließlich mag ihn auch der furchterregende Nimbus dieses Berufsstandes, die Macht, die er verkörperte, angezogen haben.

Es ist wichtig, sich jener Jahre zu erinnern. Der sowjetische Geheimdienst KGB wurde von Juri Andropow geleitet, mit dem sich – so merkwürdig es heute klingt – vielerorts politische Hoffnungen verbanden. Gleichzeitig waren es die Jahre einer erbarmungslosen Dissidentenverfolgung. Doch in der «Zeit der Stagnation» galt Andropow als energischer und zugleich intellektueller Politiker, der sogar Gedichte publizierte. Er war ein Saubermann, der die weit verbreitete Korruption geißelte. Er hatte die Vision einer starken Sowjetunion. Ihm traute man zu, dass er dem Land wieder neues Leben einhauchen könnte. Tatsächlich, als er nach Breschnews Tod dessen Nachfolger wurde, ging eine frische Brise der Hoffnung durchs Land. Sie wurde bald wieder erstickt, als eine Nierenkrankheit Andropow zu Siechtum und frühem Tod verdammte.

In Putins Gespräch taucht der Name Andropow nicht auf, obwohl er sicher ein Idol des jungen Geheimdienstlers gewesen war. Vielleicht wollte er diesen Teil seiner Herkunft vor den Präsidentenwahlen verharmlosen und lieber auf der spaßigen Ebene des kleinen Agenten abhandeln. Noch wenige Wochen zuvor hatte er als Ministerpräsident der alten Bindung seine Reverenz erwiesen. Im Dezember 1999, am Ehrentag der «Tschekisten» – so nennen sich die Geheimdienstler nach dem ersten Vorläufer des KGB, der Tscheka, die Felix Dserschinski nach der bolschewistischen Machtübernahme als Instrument des Terrors aufgebaut hatte –, eilte Putin zur Lubjanka, dem Sitz des Geheimdienstes, unter Stalin Gefängnis, Folterkammer und Hinrichtungsort zugleich. An der Außenmauer des Gebäudes ließ er ein steinernes Relief Andropows anbringen. Im Anschluss soll er im Haus zu Mitarbeitern und Veteranen den stolzen, auf sein Amt zielenden Satz gesagt haben: «Die Mission ist erfüllt.»

Gemessen an der Bedeutung, die Putin dem Geheimdienst wieder verlieh, bleibt die Erinnerung an seine Lehrjahre beim KGB im Gespräch mit den Journalistinnen merkwürdig blass. Zur blutigen Geschichte des Unterdrückungsapparates äußert er sich mit keinem Wort. Das «Große Haus», wie die Leningrader KGB-Filiale mit furchtsamem Unterton einst genannt wurde, dieser fast ein ganzes Stadtviertel umfassende Gebäudekomplex, war für ihn kein Ort des Schreckens, wo Zehntausende von Exekutionen angeordnet wurden. Putin stieß sich im Gespräch eher am Gemüt seiner ehemaligen Kollegen in der Abwehr, wo er zunächst eingesetzt wurde – er habe dort Aktionen abgelehnt, weil sie gegen das Gesetz verstoßen hätten. Man habe erwidert, eine Anweisung sei das höchste Gesetz. Putin kommentiert: «So hatten sie es gelernt und so arbeiteten sie. Ich konnte das nicht. Und nicht nur mir ging es so, sondern vielen anderen Kollegen meiner Generation.» Wollte er damit einen neuen Stil ankündigen, der vom Gesetz bestimmt würde? Zur Störung einer Dissidentenversammlung erklärt er: «Es war die Vorgehensweise eines totalitären Staates. Es war unanständig, diese Leute auszuspionieren, aber es war auch alles nicht so tragisch.»

Um das Ausmaß der Tragik zu bewerten, fehlte ihm vielleicht die rechte Elle. Denn was in dem «Großen Haus» vorging, konnte ihm kaum verborgen geblieben sein. Die Verfolgungswelle gegen Dissidenten, denen antikommunistische Hetze und Beleidigung der Sowjetunion vorgeworfen wurde, kam auch in den siebziger Jahren nicht zum Erliegen. In Putins Darstellung erscheinen die Aktivitäten des Leningrader KGB allenfalls als Serie von Dumme-Jungen-Streichen. Sonst hätte er später kaum so ungeniert auf die Mitarbeit seiner alten Kameraden zählen können.

Putin schildert, wie eine Demonstration von Menschenrechtlern, die sich zum Jahrestag des Dekabristen-Aufstandes versammeln wollten, vom KGB gestört wurde. Der 10. Dezember ist in der russischen Geschichte ein symbolträchtiger Tag, weil sich im Jahr 1824 junge Adlige gegen die autokratische Zarenherrschaft erhoben hatten. Den Regimegegnern in der Sowjetunion war dieses Datum deshalb ein guter Anlass, um an die fortdauernde Tradition von Unterdrückung und Willkür zu erinnern. Putin beschreibt das Vorgehen seines Dienstes als eine Art Schabernack, unanständig, aber eben «nicht so tragisch». Doch die Opfer der Verfolgung hatten wenig Grund, die Szene mit solcher Gelassenheit zu betrachten. Leningrad, das alte St. Petersburg, wurde unter der sowjetischen Oberfläche von sehr aktiven Dissidentengruppierungen belebt. Die meisten schöpften aus literarischen Quellen, publizierten Zeitschriften, die im Samisdat, dem Selbstverlag des Untergrunds, in einer Auflage von kaum mehr als zehn Exemplaren erschienen und von Hand zu Hand weitergereicht wurden. Das Strafgesetzbuch der UdSSR gab den zuständigen Behörden eine biegsame Waffe in die Hand. Dort war festgelegt, dass die «Verbreitung verleumderischer Lügen mit dem Ziel der Untergrabung der Sowjetmacht» und die «Verunglimpfung des sowjetischen Staats- und Gesellschaftssystems» mit strengen Strafen belegt werden konnten: fünf Jahre Arbeitslager im Ural bei Perm, sieben Jahre Haft und drei Jahre Verbannung oder die Zwangseinweisung in die Psychiatrie.

Der große Lyriker Joseph Brodsky, dem im Jahrzehnt zuvor der Prozess gemacht worden war, resümiert im Exil über die Erfahrungen in seiner Vaterstadt: «Kein Land hat die Kunst der Seelenzerstörung seiner Bürger so gut beherrscht wie Russland ... Unmenschlichkeit ist immer leichter zu organisieren als alles andere. Für diesen Job musste Russland nie ein Knowhow importieren.»

Die Bewertung der Geschichte ist eine Frage der Perspektive. Am Vorabend seiner Wahl zum Präsidenten blendet Putin diese Schattenseiten aus. Später wird sich zeigen, dass dies nicht etwa auf Vergesslichkeit zurückzuführen war. Er nutzte sein Amt, um die Geschichte zu verklären und sogar den Lehrern des Landes sein verzerrtes Bild Stalins aufzunötigen.

Die Frage, wie erfolgreich seine Agentenjahre in Dresden waren, wird von den Biographen unterschiedlich bewertet. Die meisten bescheinigen ihm eine eher unbedeutende Rolle. Genau wird man wohl nie erfahren, ob er zu den Agenten gehörte, die angeblich das Regime Honeckers stürzen sollten, um mit einer flexibleren Regierung die DDR vor dem Untergang zu bewahren. Unstrittig aber ist, dass diese Zeit – allen bitteren Kriegserfahrungen der Familie zum Trotz – ihm die Deutschen näher brachte. Er lernte ihre Sprache und trug dafür Sorge, dass auch seine Töchter sie lernten. Später besuchten sie sogar die Deutsche Schule in Moskau.

Als er im Januar 1990 in das sich im Umbruch befindende Leningrad zurückkehrte, sprach zunächst nichts dafür, dass ihn irgendjemand auserkoren hatte, einst den höchsten Gipfel der Macht zu erklimmen. Dennoch diente die folgende Dekade des Aufbruchs, in der die politische Realität Russlands einem Roman von Raymond Chandler zu entspringen schien, als ideale Vorbereitungszeit für spätere Aufgaben. Putin lernte die Usancen der neuen Elite zu durchschauen.

Nach einem kurzen Intermezzo an der Universität – im Auftrag des KGB – wurde er persönlicher Assistent von Juraprofessor Anatolij Sobtschak, den er während des Studiums kennengelernt hatte und der nun, als einer der führenden Demokraten im Land, an der Spitze der Stadtverwaltung stand. Erst nach dem Putsch im August 1991, bei dem sein oberster Dienstherr, der KGB-Chef, eine zentrale Rolle gespielt hatte, schrieb er einen Kündigungsbrief und verzichtete damit auf sein zweites Gehalt als Offizier der Reserve, das ihm der Geheimdienst bis dahin noch gezahlt hatte. Das sollte aber, wie man später erleben durfte, seine Loyalität zur Institution nicht erschüttern.

In den zitierten Gesprächen «Aus erster Hand» bezeugt Putin, er sei 1991 aus dem Geheimdienst ausgeschieden. Dass er darüber hinaus alle Brücken abgebrochen hat, erscheint gleichwohl unwahrscheinlich. Die Art und Weise, wie er dem zum Freund gewordenen Petersburger Bürgermeister später in einer Notlage beistand, lässt die Vermutung zu, dass er so ganz ohne Kontakte nicht war. Sobtschak, bedroht von einem Korruptionsverfahren, wurde heimlich in einer Chartermaschine vom Petersburger Flughafen nach Paris geflogen. Ohne den Beistand des «Großen Hauses» – das weiß jeder, der mit dem strengen Regime an Russlands Grenzen vertraut ist – kann kein Privatflugzeug starten, das eine vom Staatsanwalt gesuchte Person an Bord hat. Putin bewies operatives Geschick und ließ keinen Zweifel, dass er einen guten Freund nicht im Stich lässt. Zum Direktor der Petersburger Filiale des Geheimdienstes war übrigens inzwischen Viktor Tscherkessow aufgestiegen, ein alter Waffenbruder, den Putin später an prominenter Stelle in sein Moskauer Netzwerk einflocht.

Putin bewegte sich nach seiner Rückkehr ins Zivilleben zunächst im Hintergrund. Im Oktober 1991, als sich auf einem Podium im Zentrum Leningrads der engere Führungskreis um Sobtschak versammelt hatte, um die Rückbenennung der Stadt auf den angestammten Namen St. Petersburg zu zelebrieren, war er in der Reihe der jugendlichen Stadtväter nur schwer zu entdecken. Dennoch gelang ihm, der als Agent angeblich nur mittelmäßig gewesen sein soll, ein rasanter Aufstieg, der ihn schließlich in das Amt des stellvertretenden Bürgermeisters beförderte. Das war ein Posten, der viele Auslandsreisen erforderte und westliche Investitionen in die Stadt bringen sollte. Üblicherweise also ein Sektor, in dem russische Politiker ihr eigenes Konto auffüllen. Putin haben die frühen Lehrjahre in russischer Demokratie auf andere Weise bereichert. Fast alle Männer, die er später in Führungspositionen hievte, rekrutierte er aus seinem damaligen Umfeld. Der von ihm im September 2007 zum Premier ernannte Viktor Subkow war einst Nachbar in Putins Datschensiedlung.

Als der Präsidentschaftskandidat im Februar 2000 – wie es das Wahlgesetz vorschreibt – seine Vermögensverhältnisse offenlegt, beziffert er seine Ersparnisse auf 13 345 Dollar. Das war nicht einmal für russische Verhältnisse ein nennenswerter Betrag. Gerüchte, auch Putin habe sich damals in St. Petersburg bestechen lassen, wurden nie durch Dokumente bestätigt.

1996 verpasste Sobtschak seine Wiederwahl. Und damit verlor auch Wladimir Putin sein Amt. Doch bald darauf ereilte ihn der Ruf aus dem Kreml. Dort absolvierte er in Windeseile seine Lehrjahre in der hohen Politik. Mochte der demokratisch gesinnte, aber sich autoritär gebärdende Sobtschak schon kein leuchtendes Vorbild für Reformpolitik gewesen sein, der Umzug in die Schaltzentrale der Macht bot Putin die entscheidenden Einblicke in die Schattenspiele der Politik – Intrigen, Geheimbündelei und Korruption. Der Präsident, geschwächt von

Krankheit und Alkoholmissbrauch, war in seiner zweiten Amtsperiode kaum noch geschäftsfähig. Seine Tochter Tatjana führte das Regiment, umgeben von einem Kreis Vertrauter, zu dem ihr späterer Ehemann Valentin Jumaschew, Boris Beresowski und – als aufsteigender Stern unter den neuen Reichen – auch Roman Abramowitsch gehörten. Der eine, im Londoner Exil lebend, gilt heute in Moskau als Staatsfeind Nr. 1, der andere, gehorsamer, darf – ebenfalls in London – seinen Hobbys frönen, zu denen der Fußballklub Chelsea zählt.

Der einzige Prominente in diesem Schattenkabinett, im ganzen Land als «Oligarch» verhasst, war Boris Beresowski. Lilia Schewzowa schildert mit spürbarer Fassungslosigkeit die Bewusstseinslage der Gruppe, die der russische Volksmund «die Familie» getauft hatte: «Während diese Kreml-Brüderschaft sich an gepanzerte Limousinen und Bodyguards gewöhnte, auch daran, dass ihnen alle Türen offen standen und keiner ihr Verhalten kontrollierte, haben sie allen Sinn für Grenzen verloren.» Das einzige Ziel «der Familie» sei die Vermehrung ihres Reichtums gewesen.

In diesem Tollhaus, das sich hinter den Mauern des Kreml verbarg, lernte Putin alle nur erdenklichen Tricks, um Gegner auszuschalten und Freunde zu fördern. Wenn seine kühle Seele nicht schon vorher einen Funken demokratischen Denkens aufgenommen hatte – hier, in der Brutstätte des Zynismus, konnte das schwerlich geschehen. Seine erste Lehrstelle in Sachen Kreml-Machenschaften wäre mit der Bezeichnung «Abteilung Liegenschaften» nur unzulänglich beschrieben. Dort waltete Pawel Borodin seines Amtes, als Herr über das Kreml-Vermögen.

Eine nicht ganz zufällige Begegnung bot einen Einblick in den Arbeitsstil des Ressorts. Mitte der neunziger Jahre reiste eine kleine Delegation der SPD nach Moskau, um sich vom Gedeihen der jungen Demokratie zu überzeugen. Da die angereisten Gäste besonderes Interesse an Sozialpolitik zeigten, wurde ihnen nahegelegt, auch das Quartier der jüngst gegründeten «Partei der Rentner» zu besuchen, die sich angeblich besonders für die von der Regierung vernachlässigten Interessen der älteren Mitbürger einsetzte. Vernachlässigte Interessen – das hieß im Klartext, dass die Mehrheit der Rentner ein kümmerliches Dasein fristete. Während in jener Zeit einige wenige im Zuge der Privatisierungspolitik Milliardenvermögen anhäuften, war dieser Teil der Bevölkerung komplett aus dem Blickfeld der Regierung verschwunden. Nun also, so verhieß es das Programm, sollten die Rentner eine eigene politische Stimme bekommen.

Die Sozialdemokraten aus Deutschland staunten nicht schlecht, als sie in der Nähe des Kreml vor einem ansehnlichen Altbau standen, der ihnen als Zentrale dieser Partei der Entrechteten vorgestellt wurde. Gleich bei der Begrüßung im frisch renovierten Foyer wurde ihnen empfohlen, doch mit der neuen Partei eine Partnerschaft zu begründen. Die Besucher blickten auf ein modernes Großraumbüro, als gelte es, Millionen von Mitgliedern zu dirigieren. Es gab mehr Computer, als es sich SPD-Geschäftsführer für ihre damals noch in Bonn befindliche «Baracke» hätten träumen lassen. Sogar ein parteieigenes Fernsehstudio wurde vorgeführt, dem es nach dem Urteil journalistischer Begleiter an nichts mangelte.

Mit einem bedeutsamen Wink wurde die Delegation schließlich zu einem Fahrstuhl geführt, der sie in stiller Eleganz – ganz untypisch für Moskauer Fahrstühle jener Zeit – in den fünften Stock entschweben ließ. Dort öffnete sich die Tür zu einem prächtigen Salon. Hinter einem großen Schreibtisch saß Pawel Borodin, der Kämmerer des Kreml. Er erhob sich und begrüßte die Ausländer wie alte Vertraute, alte Kameraden des politischen Geschäfts.

Borodin war der Hausherr und die «Partei der Rentner» seine

Schöpfung. Der Kreml hatte sie dank offenbar unbegrenzter Finanzreserven gegründet, um der Kommunistischen Partei die aufbegehrenden alten Leute als Wähler abzujagen. Philanthropie oder ernsthafte politische Absichten waren nicht einmal im Ansatz zu erkennen. Das war übrigens die Zeit, als Kanzler Helmut Kohl Moskau einen Kredit über vier Milliarden Mark verschaffte, um Jelzins Wiederwahl zu unterstützen.

Die überraschten Deutschen wussten nicht, was mehr zu bewundern war, die Galerie von erlesenen Cognac-Flaschen oder die Unverfrorenheit, mit welcher der Besuch zelebriert wurde. Borodin hätte am liebsten die Partnerschaft mit den deutschen Sozialdemokraten feierlich besiegelt. Bleibt nur anzumerken, dass wenigstens dieser Irrweg der deutschen Sozialdemokratie erspart blieb.

Die Arbeit beim Geheimdienst, so hieß es schon zu Sowjetzeiten, sei kein Beruf, sondern eine Art zu denken. Elena Tregubowa, die später in Ungnade gefallene Korrespondentin der Zeitung «Kommersant», nimmt für sich in Anspruch, die Dimension dieses «kleinen, uninteressanten Mannes», der damals in Moskau auftauchte, als Erste wahrgenommen zu haben. Später hat sie ein Buch über ihre Korrespondententage im Kreml geschrieben, das zum Bestseller wurde. Sie verlor ihren Arbeitsplatz. Nachdem vor ihrer Wohnung eine Bombe explodiert war und wenig später Anna Politkowskaja ermordet wurde, floh sie aus dem Land und bat in London um politisches Asyl.

Als Elena Tregubowa Putin zum ersten Mal traf, in einem Büro der Präsidialverwaltung am Staraja Ploschad, dem ehemaligen Sitz des Zentralkomitees der KPdSU, war dieser gerade Chef der Hauptkontrollverwaltung, der internen Revision. «Seine Augen hatten nicht nur einen leeren und teilnahmslosen Ausdruck, sie schienen überhaupt nicht da zu sein ... Dieser Mann gab seinem Gesprächspartner das Gefühl, dass es ihn nicht gab, er verschmolz meisterlich mit dem Farbton seines Büros.» Aber nicht das chamäleonartige Geschick ihres Gegenübers ließ sie aufmerken, sondern sein Plädoyer für den Geheimdienst als Retter des Vaterlandes. Im Gegensatz zu allen anderen Sicherheitsbehörden, behauptete er, stecke der FSB nicht im Sumpf der Korruption. Sie zitiert Putin mit den erstaunlichen Worten: «Unsere Institutionen, der FSB oder, genauer gesagt, sein Urvater, das Komitee für Staatssicherheit (KGB), standen nie direkt in Verbindung mit der Verbrecherwelt, sondern haben sich im Wesentlichen mit Aufklärung und Abwehr befasst. Dank dieser Tatsache haben sich die Strukturen des FSB eine gewisse Reinheit bewahrt.» Verblüffend ist nicht nur, wie er die Fürchterlichkeiten der Geschichte zu ignorieren scheint – sondern auch, wie er seinen Dienst zu einer sauberen Elite verklärt. Der Geheimdienst ist die einzige Kraft im Staat, an die er glaubt.

Als Jelzin ihn im Herbst 1998, angesichts seines drohenden Untergangs, zum Direktor des FSB ernennt, zögert Putin nicht, dieses Bollwerk konsequent auszubauen. Zunächst wird das Haus an der Lubjanka, dessen schwärzeste Tage mit dem stalinistischen Begriff «Säuberung» verbunden bleiben, selbst einer Säuberung unterzogen. Alexander Rahr, Putins Biograph der frühen Jahre, nennt die Zahl von zweitausend Mitarbeitern, einem Drittel der Belegschaft, die entweder entlassen oder in die Provinz abgeschoben wurden. Gleichzeitig beginnt Putin mit dem Aufbau eines Machtzentrums, das aus Vertrauten besteht und ihm als Präsident Rückhalt geben wird. Er besetzt die Posten der stellvertretenden Direktoren mit Freunden, die später – gleichsam wie Offiziere im besonderen Einsatz – im Präsidententeam politische Karriere machen. Zu ihnen gehört Viktor Tscherkessow, bekennender Tschekist, der in kommunistischen Zeiten in Leningrad das Ressort «antisowjetische Agitation und Propaganda», also die Verfolgung von Andersdenkenden, betreute. In St. Petersburg erzählen junge Leute, sie seien noch 1990 von Tscherkessow verhört worden. Als Präsident ernennt Putin ihn später zu seinem Bevollmächtigten für die nordwestlichen Provinzen und macht ihn dann zum Chef der Anti-Drogenbehörde mit 40 000 Mitarbeitern.

Viktor Iwanow, ebenfalls ein Freund aus dem «Großen Haus» in Leningrad, übernimmt in Putins FSB die Personalverwaltung. Später arbeitet er in dieser Funktion in der Kreml-Administration, wo seine Rolle besonderes Gewicht erhält. Nikolai Patruschew war KGB-Chef in der Leningrad benachbarten Provinz Karelien. 1998 erhält er in Putins FSB die Aufgabe, sich um wirtschaftliche Gefahren zu kümmern, die dem Land drohen. Als Putin Ministerpräsident wird, ernennt er Patruschew zu seinem Nachfolger als FSB-Chef. Der Vierte im Quartett ist Sergej Iwanow, der wie Putin seine KGB-Meriten als Agent im Ausland verdiente – in seinem Fall in Skandinavien und London, wo er aufflog und ausgewiesen wurde. Als Putin den Gipfel der Macht erklommen hat, macht er Iwanow zum Verteidigungsminister und schließlich zum Ersten Stellvertretenden Premierminister. In dieser Phase wird er schon als möglicher Nachfolger des Präsidenten gehandelt – nicht ohne Besorgnis, weil er den Typ des rüden KGB-Agenten zu verkörpern scheint. Im FSB hatte ihn Putin 1998 mit dem Direktorat für Analyse, Prognose und strategische Planung betraut. Wieweit die vier Kameraden bei ihren dienstlichen und nichtdienstlichen Begegnungen an einem Drehbuch für die Zeit nach Jelzin arbeiteten, werden wir wohl nie erfahren.

In Deutschland wäre es kaum vorstellbar, dass sich ein Behördenleiter sein Spitzenpersonal aus dem Kreis alter Freunde und Kollegen rekrutiert. In Russland hat es Tradition. Ein Freund, der etwas geworden ist, empfindet geradezu die Pflicht, Mitstreiter aus seiner Familie, aus dem Studium oder aus dem Dorf – wo auch immer man Bande der Freundschaft knüpft – am Karriereglück und an den Pfründen teilhaben zu lassen. Auch lehrt die Lebenserfahrung, dass man nur denen vertrauen kann, denen man sich innig verbunden weiß. Zumal in jenen Jahren auch die Loyalität der Beamten gegenüber dem Staat wenig gefestigt war. Der Staat zahlte unregelmäßig und schlecht. Als Beamter war man gehalten, selbst auf sein Fortkommen zu achten.

Doch der Kreis, den Putin beim FSB um sich versammelte, war mehr als ein Zweckbündnis im Dienst der Selbstversorgung. In der ersten Etappe galt es, Jelzin aus der Klemme zu helfen. Die zweite Etappe etablierte Putin als erfolgreichen Ministerpräsidenten. In der dritten Etappe sollte das verwirklicht werden, was man sich zur Rettung Russlands erträumte.

Für all jene, die in den neunziger Jahren die politische Entwicklung im Land zu beschreiben hatten, war das Fehlen eines positiven Helden nicht nur unter dramaturgischen Gesichtspunkten bedrückend. Allenfalls die Rollen der tragischen Verlierer waren besetzt. Das Dämmerlicht des Sittenverfalls, in dem sinistre Figuren ihre gemeinsamen Interessen entdeckten, um sich kurz darauf wieder zu entzweien, die Schattenspiele der Macht im Kreml, über denen ein meist entrückter, kranker Präsident thronte – das alles bot nicht nur dem Auge wenig Trost, sondern blieb als Totentanz der jungen russischen Demokratie schwer durchschaubar. Selbst heute gehen die Bewertungen jener Jahre weit auseinander. Wenngleich eines unbestritten ist: Die Art, wie der Jelzin-Clan die Nachfolgefrage zu lösen trachtete, um Vermögen und Sicherheit für Leib und Wohl zu garantieren, war in der Verfassung nicht vorgesehen. Das Vorgehen ähnelte eher den höfischen Rankünen feudaler Zeiten. Die Kämpfe allerdings wurden ausgetragen mit der scharfen Klinge der Moderne. Alle Spielregeln einer Demokratie wurden für diesen Zweck instrumentalisiert oder außer Kraft gesetzt. Das war die Chance für die loyale Truppe vom FSB. Und einer, der heute als Schlimmster aller Feinde gilt, wurde ihr Steigbügelhalter.

Im Londoner Exil geriert sich Boris Beresowski heute als Hüter demokratischer Tugenden Russlands. Damals zog er für die «Familie» die Strippen. Manche Beobachter verglichen ihn mit Rasputin, jenem unheimlichen Mönch, dessen verhängnisvoller Einfluss am Hof von Nikolai II. zum Untergang der Romanows beitrug. Für die damaligen Verhältnisse schien es auch in Russland unvorstellbar zu sein, einen Geheimdienstler zunächst zum Ministerpräsidenten und dann zum Nachfolger Jelzins aufzubauen. Doch nachdem ihn die effiziente und loyale Amtsführung Putins im FSB überzeugt hatte, schien dies für Beresowski der rettende Ausweg zu sein. Auch ihm hatte Putin einen Freundschaftsdienst erwiesen, als Generalstaatsanwalt Skuratow gegen Beresowski wegen Korruption ermittelte. Die Verhaftung schien unmittelbar bevorzustehen, aber Putin hielt dennoch Kontakt zu ihm, nahm zu aller Überraschung an familiären Feiern teil. Hielt er demonstrativ einem Freund die Treue, dem der Absturz drohte? Oder suchte er die Nähe zu einem Mann, in dem er den klügsten Berater auf den Kreml-Korridoren erkannte: den Königsmacher?

Die genauesten Angaben zum Prozedere liefert Alex Goldfarb, der die Sowjetunion in den siebziger Jahren als Dissident verlassen hatte und später in London zu einem Freund des Ex-Spions Litwinenko wurde. Auch schloss er sich dem Kreis um Beresowski an. In seinem Buch «Tod eines Dissidenten – Warum Alexander Litwinenko sterben musste» verknüpft er den Polonium-Mord am ehemaligen FSB-Offizier mit der jüngeren Geschichte Russlands.

Was Goldfarb von diesem Kapitel des Aufstiegs Putins schildert, beruht auf den Angaben Beresowskis. Aber die Darstellung klingt plausibel, und der Kreml hat ihr nie widersprochen. Keiner der in Moskau angesiedelten Korrespondenten, die das wirre Geschehen im Kreml verfolgten, konnte ahnen, dass die Würfel an der französischen Atlantikküste im Seebad Biarritz fielen. Dorthin war Beresowski mit seinem Privatjet geflogen, um Wladimir Putin, der gerade Urlaub machte, in Jelzins Auftrag zu fragen, ob er das Amt des Ministerpräsidenten übernehmen wolle. Allen Beteiligten war klar, dass diese Frage auch die Nachfolge im Präsidentenamt einschloss – Jelzin hatte nur deshalb im Verlauf der vergangenen anderthalb Jahre fünfmal den Posten des Premiers neu besetzt, weil die Suche nach einem ihm genehmen Nachfolger bislang erfolglos geblieben war.

Schon im September seien dem fliegenden Boten erste Zweifel an der Weisheit seines Vorgehens gekommen. Goldfarb schildert, wie Beresowski Putin im Moskauer Amtszimmer des Ministerpräsidenten besucht und zu seinem Befremden entdeckt habe, dass bei diesem eine Figur des Tscheka-Gründers Dserschinski auf dem Schreibtisch stand. Und er meinte auch – aber vielleicht war das eine Projektion in der Rückblende –, einen Ausdruck von nie gezeigter Unerbittlichkeit im Gespräch entdeckt zu haben. Ein gutes Jahr später, das jedenfalls ist verbrieft, hatte Beresowski Gewissheit über die Charakterstärke des von ihm empfohlenen Kronprinzen. Putin ließ ihm nur noch die Wahl zwischen Gefängnis oder Flucht ins Exil. Keiner, der sich mit Putin überwirft, wandelt ungestraft unter Sternen.

Das Moskau, in dem Putin seine Lehrzeit verbrachte, war reich an bizarren Begebenheiten. Im Herbst 1999, als das Land sich im ökonomischen Niedergang befand, raffte sich Präsident Jelzin auf, um seinem Volk die kostbar renovierten Gemächer des Kreml zu präsentieren. Er hatte sich eine Schulklasse ausgesucht, um sie durch die mit goldenen Stuckaturen überladenen Hallen zu führen. Es war wieder äußerer Glanz eingezogen in das Zentrum der Macht, das schon längst in dem Ruch stand, als Kulisse für sehr profane Affären zu dienen. Aber im notleidenden Land sollte die Wiederauferstehung zaristischer Pracht beim Bürger patriotischen Stolz erwecken. Dabei hatte Jelzins Auftritt einen pikanten Hintergrund. Für die Renovierung des Kreml hatte die Schweizer Firma Mabetex den Generalauftrag erhalten, die, wie man später erfuhr, für die Familie Jelzin Kreditkartenkonten führte.

Jelzin nahm den Besuch der Kinder zum Anlass, die Renovierung als Beispiel für das angeblich wiedererstarkte Russland zu preisen. Auf dem blanken Parkett des Jekaterinen-Saales belehrte er seine Zuhörer über die Bedeutung des Ortes: Der Kreml sei die Schule der Elite, spätere Premierminister und Mitglieder des Kabinetts hätten hier ihr politisches Handwerk gelernt. Zu dem Zeitpunkt war der Öffentlichkeit noch nicht bekannt, dass er seinen Nachfolger im Kreis dieser Lehrlinge auserkoren hatte. Die Stunde patriotischer Erbauung, zu der Jelzin die Schulkinder in den Kreml geladen hatte, war nur eine scheinbar friedliche Momentaufnahme in tumultuösen Wochen, die von Bombenattentaten, Kriegsgefahr im Kaukasus und ständig neuen Korruptionsvorwürfen gegen den Präsidenten geprägt waren.

Genau in jenen Tagen häuften sich im In- und Ausland Zeitungsmeldungen, die von Bankkonten in der Schweiz und in New York berichteten, welche Jelzin und seinem Umfeld zuzurechnen seien. Der Vorwurf lautete, bei der «Bank von New York» seien einige Milliarden Dollar «gewaschen» worden, die Mitglieder der Regierung außer Landes gebracht hätten, um sie vor dem Währungsverfall in Russland zu bewahren. Die Nachspülung der schmutzigen Wäsche begleitete Putin noch eine ganze Weile durch seine spätere Präsidentschaft. Sie war sogar, wie bald selbst dem Laien ersichtlich wurde, die Voraussetzung dafür, dass er das Amt antreten konnte. Seine erste Anordnung als amtierender Präsident trug dem Rechnung.

Am Morgen des 1. Januar 2000, dem Tag nach Jelzins Rücktritt, erließ Putin das Dekret Nr. 1, dem zufolge Jelzin vor jeder Strafverfolgung geschützt war. In diesen Januartagen nannten amerikanische Zeitungen zum ersten Mal Zahlen: Fünfzehn Milliarden Dollar seien bei zwei amerikanischen Banken gelandet. Dabei seien auch Gelder des Internationalen Währungsfonds veruntreut worden. Den Ermittlern in der Schweiz und in den USA ist es nie gelungen, die Hintergründe vollständig zu erhellen, aber sie zwangen Putin, auch einem anderen Amtsträger gegenüber seine Dankbarkeit zu erweisen. Pawel Borodin, der Schatzmeister der Macht und zugleich Putins erster Lehrherr im Kreml, reiste im Januar 2001 festlich gestimmt in die USA, weil er Russland auf der Inaugurationsfeier von George Bush vertreten sollte. Gleich nach seiner Landung in New York wurde er festgenommen und drei Monate später in die Schweiz ausgeliefert, wo ein Ermittlungsverfahren gegen ihn in Gang gesetzt worden war. Da Borodin sich zu den Vorwürfen nicht äußerte und die russischen Behörden in dem Verfahren nicht kooperierten, kam er drei Monate später gegen eine Kaution von drei Millionen Dollar frei. Die Zurückhaltung der Moskauer Staatsanwaltschaft war ein später Treuebeweis gegenüber Putins früherem Vorgesetzten im Kreml.

Lilia Schewzowa urteilt im Rückblick auf Putins Lehrjahre: «Er hat wohl nicht geglaubt, dass Russland bereit war für eine Modernisierung ohne den festen Zugriff von Autoritarismus.» Putin griff zurück auf bewährte Strukturen, von denen er etwas verstand.

3. Kapitel

Die Entdeckung des Patriotismus

Das politische Erbe, das Putin seinem Nachfolger hinterlässt, verheißt äußerlichen Glanz und Ruhm für das Vaterland. Keine Geste symbolisiert den Aufstieg Russlands so sehr wie der Kauf der Olympischen Winterspiele in Sotschi 2014. Der Präsident, ein bekennender Wintersportler, der sich mit dem Sotschi-Projekt auch einen persönlichen Traum erfüllt, ließ es sich nicht nehmen, selbst nach Guatemala zu fliegen, wo das Internationale Olympische Komitee über den Austragungsort entschied. Der zumeist vorsichtig agierende Staatschef trat den Flug nur an – und legte damit sein persönliches Prestige in die Waagschale –, weil es über das Ergebnis der Abstimmung für ihn keinen Zweifel gab.

Putin riskiert keine Niederlagen. Jeder seiner Schritte, vielleicht zeigt sich auch darin die Schulung im Geheimdienst, ist im Voraus bedacht, Reaktionen der Gegenseite mit eingeschlossen. In Guatemala übernahm er die Rolle des Sonnenkönigs: Vor der Abstimmung führte er die IOC-Mitglieder reihenweise aus, um sie von russischem Charme und Sotschis Qualitäten zu überzeugen. Die waren zu dem Zeitpunkt allerdings nur auf Computeranimationen zu erkennen. Denn für keine einzige Wettkampfstätte war auch nur ein Fundament gelegt. Es reichte der verlässliche Hinweis, für die Rechnung werde das

Staatsunternehmen Gasprom aufkommen. Als Beleg planerischer Virilität zauberte Putin, keinen Aufwand scheuend, an die subtropischen Gestade des Pazifik eine Freiluft-Eisbahn. Von einem norwegischen IOC-Mitglied wird die Bemerkung überliefert, das Bewerbungsverfahren sei «außer Kontrolle» geraten. Sogar von Korruption war die Rede. Aber Putin hatte sein Ziel erreicht.

Die Welle nationaler Glücksgefühle, vermittelt durch die ekstatischen Bilder im Fernsehen, ging selbst noch durch ferne Provinzen. In acht Jahren ist es dem Präsidenten gelungen, dem von Krisen und Notlagen gebeutelten Land zu einer stolzen Rolle auf der internationalen Bühne zu verhelfen. Dabei ist ein Teil des wundersamen Aufstiegs leicht zu erklären. In der Ära Jelzin pendelte der Preis für ein Barrel Erdöl zwischen zehn und fünfzehn Dollar. In den Jahren danach stieg er immer steiler an und erreichte Ende 2007 den Spitzenwert von fast 100 Dollar. Russland, das noch in den neunziger Jahren am Tropf des Internationalen Währungsfonds und anderer Kreditgeber hing, konnte 2003 seine Schulden vorzeitig tilgen. Es verfügt heute über Währungsreserven in Höhe von mehr als 400 Milliarden Dollar. Kein Experte erwartet, dass die Ölpreise in absehbarer Zukunft nennenswert fallen werden. Im Gegenteil, Pessimisten rechnen damit, dass langfristig die Preise für Erdöl und folglich auch Erdgas sich gegenüber heute sogar noch verdoppeln könnten.

Auch die Preise auf anderen Rohstoffmärkten bieten Anlass zu ökonomischem Selbstbewusstsein. Der Boom an den Rohstoffbörsen ist nicht das Verdienst Putins. Aber das Aufglimmen von Wohlstand nach düsteren Zeiten verbindet sich mit seinem Namen. Man könnte also vermuten, der Nachfolger übernehme ein wohlbestelltes Haus. Doch zum Erbe gehören auch die dunklen Kapitel der Innenpolitik, die für die weitere Entwicklung des Landes eine schwere Hypothek bilden. Viele Menschen zwischen Ostsee und Pazifik mögen die heutige Deformierung der demokratischen Prozesse nicht als so schmerzlich empfinden, weil sie von traumatischen Erinnerungen geplagt sind, die in elementarer Weise das Leben in den neunziger Jahren prägten. Auch ausländische Besucher, die in jenen Jahren des Elends das Land bereisten, konnten die Folgen der sozialen Verwerfungen, die sie erlebten, erahnen.

Es war ein Ort der Stille, weit entfernt von Moskau. Die brütende Hitze des Sommers 1998 lag über der westsibirischen Stadt Tobolsk. Aus der Geschichte ist sie bekannt, weil hier der letzte Zar und seine Familie von den Bolschewiki gefangen gehalten wurde – bevor man sie in Jekaterinburg ermordete. Ein kleines, anrührendes Museum erinnerte an die unglücklichen Romanows. Aber bezeichnender für den Zustand des Landes in jenen Tagen war ein anderes Gebäude. Der Zufall hatte die Reisenden mit einem jungen Mann zusammengeführt, der versprach, ihnen einen Blick in die Zukunft Russlands zu gewähren. Beim Wiedersehen am nächsten Tag stellte er sich vor als Leiter einer Institution, die zu besichtigen normalerweise keinesfalls erstrebenswert war. Aber seinem beharrlich vorgetragenen Werben war nicht zu entkommen. Als arbeitslos gewordener Physiker verdiente er seinen Lebensunterhalt – soweit man damals von Verdienst sprechen konnte – als Leiter der Morgue, des Leichenhauses.

Alexander, so hatte er sich vorgestellt, führte uns in ein brüchiges Backsteinhaus, in dem jeder freie Meter bedeckt war mit Toten, manche in sargähnlichen Schalen, manche einfach in Regalen gestapelt. Ein Zustand, den auch der Hausherr dieses sibirischen Totenreiches nicht gut verkraftete. Die Angehörigen hätten kein Geld, um die Verstorbenen zu bestatten, erklärte Alexander, die Stadt auch nicht. Sie verfüge nicht einmal über die Mittel, um für angemessene Kühlung der Räumlichkeiten zu sorgen.

Wie Briefe aus einem sterbenden Land wirkten in jener Zeit die Berichte aus den Provinzen. Fern der Machtspiele in der Hauptstadt lebten die meisten Menschen in betäubender Armut. Die Versorgung der Siedlungen im Norden, die den Winter nur überstehen konnten, wenn im Sommer Fluss- und Seeschiffe Nahrungsmittel und Kohle anlandeten, war zusammengebrochen. Fischer auf der Halbinsel Kamtschatka verbrannten die Holzhäuser in der Nachbarschaft, um nicht zu erfrieren. Den Bewohnern der Dörfer, die schwer trugen am Erbe der sowjetischen Planwirtschaft, hatte die Marktwirtschaft den Rest gegeben. Vor den Städten säumten Arbeiter die Chausseen, die statt eines Lohnes Erzeugnisse der Produktion erhalten hatten, die sie nun am Straßenrand zu verkaufen suchten: Gläser, Autoreifen, Tuche. Dass sie alle im Elend lebten wie einst die Verbannten, war für sie das Ergebnis der neuen Zeit, die mit dem Attribut «demokratisch» ihre Weihen empfangen hatte.

Was im Westen zuweilen gönnerhaft «Reformpolitik» genannt wurde, dank derer die Russen endlich die Früchte der Freiheit und Marktwirtschaft ernten können, hatte sich in den Augen vieler Bürger als falsches Spiel erwiesen. Die wertvollen Teile des Staatsvermögens, aus denen sich schneller Reichtum gewinnen ließ, hatte sich eine kleine Gruppe findiger Köpfe gegenseitig zugespielt. Andere Wirtschaftsbereiche, die nur durch aufwendige Investitionen langfristig hätten profitabel werden können, stagnierten oder verfielen gar. Siebzig Prozent aller Konsumgüter wurden teuer importiert. Weil die Profiteure des «Räuberkapitalismus» ihr Geld ins sichere Ausland schafften, finanzierte der Staat seinen Haushalt nach Art eines Pyramidenspiels: Neue Staatsanleihen zu hohen Zinsen wurden ausgegeben, um alte Schulden zu begleichen. Im August 1998 wurde der Staat zahlungsunfähig. Wieder ging eine Inflationswelle über das Land. Wieder waren alle, auch die geringsten Ersparnisse zerronnen, zum dritten Mal in zehn Jahren. So konnten keine Sympathien für das neue System erwachsen, das sich demokratisch nannte und mit der Marktwirtschaft ein besseres Leben versprach, als die Sowjetunion es hatte bieten können.

Die Menschen hatten den Niedergang und Zerfall des alten Imperiums ertragen und waren mit trotzigem Enthusiasmus Jelzin gefolgt, der Gorbatschow als letzten sowjetischen Tyrannen verketzert hatte. Die Folgen des Umsturzes waren gravierend: Über Nacht lebten 25 Millionen Russen im Ausland, weil aus Sowjetrepubliken unabhängige Staaten entstanden waren. Der Vorgang, der einherging mit wachsendem Nationalismus in diesen jungen Republiken, löste eine gewaltige Migrationsbewegung aus und stürzte viele Familien ins Unglück. Vor allem in den zentralasiatischen Staaten fühlten sich Russen nicht mehr erwünscht. Aus Angst vor Bürgerkrieg und Pogromen flohen sie ins russische Mutterland, ohne dort eine Bleibe oder einen Arbeitsplatz zu finden. Dennoch zeigten sich die Bürger Russlands für den Weg der Demokratie anfangs begeistert – abzulesen an Umfragen und den Demonstrationen, mit denen sie die neue Ordnung gegen die Gestrigen verteidigten. Aber die folgenden Jahre brachten bittere Erfahrungen mit sich – nicht nur den ökonomischen Verfall, sondern auch das zynische Schauspiel der politische Elite, die um den Machterhalt kämpfte.

Man kann in den Begebenheiten des Jahres 1993 ein Menetekel sehen. Offiziell ist von den «Oktober-Ereignissen» die Rede. In Wahrheit begann damals die Zerstörung des demokratischen Regelwerks. Schon im Frühjahr 1993 hatte sich ein schwerer Konflikt zwischen Parlament und Präsident abgezeichnet. Jelzin wollte sich per Referendum seinen politischen Kurs vom

Volk bestätigen lassen und forderte auch die Zustimmung für sein Vorhaben, das Parlament aufzulösen. Das Ergebnis war erstaunlich. Trotz der schwierigen Lebensverhältnisse stimmte eine Mehrheit für die Politik der Reformen. Doch mit einem urdemokratischen Instinkt verschloss sich wiederum eine Mehrheit dem präsidialen Wunsch nach Auflösung des Parlaments.

Jene noch Oberster Sowjet genannte Volksvertretung bestand keineswegs allein aus eisernen Kadern der Kommunistischen Partei, sondern war erst 1990 aus freien Wahlen hervorgegangen. Nur eine kleine Minderheit von Kommunisten hatte wieder ein Mandat errungen. «Die frischen Kräfte kamen vorwiegend aus der Intelligenz. Ehemalige Dissidenten und neue Reformer ohne Karriere in der Nomenklatura spielten die Hauptrolle ... am Anfang der neunziger Jahre», schreibt die Moskauer Soziologin und Eliteforscherin Olga Kryschtanowskaja. Dieses Parlament sträubte sich gegen Jelzins euphemistisch «Schocktherapie» genannten Reformkurs, zu dessen Weisheit heute kaum noch jemand stehen möchte. Am 21. September 1993 verkündete Jelzin in einer Fernsehansprache, dass er mittels präsidialer Anordnung das Parlament auflösen und die Verfassung außer Kraft setzen werde. Schon während seiner Rede fuhren in Moskau an strategisch wichtigen Punkten Mannschaftswagen der Miliz auf. Das war – nüchtern betrachtet – nicht weniger als die Ankündigung eines Putsches. Die Entwicklung gipfelte darin, dass Jelzin am Morgen des 4. Oktober das Weiße Haus, den Sitz des Parlaments, von Panzern beschießen ließ. Die Rauchfahne des brennenden Gebäudes stieg hoch in den Himmel. Ein ganzes Stadtviertel wurde Kriegsgebiet. Fast 150 Menschen kamen um.

Die westlichen Staatsmänner reagierten mit Applaus, was besonders manche junge Demokraten in Russland verdross.

Ob denn auch in Deutschland ein Staatschef das Parlament mithilfe eines Panzerbataillons nach Hause schicken könne, fragten sie. Boris Jelzin spielte gegenüber dem Westen zum ersten Mal eine Karte aus, die er für den Rest seiner Amtszeit immer wieder als Trumpf einsetzte. Er brachte die Außenwelt dazu, wie der Essayist Michail Ryklin schrieb, «ein ganzes Spektrum russischen politischen Lebens nicht wahrzunehmen und die öffentliche Meinung weltweit davon zu überzeugen, dass er das kleinere Übel sei». Es sei ihm gelungen, dem Ausland die Alternative «Ich oder die Kommunisten» aufzuzwingen. So wurde er zum «Garanten der Stabilität» – einer «Stabilität, die zu zerstören er aktiv mitgewirkt hat». Korrespondenten, die damals Ryklins Sichtweise teilten, hatten es nicht immer leicht, im Heimatland ihr kritisches Jelzin-Bild zu vermitteln. Jene, die später Putins Amtsführung begrüßten und damit dem russischen Volk – ausgesprochen oder unausgesprochen – Demokratieunfähigkeit bescheinigten, ignorieren diesen Teil der Vorgeschichte gern, vor allem die problematische Rolle des Westens. Zu den Totengräbern der russischen Demokratie gehören auch jene westlichen Staatsmänner, die Jelzin immer wieder freie Hand gaben.

Das Nachspiel jener blutigen Tage wirkte wie eine schnelle Bestrafung durch das Schicksal. Die auf den Putsch folgenden Wahlen im Dezember 1993 wurden zum Desaster – es triumphierte der Ultranationalist Schirinowski mit seinen «Liberaldemokraten». Die neue Verfassung vom Dezember 1993 aber, deren autoritärer Grundzug später die Basis für Putins autokratisches Handeln lieferte, soll nach Recherchen der Zeitung «Iswestija» nicht einmal die nötige Mehrheit erreicht haben. Das Ergebnis wurde geschönt.

Der Putsch von 1993 blieb im kollektiven Bewusstsein der Russen verankert. Laut Untersuchung der Friedrich-Ebert-Stiftung empfindet eine Mehrheit der Befragten noch fünf Jahre später das Ereignis als eine der großen Negativerfahrungen der neunziger Jahre. Denn Jelzins rigoroses Handeln wirkte keinesfalls wie ein reinigendes Gewitter, sondern hatte zur Folge, dass die herrschende Klasse zur Kaste wurde. Diejenigen, die an den Schalthebeln der Macht saßen, nutzten sie, um sich schamlos zu bereichern. Der Verteidigungsminister trug im Volksmund den Ehrentitel «Mercedes-Pascha», weil er eine besondere Vorliebe für diese Marke entwickelt hatte und die Anwesenheit russischer Streitkräfte auf dem Gebiet der ehemaligen DDR nutzte, um neueste Modelle einfliegen zu lassen. Für seine Angehörigen ließ er ein ganzes Villenviertel errichten und glänzte anlässlich des ersten Tschetschenienkriegs mit der Bemerkung, seine Rekruten würden mit einem Lächeln auf den Lippen sterben. Hinter verlogenem Pathos verbarg sich die eigene Zügellosigkeit.

In den neunziger Jahren waren die Bürger tief verunsichert. Der versprochene Wohlstand war ausgeblieben, umso obszöner wirkte der Reichtum einiger weniger. Das Gebaren ihres Präsidenten, zumal wenn ihn auf Auslandsreisen seine Euphorie davontrug, verletzte den ohnehin verwundeten Stolz der Russen. Die gepriesene Marktwirtschaft erwies sich in Wirklichkeit als landesweiter Basar, auf dem alles, Waren, Dienstleistungen und Gefälligkeiten, käuflich war. Die Korruption, eine alte russische Geißel, die auch in der sowjetischen Gesellschaft fortdauerte, nahm epidemische Formen an. Kein Bereich in Politik und Wirtschaft war davon frei. Die wechselnden Regierungen unter Jelzin überlebten nur, weil sie politische Mehrheiten in der Duma kaufen konnten. Der Verfall der Sitten erreichte einen Höhepunkt, als ein Finanzmogul stellvertretender Regierungschef wurde und sich bei der Versteigerung von Staatseigentum selbst ein Filetstück zuschanzte. Aber auch der Alltag war geprägt von einer bestechlichen Bürokratie, die begierig ihre Hände ausstreckte. Was den Menschen blieb, war das Gefühl der Ohnmacht.

In all diesen Jahren war der «Kampf gegen die Korruption» eines der beliebtesten Wahlkampfthemen. Kein Jahr verging, in dem nicht Präsident Jelzin in seiner Rede zur Lage der Nation die Vernichtung dieser an Nerv und Vermögen zehrenden Seuche beschwor. Putin – das sei am Rande vermerkt – erwies sich später in diesem Bereich nicht wesentlich erfolgreicher als sein Vorgänger. Sein harsches Regiment, die Forderung nach einem «starken Staat» legitimierte er mit dem Vorsatz, das Land von dieser Plage zu befreien. Die Waffe hat sich als stumpf erwiesen. Die renommierte Organisation Transparency International setzte 2007 in ihrer jährlichen Korruptionsrangliste Russland zurück auf eine Stufe mit Indonesien, Gambia und Togo. Um zwanzig Punkte fiel das Land auf den 143. Platz.

Auch wenn sich im praktischen Leben Bestechlichkeit gelegentlich als hilfreich erweist, zum Beispiel im Umgang mit der Verkehrspolizei, die dem Autofahrer mit bürokratischen Sanktionen das Leben vergällen kann: Korruption bleibt eine Folter. Die in Moskau lebende «FAZ»-Korrespondentin Kerstin Holm hat dem Thema ein ganzes Buch gewidmet. Nach ihren Angaben werden allein im eigentlich kostenfreien Gesundheitssektor jährlich über eine halbe Milliarde Dollar illegal umgesetzt. An zweiter Stelle rangieren Aufwendungen für die Bildung und Ausbildung. Und auch die Justiz ist betroffen: «An russischen Gerichten, die kenntnisreiche Beobachter nicht anders als in den schwärzesten Farben schildern, werden jährlich 275,5 Millionen Dollar an Schmiergeldern für die eine oder andere Richterentscheidung umgesetzt.»

Der Bürger als Spielball anonymer Mächte – auch die Justiz der Jelzin-Jahre war nicht geeignet, bei den Bürgern demokratisches Bewusstsein zu entwickeln. Zwar war mithilfe ausländischer Experten ein neuer Kodex für ziviles Recht entstanden, doch bot die Gerichtspraxis wenig Anlass, der Rechtsprechung zu vertrauen. Olga Kryschtanowskaja beschreibt die Judikative als Instrument staatlicher Herrschaft: «An eine Unabhängigkeit der Judikative war gar nicht zu denken. Die Gerichte blieben auf zentraler und regionaler Ebene in der Hand der Exekutive und wurden außerdem von der Staatsanwaltschaft unter Druck gesetzt.» Dieses Instrument wusste Putin später im großen Stil auszubauen.

Keine der üblichen Säulen eines demokratischen Staates war in den neunziger Jahren so stabil, dass sie den Bürgern Zuversicht und Vertrauen vermitteln konnten. Dennoch – eine knappe Mehrheit der Russen bewahrte sich ihren Respekt vor der neuen Regierungsform. Der erwähnten Studie der Friedrich-Ebert-Stiftung zufolge waren 1997 51 Prozent der Befragten einverstanden mit der These «Demokratische Institutionen sind wichtig für ein normales gesellschaftliches Leben». Nur rund 18 Prozent lehnten sie ab. Die Studie beschreibt auch, welche Vorstellungen die Menschen mit einem erquicklichen Leben verbanden: Die Gleichheit der Bürger vor dem Gesetz, die Unabhängigkeit der Justiz und Pressefreiheit standen in dieser Rangfolge ganz oben auf der Wunschliste.

Wenn Putin und seine Männer sich später als Retter Russlands gerieren konnten, dann hatte das weniger mit den Nachwirkungen des Sowjetsystems zu tun als mit dem fehlgeschlagenen Experiment der Demokratie. Wie einst bei den Deutschen in der Endphase der Weimarer Republik keimte die Hoffnung, dass nur ein autokratischer Politiker die Lage wenden könne, es war die heimliche Sehnsucht nach einer «harten Hand», die Ordnung schafft. Als Putin im August 1999 nach seiner Ernennung zum Ministerpräsidenten ins Rampenlicht trat, schien er noch nichts von all dem zu verkörpern. Tatkraft hatte er bis dahin nur im internen Politikgerangel bewiesen. Es war aber nicht seine potenzielle Führungsschwäche, die damals Anstoß erregte, sondern seine Vergangenheit im KGB.

Als am 16. August 1999 die Duma über Putins Kandidatur als Ministerpräsident abzustimmen hatte, erhob sich Widerspruch. Der Vorsitzende der linksliberalen Partei Jabloko, Grigorij Jawlinski, erklärte dem Hohen Haus, seine Fraktion halte es für untragbar, dass Geheimdienstleute das Regierungsgeschäft übernehmen. Und schon gar nicht sollten sie Präsident werden. Das war die Stimme der Minderheit. Putin war der fünfte Premierminister in zwei Jahren, über den die Duma zu entscheiden hatte. Wieso sollte ausgerechnet er durchhalten? Konnten die Abgeordneten ahnen, in welchem Ausmaß Putin in den folgenden Jahren die Innenpolitik verändern würde? Keine der demokratischen Parteien, keiner der demokratischen Abgeordneten, die damals in der Duma vertreten waren, hatten im Dezember 2007 noch eine Chance, wiedergewählt zu werden. Mit einer Serie von Korrekturen an der Wahlgesetzgebung hat Putin die Parteiendemokratie praktisch eliminiert. Er hat ein System geschaffen, das die Politologin Schewzowa «imitierte Demokratie» nennt.

Dass Putin noch 1999 seine Geheimdienstvergangenheit zum Vorwurf gemacht wurde, mag kleinlich erscheinen. Schließlich kann fast jeder für sich das Recht zu einem neuen Anfang in Anspruch nehmen. Doch für Jawlinski und einige andere war mit dem KGB noch die Erinnerung an ein Schreckensregime verbunden. Jawlinski selbst war nur durch Zufall in den achtziger Jahren einem Giftanschlag entgangen. In den neunziger Jahren hatten diese jungen Demokraten erleben müssen, dass weder die Institution KGB noch einzelne ihrer Mitarbeiter für vergangene Verbrechen zur Verantwortung gezogen wurden.

Die Rolle des KGB als Instrument des Terrors wurde nur in den Gorbatschow-Jahren öffentlich diskutiert. Aufgebrachte Bürger zerrten 1991 das Denkmal Dserschinskis auf dem Platz der Lubjanka von seinem Sockel. Die Symbolkraft dieses Vorgangs verblasste schnell in den folgenden Jahren, weil schon Jelzin den Versuch, den Dienst zu entmachten, bald aufgab. Allzu sehr war er auf dessen Unterstützung angewiesen.

Unheimlich bleibt der Geheimdienst bis zum heutigen Tag, weil er sich seiner geschichtlichen Verantwortung nicht stellt, sondern im Gegenteil seine Rolle zu Sowjetzeiten als patriotisch verklärt. Und weil die Protagonisten, die aus der Institution hervorgegangen sind, ihr damaliges Tun entweder verharmlosen oder als ruhmreichen Dienst für das Vaterland darstellen. Keiner in der neuen Moskauer Elite hat sich zu einem Wandel seiner Gesinnung bekannt. So kommt es, dass auch Putins Usurpation der Macht in Zwielicht getaucht ist. Da war der Krieg in Tschetschenien, der ihm – wie der aufmerksame Beobachter Ryklin bemerkte – anstelle eines Wahlkampfes zu rascher Popularität verhalf. Der Plan für diesen Krieg war schon im Frühjahr 1999 entwickelt worden. Aber Putin gab den Befehl zum Angriff. Den Anlass lieferten die Attentate in Moskau und anderen Städten Russlands, bei denen Hunderte von Menschen zu Tode kamen und ohne die es kaum gelungen wäre, das Land in Kriegsstimmung zu versetzen. Denn noch bevor sich der Staub über den zerstörten Wohnhäusern verzogen hatte, wurde offiziell von einer «tschetschenischen Spur» gesprochen. Selbst der Einfall tschetschenischer Islamisten in das benachbarte Dagestan konnte, so lautete damals eine Verschwörungstheorie, durch Moskau inspiriert worden sein. Lilia Schewzowa bezweifelt, dass der Geheimdienst bei der Abfolge der Ereignisse eine Rolle gespielt habe. Dennoch resümiert sie: «Gleichzeitig müssen wir bis zu diesem Tag eingestehen (ihr Buch erschien 2005), dass es für eine Reihe von Fragen, die jene Zeit aufwarf, keine befriedigende Antwort gibt.» Der 2006 in London ermordete Alexander Litwinenko hatte dagegen in seinem 2002 publizierten Buch die These vertreten, die Hintermänner der Attentate seien beim Geheimdienst zu suchen.

Die Ereignisse vom September 1999 liegen weit zurück. Doch sie veränderten das Land nachhaltig. Die Stimmung in der Öffentlichkeit schlug um. Das Gefühl der Macht- und Wehrlosigkeit, der Erniedrigung, entlud sich in einer Welle des Patriotismus. Die Attentate schufen ein Gefühl der Verwundbarkeit, für das der folgende Krieg gegen Tschetschenien die einzig richtige Reaktion zu sein schien. Die Bedrohung Russlands verlangte, dass die Bürger zusammenstanden. Dazu kamen die ersten Anzeichen von Fremdenfeindlichkeit, die sich zunächst gegen all diejenigen richteten, die den Regionen des Kaukasus entstammten. Alle diese Sentiments, die auch das heutige Russland prägen, haben ihren Ursprung in jenen Tagen. Zugleich waren damals die ersten warnenden Stimmen zu hören, die in der patriotischen Aufwallung eine Gefahr für die demokratische Entwicklung erblickten. In Zeiten des Krieges wurden Weichen gestellt, die den Kurs des Landes bis auf den heutigen Tag bestimmen.

Die erste Sprengladung explodierte fernab der Hauptstadt in Dagestan, einer an Tschetschenien grenzenden autonomen Republik. Ziel war ein in einer Garnison gelegenes, aber auch von Zivilisten bewohntes Mietshaus. Als Täter wurden islamistische Fundamentalisten vermutet. Das zweite und dritte Attentat traf Moskau – in der Nacht zum 9. September 1999 zerstörte eine Explosion ein elfstöckiges Wohnhaus in der Gurjanowastraße. Am 13. September wiederholte sich das Drama an der Kaschirskoje Chaussee. Insgesamt fielen den Attentaten dreihundert

Menschen zum Opfer. Moskau war traumatisiert. Der öffentliche Verdacht richtete sich sogleich gegen Tschetschenen.

Doch man konnte auch Zweifel haben, die auf Ungereimtheiten beruhten, und vielleicht auch auf der Ungeschicklichkeit der Behörden. In den Tagen nach den Explosionen besuchte ein Kameramann einer Spezialeinheit des Innenministeriums mehrere Büros von Auslandskorrespondenten. Er bot Bildmaterial an, das Beweise für die offizielle These bieten sollte. Sein Film zeigte ein angebliches Sprengstofflager der Tschetschenen in einer Garage, die explosive Mischung getarnt in Zuckersäcken. An einer Wand waren Kreidezeichnungen zu erkennen: Die Grundrisse jener Häuser, die gesprengt wurden. Die Aufnahmen wirkten wie bestellt.

Fachleuten war aufgefallen, wie exakt der Sprengstoff platziert worden war, wie präzise die Menge bemessen. Es schien, als seien Experten am Werk gewesen. Doch Experten waren die ersten Verdächtigen, die festgenommen wurden, ganz sicher nicht. Selbst Journalisten mit ihren bescheidenen Recherchemöglichkeiten konnten den Nachweis erbringen, dass der FSB Unschuldige in Haft genommen hatte. Sie wurden nach einigen Wochen freigelassen.

Die meisten Fragen aber warf ein Attentat auf, das gar nicht stattfand. Die Meldungen zu dem Ereignis in der südlich von Moskau gelegenen Stadt Rjasan waren widersprüchlich und verwirrend. Am Abend des 22. September rief der Bewohner eines Mietshauses die Miliz an, um zu melden, dass Unbekannte schwere Säcke in den Keller des Hauses trugen. Es herrschte in jenen Tagen Alarmstimmung, und die Bürger waren zur Wachsamkeit aufgerufen. Die Polizisten fanden die Säcke und riefen Sprengstoffexperten hinzu, die Hexogendämpfe und eine Schaltuhr entdeckten. Der Fund schien dem Vorbild der Moskauer Attentate zu folgen.

Am nächsten Tag dementierte der FSB in Moskau, dass in Rjasan tatsächlich ein Attentat geplant worden sei. Es sei kein Sprengstoff in jenem Keller gefunden worden, erklärte der FSB-Sprecher Alexander Sdanowitsch im Fernsehen. Wiederum einen Tag später nahm die Entwicklung eine seltsame Wendung. Der Nachfolger Putins als FSB-Chef trat seinerseits vor die Kameras und erklärte, seine Behörde sei für den Vorfall verantwortlich. Es habe sich bei dem Inhalt der Säcke in Wirklichkeit um Zucker gehandelt. Das ganze Arrangement sei eine Attrappe gewesen, um die Wachsamkeit der Bürger zu testen.

Der Vorgang war ungeheuerlich: Konnte es wirklich sein, dass eine Behörde, die für die Sicherheit im Land zuständig ist, die Bürger auf solche Weise zur Achtsamkeit anhielt? Und wenn ja, warum bekannte sie sich nicht sofort zu ihrer Verantwortung? Aber auch der Verdacht, der sich aufdrängte, dass nämlich der Geheimdienst oder ihm nahestehende Netzwerke Drahtzieher der Attentate waren, schien ungeheuerlich.

In Moskau kursierten damals viele Gerüchte. Aber keiner wagte es, darüber zu schreiben. Mitte März des folgenden Jahres, wenige Tage vor der Wahl Putins zum Präsidenten, war es so weit. Die kleine, mutige Zeitung «Nowaja Gaseta» berichtete über eine Verbindung der Attentate in Moskau zum Geheimdienst. Die nachfolgende Ausgabe, in der die Geschichte fortgeführt werden sollte, konnte nicht erscheinen, weil Hacker in das Computersystem der Zeitung eingedrungen waren und die Programme zerstört hatten. Man habe die Fakten dargestellt und mit einer Reaktion aus dem Kreml gerechnet, sagte damals der stellvertretende Chefredakteur Sergej Sokolow. Vielleicht sei auch der Computerangriff eine solche Reaktion.

In der Duma, in der damals noch unabhängige Abgeordnete saßen, regte sich Unruhe. Der Deputierte Juri Schtschekotschichin, von Beruf Journalist bei der «Nowaja Gaseta», stellte den

Antrag, die Staatsanwaltschaft möge die Widersprüche im Fall von Rjasan klären. Der Antrag scheiterte. Daraufhin gründeten Menschenrechtler und Parlamentarier ein Komitee, um die Hintergründe der Attentate aufzuklären. Sergej Kowaljow trat an dessen Spitze. In seinem Fall ist ein Blick auf seine Biographie sehr aufschlussreich.

Sergej Kowaljow hatte als studierter Biologe in einem angesehenen Forschungsinstitut der Sowjetunion vor einer großen Karriere als Wissenschaftler gestanden. 1968, im Entsetzen über die Niederschlagung des Prager Frühlings durch die sowjetische Armee, wurde er ein Freund und Schicksalsgefährte von Andrej Sacharow. Kowaljow gehörte fortan zu den Redakteuren der Untergrundzeitschrift «Chronik der laufenden Ereignisse», die über Menschenrechtsverletzungen in der Sowjetunion berichtete. Der Staat befand, auch er sei ein Feind des Regimes. Wegen «antisowjetischer Hetze» wurde er 1975 zu sieben Jahren Straflager und drei Jahren Verbannung verurteilt, die er im Ural verbüßte. Kowaljow entstammt einer anderen politischen Kultur als Putin und seine Freunde. Öffentlichen Respekt haben sie ihm deshalb nie bekundet. Das war unter Jelzin noch anders. Dieser hatte Kowaljow zum Vorsitzenden der «Menschenrechtskommission beim Präsidenten» ernannt. Im Verlauf des ersten Tschetschenienkrieges gab Kowaljow dieses Amt zurück, weil er den «Zynismus und die völlige Gleichgültigkeit gegenüber Menschenleben» nicht ertragen konnte, wie er selbst sagte.

Kowaljow, dieser so zerbrechlich wirkende alte Mann, der nie anders als mit leiser Stimme sprach, blieb ein Muster an Zivilcourage und Furchtlosigkeit. Auch er war durch die Attentate in Moskau und die Rolle, die sie für das weitere Geschehen im Kaukasus spielten, zutiefst verstört. Deshalb übernahm er die Leitung des Komitees, dessen Aufgabe, die Hintergründe der Attentate aufzuklären, zwangsläufig auf ein heikles Terrain führen musste. Vielleicht bewahrte ihn seine Prominenz vor dem Schicksal, das andere Mitarbeiter ereilte.

Ein Duma-Abgeordneter, der ehemalige Armeeoffizier Sergej Juschenkow, wurde sein Stellvertreter. Als Dritter im Bunde schloss sich ein weiterer Duma-Abgeordneter, der Journalist Juri Schtschekotschichin, dem Kreis an. Eine wichtige Informationsquelle war der damals schon im Londoner Exil lebende frühere Geheimdienstagent Alexander Litwinenko. Der hatte von Anfang an den Verdacht geäußert, die Drahtzieher der Katastrophe seien unter seinen früheren Kollegen zu suchen. Er hatte in England ein Buch darüber veröffentlicht, in dem er ein düsteres Netzwerk im Geheimdienst beschreibt und von Zeugen berichtet, die unter mysteriösen Umständen ums Leben kamen – ohne freilich den letzten Beweis erbringen zu können.

Von diesen Hauptbeteiligten im Komitee hat nur Kowaljow überlebt. Juschenkow wurde am 17. April 2003 vor der Tür seines Hauses erschossen. Schtschekotschichin starb wenig später unter ungeklärten Umständen. Offiziell wurde von einer starken allergischen Reaktion gesprochen. Freunde nannten es eine Vergiftung. Diese Todesfälle wurden im Westen kaum zur Kenntnis genommen. Aufsehen erregte dann jedoch die Ermordung Litwinenkos in London. Auch dieser Fall wäre schnell in Vergessenheit geraten, wenn nicht ein einzelner Arzt Spürsinn bewiesen hätte. Der mochte sich mit den schnellen Diagnosen nicht zufrieden geben und führte die aufgetretenen Symptome auf eine mögliche Polonium-Vergiftung zurück. Nie hätte man sonst Hotels, Restaurants und schließlich auch Flugzeuge untersucht und wäre auf die Spur gestoßen, die nach Moskau führt. Vielleicht ist es nicht zulässig, den Tod dieser drei Männer mit ihrer Arbeit für das Komitee in Verbindung zu bringen. Aber auffällig ist dieser tragische Zusammenhang schon.

Nie gelang es, die mysteriösen Umstände zu klären, die Putins Aufstieg an die Macht begleiteten. Michail Ryklin, der damals für die Zeitschrift «Lettre International» eine Art Moskauer Tagebuch führte, schildert seine Reaktion auf die Nachricht vom zweiten Attentat an der Kaschirskoje Chaussee: «In diesem Augenblick beschlich mich das Gefühl, dass ich plötzlich in einem anderen Land lebe. Wir werden vielleicht nie erfahren, wer diese Explosionen organisiert hat. Aber wir wissen, dass sie den zweiten Tschetschenienkrieg erst möglich gemacht haben, der für den damaligen Premierminister Wladimir Putin im Präsidentschaftswahlkampf zur Trumpfkarte wurde.»

Es half dem tschetschenischen Präsidenten Maschadow nicht, dass er gleich nach den Attentaten erklärte, selbst wenn Tschetschenen in das Verbrechen involviert seien, repräsentierten sie nicht sein Volk. Putin gab nach einer Sitzung des Föderationsrates die Richtung vor: Die Tschetschenen hätten ihre moralische Verpflichtung aus dem Vertrag von Chasawjurt verletzt, mit dem das Ende des ersten Krieges besiegelt worden war. Von einem Einmarsch, erklärte Putin, sei im Föderationsrat noch nicht gesprochen worden. Aber man werde die Banditen vernichten, wo immer sie sich befänden.

Zu diesem Zeitpunkt gab es noch keinen Beweis für einen tschetschenischen Hintergrund. Aber die Kommentatoren im Fernsehen zogen schon die gewünschten Konsequenzen. Es werde Krieg geben, erklärten sie, zu Lande und aus der Luft. Sie präsentierten Bilder, die sogar die Nordmeerflotte in Alarmbereitschaft zeigten. Am 30. September marschierten die russischen Streitkräfte in die Kaukasusrepublik ein. Und anders als beim ersten Tschetschenienkrieg, der nur von einer Minderheit im Land mitgetragen wurde, unterstützte diesmal eine Zweidrittelmehrheit das militärische Vorgehen. Mit dem Krieg stieg Putins Stern auf. «Der Krieg hob ihn auf die Spitze des politischen Olymps», schrieb Lilia Schewzowa. Schnell wuchs die

Zustimmung für den Ministerpräsidenten – von 33 Prozent im August auf 65 Prozent im Oktober. «Zum ersten Mal seit vielen Jahren kehrte die russische Gesellschaft zurück zur rettenden Idee des militärischen Patriotismus, der zur sicheren Insel für alle jene wurde, die Furcht hatten und sich verletzt fühlten.»

Der Krieg in Tschetschenien, zumindest in den vom Staat kontrollierten Medien wie ein patriotisches Erweckungserlebnis gefeiert, wurde nicht nur in den Bergen des Kaukasus ausgefochten. Die militärische Denkweise, die nur zwei Seiten kennt, Freund oder Feind, fand ihr Echo auch in der Innenpolitik. Sie schuf ein Modell für die Ausrichtung der russischen Gesellschaft. Angesichts der – bis auf den heutigen Tag – immer wieder beschworenen Gefahr für die Einheit und Unversehrtheit Russlands war Patriotismus das Gebot der Stunde. Wer Gestus und Inhalt dieser Proklamation widerspricht oder sie auch nur zu hinterfragen versucht, ist mehr als ein politischer Gegner, er gehört zu denen, die dem Vaterland schaden wollen. Gemäß dieser Logik sind auch kritische Medien und unabhängige Journalisten unter den Schädlingen einzureihen. Für die Unabhängigkeit von Presse und Fernsehen, eine der konstituierenden Säulen der demokratischen Gesellschaft, erweist sich die Strategie des Kreml als vernichtend.

4. Kapitel
Medien im Würgegriff

Am Morgen des 11. Mai 2000, nur wenige Tage nach der mit byzantinischem Prunk gefeierten Amtseinführung Putins, schien es, als habe der ferne Krieg im Kaukasus auch Moskau erreicht. Die Staatsanwaltschaft hatte schwer bewaffnete maskierte Sondertruppen mitgebracht, um die Zentrale der Mediaholding von Wladimir Gussinski zu durchsuchen. Die Publikationsorgane seines Imperiums genossen großes Ansehen in der liberalen Öffentlichkeit. Dazu gehörten die Tageszeitung «Segodnaja» und der bravouröse Rundfunksender «Echo Moskwi», dessen Nachrichtensendungen und Analysen den politisch interessierten Bürger durch den Tag begleiteten. Gussinskis Schlachtschiff aber war der Fernsehsender NTW. Noch heute scheint es, als habe kein zweiter privater Fernsehsender seine Zuschauer auf so anspruchsvolle und intelligente Art unterhalten. Auf keinem anderen Kanal gab es so packende Diskussionssendungen – ein kritisches Forum für die Öffentlichkeit, wo die Kernfragen der jungen russischen Demokratie leidenschaftlich debattiert wurden. Wenn irgendein Ort für die Entwicklung politischer Kultur im Land zuversichtlich stimmen konnte, dann war es die Sendung «Golos Narod», «Stimme des Volkes», wo Politiker und Intellektuelle, Journalisten und Schriftsteller die Entwicklung des Landes diskutierten. Auch Liebhaber der politischen Satire kamen auf ihre Kosten: Das wöchentliche

Programm «Puppen» parodierte die Welt der Politik nach dem Vorbild der britischen Fernsehshow «Spitting Images».

Das mochte gelegentlich den Humor der Dargestellten überfordert haben. Aber in der Aktion gegen Gussinskis Medienimperium ging es um viel mehr. Denn der Fernsehkanal, der Rundfunk und die Zeitungen des Konzerns hatten sich der kriegerischen Aufwallung im Land entgegengestellt, sie berichteten auch von Misserfolgen im tschetschenischen Krieg und vom Leid der Zivilbevölkerung. In den Wahlkämpfen für die Duma und die Präsidentschaft hatten sie gegenüber Putin eine kritische Position bezogen.

Die Nachricht von der Attacke der Staatsanwaltschaft traf nicht nur die Betroffenen wie ein Schock. Manche, vor allem in Kreisen der Intelligenz, ahnten, dass dies ein herber Rückschlag für die russische Demokratie sein könnte. An so manche Intrigen hatte man sich in den Jahren Jelzins gewöhnt – so waren im staatlichen Fernsehen mehrfach missliebige Intendanten abgelöst worden. Nie jedoch hatte der Staat mit Gewalt die Existenz kritischer Medien bedroht. Wladimir Gussinski stand damals auf den Stufen der alten Stadtvilla, in der die Zentrale des Konzerns untergebracht war, und zuckte mit den Schultern: «Sie sehen ja selbst, was geschieht», sagte er und wies auf die schwerbewaffneten Männer, die das Haus umstellt hatten, als sei es ein Hort der Mafia. Einer aus dieser kriegerischen Garde, befragt, was denn drinnen mit den Eingeschlossenen geschehe, antwortete lakonisch mit der sowjetischen Formulierung: «Mit ihnen wird gearbeitet.»

Die Durchsuchungsaktion nahm kein Ende. Menschen sammelten sich in den umliegenden Straßen, als sei eine Katastrophe hereingebrochen. Sie diskutierten und warteten auf eine erlösende Nachricht. Unter die Menge, die den ganzen Tag verharrte, mischte sich auch der Generaldirektor von NTW, Igor

Malaschenko. Auch er mochte keinen Optimismus verbreiten: »Russland steht am Scheideweg», sagte er den Umstehenden, «entweder wir bewegen uns weiter in Richtung Demokratie, oder wir gehen einen ganz anderen Weg. Noch ist der Boden fruchtbar für ein autoritäres Regime.» Indes begannen auch die Sympathisanten von NTW und «Echo Moskwi» sich zu Wort zu melden. Michail Gorbatschow, der in den Jelzin-Jahren gelernt hatte, sich zur Opposition zu zählen, warnte vor einer Einschränkung der Pressefreiheit. Das Vorgehen der Staatsanwaltschaft sei eine Provokation: «Was wir erleben, ist ein sehr ernster Moment.»

Schon in den vorangegangenen Wochen war bekannt geworden, dass der Kreml begonnen hatte, Gussinski unter Druck zu setzen. Sein Problem war seine Lust an der Expansion. Er hatte sich finanziell übernommen und war mit einem Kredit über neunzig Millionen Dollar beim Gasprom-Konzern verschuldet, an dem der Staat die Mehrheit hielt. Gussinski versuchte sein Bankhaus, die Mostbank, zu verkaufen, aber ein potenzieller Käufer zog – wohl auf einen Wink – sein Angebot zurück. Doch die verlangte Rückzahlung des Kredites an Gasprom erschien dem Kreml als nicht ausreichend – am Ende hätte Gussinski womöglich noch einen anderen Geldgeber gefunden. Also wurde der Fall kriminalisiert. Der Vorwurf, mit dem die Durchsuchung gerechtfertigt wurde, lautete zuerst auf «illegale Informationsbeschaffung». Davon war später nicht mehr die Rede. Dann nämlich ging es um krumme Touren in frühen Jahren der Privatisierung. Zunächst aber zog man die Schraube weiter an: Gussinski landete als Untersuchungshäftling im Gefängnis Butirka, das wegen seiner Haftbedingungen gefürchtet ist.

Welche Absicht hinter den neuen Vorwürfen stand, wurde auf überraschende Weise deutlich. Alle Anschuldigungen, so bedeutete der Generalstaatsanwalt dem Häftling, würden fallen gelassen, wenn er sein Medienimperium an den Staatskonzern Gasprom verkaufe. Gussinski unterzeichnete eine Absichtserklärung in Gegenwart des Presseministers Lessin, der sich zu dieser denkwürdigen Mission im Gefängnis eingefunden hatte. Dieser setzte ebenfalls seine Unterschrift unter das Dokument und bekräftigte damit, dass sich der Staat nunmehr zu den Gepflogenheiten der Banditenwelt bekannte, wo derartige Erpressungen durchaus üblich sind. Gleichzeitig vermittelte Putin seinen Bürgern ein neues Gefühl von Gerechtigkeit, indem er in seinen ersten Reden als Präsident eine «Diktatur des Gesetzes» versprach. Der in sich widersprüchliche Begriff sollte die Abkehr von der Korruption und Clan-Wirtschaft der Jelzin-Zeit symbolisieren.

Gussinski, dem Gefängnis entronnen, machte den Erpressungsversuch öffentlich. Die Verlegenheit der Regierung war unübersehbar. Doch die Verfolgung ging weiter. Das Volk, bei dem die Oligarchen aus verständlichen Gründen in keinem hohen Ansehen standen, konnte sich an seltenen Bildern ergötzen. Zur Durchsuchung im Privathaus von Gussinski brachte der Staatsanwalt nicht nur seine bewaffneten Truppen, sondern auch ein Fernsehteam des staatlichen Senders mit. Es hieß, man müsse für den Fall einer Vermögenspfändung das Inventar des Hauses katalogisieren. So konnten die Zuschauer in den Abendnachrichten einen Einblick in die Lebensverhältnisse der Reichen gewinnen, die sich hinter Schlagbäumen und hohen Mauern abschotteten von der Armut im Land. Gussinski hatte keine goldenen Wasserhähne zu verbergen, sondern lebte für westeuropäische Verhältnisse in einem soliden Mittelstandshaushalt. Aber das Opfer, umgeben von Plüsch und Eichenmöbeln, war an den Pranger gestellt. Auch sollte man die Szene wohl als Warnung an alle anderen verstehen, dass Widerstand gegen den Kreml bestraft werde. In den folgenden Monaten durchsuchten Staatsanwalt, Steuerpolizei und Geheimdienst rund fünfzig Mal die Büros des Medienkonzerns.

Bis zum April des folgenden Jahres dauerte das zermürbende Ringen. Dann war auch die letzte juristische Schlacht geschlagen. Die Moskauer Politikwissenschaftlerin Lilia Schewzowa hat die Entwicklung aus der Nähe erlebt, weil sie neben Gorbatschow und anderen angesehenen Politikern und Publizisten dem Aufsichtsrat von NTW angehörte. «Der Staat», resümiert sie, «eingeschlossen die Staatsanwaltschaft, Richter und andere Staatsorgane erklärten einen offenen Krieg gegen ein privates Medienunternehmen. Der Sender NTW war das Hauptziel des staatlichen Angriffs.» Wie eine Beschwörung längst vergangener Zeiten erscheinen heute die Worte von Michail Berger, dem Chefredakteur der damals sehr angesehenen, zum Most-Konzern gehörenden Tageszeitung Zeitung «Segodnaja», die ähnlich dem Fernsehsender NTW einem Anti-Kriegs-Kurs folgte. Im März 2000 erklärte er: «Wir sind gegen die Kriegspsychose, die im Herbst wegen des Krieges in Tschetschenien geschaffen wurde, aus der heraus das Phänomen Putin erwuchs. Sie hat ihn im Endeffekt zum Präsidenten gemacht. Ich erinnere mich an die Zeit, als die Meinung jedes Journalisten mit der Meinung der Partei übereinzustimmen hatte. Ich bin froh, dass diese Zeit zu Ende ist. Und freiwillig werde ich nicht dahin zurückkehren.» Damals ahnte noch keiner, dass ihm bald kaum eine andere Wahl blieb.

Wenn ein Ereignis die Geburtsstunde des Putin'schen Systems markiert, dann ist es der Krieg. Nicht nur, weil seine PR-Stunts, etwa das Fliegen im Düsenjäger oder seine fotogenen Besuche bei der Truppe, ihm Popularität im Land verschafften. In jener Zeit begann das Freund-Feind-Denken um sich zu greifen. Wer sich als Kritiker des Krieges profilierte, dem drohten Verfolgung und Strafe, gnadenlos und unbarmherzig. Wer in das Visier des Kremls geriet, an dem wurde ein Exempel statuiert. Der Zorn der Mächtigen traf nicht nur die Betreiber von Fernsehsendern mit der Gewalt einer Vendetta. Auch Zeitungen, die mangelnde Loyalität erkennen ließen, erhielten Besuch von der Finanzpolizei. Unliebsame Korrespondenten wurden aus dem Kreml-Pool ausgeschlossen. Und offensichtlich gab es sogar Mächte, die vor physischer Gewalt nicht zurückschreckten. So entstand ein Klima der Angst, das disziplinierend wirkte.

Wenn die Strafverfolgungsbehörden als Waffe eingesetzt wurden, war klar, wer im Hintergrund agierte. Bei den Gewalttaten gegen Journalisten jedoch verloren sich die Spuren im Nebel der Vermutungen. Auch wenn offensichtlich war, wer davon profitierte. Um die politische Macht zu monopolisieren, wollten Putin und seinen Mannschaft auch den Diskurs in der Gesellschaft lenken und die Informationsflüsse unter ihre Kontrolle bringen. Dabei gab schon die unter Jelzin beschlossene Verfassung dem Präsidenten mehr Macht, als dies in irgendeinem anderen demokratischen Staat der Fall war. Mit dem Vorgehen gegen die Medien wurde erkennbar, dass alle Bastionen geschleift werden sollten, die sich der erstarkenden Autokratie widersetzen.

Das Gefühl wachsender Bedrückung hatte Folgen bis ins private Leben. Russische Freunde, die im Staatsapparat arbeiteten, luden zum Spaziergang, weil sie ein Gespräch am Telefon nicht mehr riskieren wollten. Sie fürchteten um ihren Arbeitsplatz. Journalisten hatten die Wahl, sich dem Druck zu beugen oder ihn zu ignorieren. Ihnen drohte die Entlassung oder Schlimmeres, weil der Herausgeber einen Konflikt mit dem Kreml scheute. Der hochangesehene Kommentator Otto Latsis wurde auf dem Heimweg von der Redaktion brutal verprügelt. Und dann schreckten Morde an Journalisten die Öffentlichkeit auf.

Die internationale Organisation «Reporter ohne Grenzen» registrierte für die Amtsjahre Putins achtzehn Fälle, in denen Reporter oder Redakteure wegen ihrer Arbeit umgebracht wurden. Im Westen wurde dies kaum registriert. Erst als im Oktober 2006 ein Auftragsmörder Anna Politkowskaja im Fahrstuhl ihres Wohnhauses hinrichtete, erfasste auch die Menschen im Westen das Entsetzen.

Der Grund für den Verfolgungswahn ließ sich anfangs nur schwer erschließen. Denn Putins Kreml befand sich im Vergleich zu westlichen Regierungszentralen in einer beneidenswerten Lage. Schon zu Beginn des zweiten Krieges in Tschetschenien, also mitten im Wahlkampf für die Duma, standen zwei der drei wichtigen überregionalen Fernsehkanäle unter der Kontrolle der Regierung. Aber das war nicht genug. Nichts sollte dem Zufall überlassen bleiben. Was zunächst wie ein Rachefeldzug gegen jene aussah, die Putins Aufstieg hatten vereiteln wollen und dabei vielleicht auch seine Eitelkeit verletzt hatten, erwies sich als klar umrissene Strategie. Hinter den Turbulenzen von Polizeiaktionen und Ermittlungsverfahren stand ein Konzept: Es ging darum, die Kontrolle über die Öffentlichkeit zu gewinnen. Kritischen Journalisten und Politikern sollte die Plattform entzogen werden. In dem weiten Land, in dem die Zeitungen ihre überregionale Rolle eingebüßt haben, wurde das Fernsehen zum perfekten Instrument der Meinungslenkung.

Das Fernsehen hatte schon 1996 ein Beispiel dafür geliefert, wie effektiv es die Stimmung in der Bevölkerung steuern konnte. Damals ging es um Jelzins aussichtslos erscheinende Wiederwahl – die Kanäle hatten sämtlich einen Lobgesang auf den im Volk unpopulären Kandidaten angestimmt und ihm zum Sieg verholfen. Viele Beteiligte nannten das später den Sündenfall des postsowjetischen Journalismus. Fernsehen und Presse hatten ihre ureigenste Aufgabe verraten, um den Mächtigen zu dienen.

Damals hatten sich die Oligarchen, die Gewinner der Privatisierung, von denen einige auch über bedeutende Medien verfügten, zu einem Bündnis zusammengeschlossen, um einen Einzug des kommunistischen Kandidaten Sjuganow in den Kreml zu verhindern. Ihre Redaktionen inszenierten ein propagandistisches Feuerwerk, das dem kranken, um seine Zukunft bangenden Kreml-Herrn eine zweite Amtsperiode sicherte. Die Einigkeit hielt nicht lange. Im Herbst 1999, als es darum ging, den präsumtiven Nachfolger Jelzins zu popularisieren, standen sich zwei Fronten gegenüber: Auf der einen Seite Boris Beresowski, der über das erste Programm, den Sender ORT, verfügte und Putin als Königsmacher unterstützte, sowie der staatliche Sender RTR, der ohnehin unter Kreml-Aufsicht stand. Auf der Gegenseite Wladimir Gussinski, der seit 1993 den Medienkonzern Most aufgebaut hatte, dessen Glanzstück der Fernsehsender NTW war. NTW beglückte die in sowjetischen Zeiten nicht besonders verwöhnten Zuschauer mit modernen Informations- und Unterhaltungsprogrammen. Gussinski war so mutig – in der Rückschau muss man sagen unvorsichtig –, seinen Mitarbeitern den Freiraum zu geben, kritisch über die neue Regierung und den Krieg zu berichten. Am Vorabend der Wahl Putins zum Präsidenten präsentierte NTW eine Dokumentation über die Ungereimtheiten bei der Untersuchung der Attentate in Moskau. Die Berichterstattung wurde für den Kreml besonders ärgerlich, weil sie auch im Ausland Beachtung fand. Im Europarat in Straßburg mehrten sich kritische Stimmen zum Krieg im Kaukasus und konnten sich dabei auf Informationen von NTW beziehen. Also schien es geboten, Kritik im eigenen Land zu unterbinden.

Das Muster, nach dem die «zuständigen Behörden» vorgingen, um die Unbotmäßigen nicht nur zu strafen, sondern regelrecht zu eliminieren, sollte sich später – im Fall Chodorkowski – mit erbarmungsloser Perfektion wiederholen: Stets folgten Haus- und Bürodurchsuchungen, nach dem alten KGB-Motto, dass man, wenn man nur energisch suche, schon etwas finden werde.

Die Attacke gegen Gussinskis Medienimperium ging jedenfalls für ihn und seine Mitarbeiter vergleichsweise glimpflich aus. Niemand kam zu Tode, niemand verschwand in sibirischen Straflagern. Aber es war der erste große Schritt zur Gleichschaltung der Öffentlichkeit.

Das Unternehmen Gasprom, das sich bislang mit der Förderung und dem Verkauf von Erdgas beschäftigt hatte, wurde neuer Eigner des Medienimperiums von Gussinski – und auch in diesem Sektor zum verlängerten Arm des Kreml. Der Konzerngründer Gussinski hatte die Flucht ins Ausland einer drohenden Verhaftung vorgezogen. Seine finanziellen Missetaten, wenn es sie denn gab, wogen gewiss nicht schwerer als die der anderen Oligarchen. Aber darum ging es auch gar nicht, wie Lilia Schewzowa schreibt: «Der Fluch traf ihn, weil er gegen das System der Loyalität verstoßen und versucht hatte, eine unabhängige politische Kraft zu sein.»

Am Abend des letzten Sendetages versammelten sich tausende von Demonstranten vor dem Fernsehgebäude Ostankino. Sie übermittelten den populären Fernsehjournalisten, die um Mitternacht das Haus verließen, ein letztes Zeichen der Treue.

Das war die Nacht, in der in Russland die Freiheit der Fernsehberichterstattung zu Grabe getragen wurde. Noch zweimal versuchten die Journalisten sich mit Neugründungen von Sendern zu Wort zu melden. Aber sie fanden niemanden, der mutig genug war, die Projekte langfristig mit Kapital zu unterstützen.

Nicht nur der Krieg und der Kampf um die politische Macht in Moskau, sondern auch eine Katastrophe überzeugten Putin davon, dass es angenehmer ist, Herr der Medien zu sein als Opfer ihrer Berichterstattung. Deshalb bleibt die Tragödie der «Kursk» nicht nur als ein trauriges Kapitel namenlosen Sterbens im Dienste des Staates und als Beispiel für schamloses Lügen der militärischen Führung in Erinnerung, sondern auch als letztes Aufbäumen einer kritischen Öffentlichkeit gegenüber der Autorität des Präsidenten. Es war das letzte Mal, dass sich das Land in Empathie vereint sah, erschrocken, beschämt und empört über das Verhalten der Admiralität, der Regierung und des Präsidenten.

Am Morgen des 12. August 2000 registrierte eine seismologische Station in Norwegen zwei Explosionen in der Barentssee. Es mochte zunächst wenig überraschen, dass die Führung der Nordmeerflotte zwölf Stunden vergehen ließ, bis sie das Atom-U-Boot «Kursk» als vermisst meldete. Doch schon nach der ersten knappen Meldung konnte man ahnen, dass sich Furchtbares ankündigte. Und auch alles Weitere sollte selbst loyale Patrioten schwer erschüttern. Die Admiralität vermochte den Überlebenden auf dem Grund der Barentssee nicht zu helfen. Aber sie wusste sogleich, wo die Schuldigen zu suchen waren, bei den alten Gegnern im Westen. Ein dort beheimatetes U-Boot sei mit der «Kursk» kollidiert und habe die Katastrophe ausgelöst, um dann ruchlos zu verschwinden. Vier Tage, in denen es den Marinetauchern nicht einmal gelang, die Luke des Wracks zu öffnen, verstrichen, bis sich die Admiralität entschloss, westliche Hilfe anzufordern. Weitere Tage vergingen, bis Tauchboote und Bergungsfahrzeuge endlich zur Unglücksstelle gelangten. Selbst dann noch, so klagten die Helfer später, wurden sie bei ihren Rettungsversuchen behindert. Erst neun Tage nach dem Untergang öffneten norwegische Taucher die

Luke und fanden am Heck des Schiffes die sterblichen Überreste von 23 Seeleuten. Sie hatten die Explosion überlebt und starben in der vergeblichen Hoffnung auf Rettung einen qualvollen Tod.

Während die ganze Welt auf den Unglücksort im Nordmeer schaute, verharrte der Präsident eine ganze Woche fern der Hauptstadt an seinem Feriensitz in Sotschi am Schwarzen Meer. Dann reiste er noch zu einem nachbarschaftlichen Treffen auf die Krim in der Ukraine. Dort erklärte er den Reportern, er sei nicht nach Murmansk an die Barentssee gereist, weil seine Anwesenheit dort nur gestört hätte. So befremdlich seine Gefühlskälte auf die Beobachter wirkte, so kühl sein Schweigen angesichts der dilettantischen Verlogenheit der Admiräle, so heiß wird seine Wut angesichts der Berichterstattung in Presse und Fernsehen gewesen sein.

Von einer «Verschwörung des Schweigens» schrieb die «Iswestija». Die «Komsomolskaja Prawda» kommentierte: «Bei uns schützt man die Geheimnisse des Militärs eher als das Leben von Menschen.» Die «Obschtschaja Gaseta» zitiert den Chef der britischen Bergungsgruppe, die gleich nach dem Bekanntwerden des Unglücks ihre Hilfe angeboten hatte: «Offensichtlich hatte Russland irgendwelche politischen Gründe, die es zögern ließ, die Mannschaft der ‹Kursk› zu retten.» Gussinskis damals noch nicht in Kreml-Hand befindlicher Fernsehsender NTW übernahm eine norwegische Fernsehdokumentation, die ein Schlaglicht auf die Unfähigkeit und mangelnde Kooperationsbereitschaft der russischen Marineführung warf. ORT, ein weiterer großer Sender, befand sich noch unter der Kontrolle von Boris Beresowski. Der war zu diesem Zeitpunkt ins Lager der Putin-Kritiker übergewechselt. In vielen Reportagen war zu erkennen, wie sehr sich die Angehörigen der «Kursk»-Besatzung von der Regierung verraten und verlassen fühlten. Und der Sender brachte einen Bericht, der die Trauer im Land mit Bildern des Urlaubers am Schwarzen Meer konfrontierte. Dies brachte wohl das Fass zum Überlaufen.

Es ging dem Präsidenten nicht darum, im chaotischen Russland Ordnung zu schaffen, damit Demokratie und Rechtsstaat gedeihen konnten – wie er es gerne seinen ausländischen Gästen weismachen wollte. Es ging und geht um die Durchsetzung eines autoritären Systems, in dem die Kritik am Präsidenten und an staatlichen Institutionen überhaupt als Sakrileg gilt. In seinem Buch über den Mord an Litwinenko beschreibt Alex Goldfarb eine Begegnung zwischen Beresowski und Putin, die in jenem Herbst stattgefunden hat. Die Schilderung stützt sich zwar auf die Darstellung des im Londoner Exil lebenden einstigen Oligarchen, erscheint aber dennoch schlüssig. «Sag mir, warum, Boris», habe Putin den Herrn über den Sender ORT gefragt. «Ich verstehe es einfach nicht. Warum machst du so etwas? ... Die anderen Sender sind mir scheißegal ... Ich dachte, wir seien Freunde. Du hast mich dazu überredet, dieses Amt anzutreten. Und jetzt stößt du mir ein Messer in den Rücken.»

Der König beschwert sich beim Königsmacher über mangelnde Loyalität, so lautet jedenfalls die Sicht Beresowskis, von der der Kreml sich nicht distanzierte. Ob der Ton bei Hof wirklich so unfein war, sei dahingestellt. Aber dass Kritik als ein feindseliger Akt gilt, wird Putins Herrschaft im Kreml wie ein Grundmuster durchziehen. Diese schematische Betrachtungsweise hat ihre Wurzeln in der Weltsicht der Sowjetunion, die den Bildungsweg des jungen Präsidenten prägte. Das von Goldfarb zitierte Gespräch zwischen Putin und Beresowski kulminierte in der ultimativen Forderung an den Oligarchen, dem Staat seinen Anteil am Sender ORT abzutreten. Andernfalls drohe ihm die gleiche Verfolgung wie Gussinski. Das bedeutet Haft in der Butirka und einen Prozess.

Die Journalistin Elena Tregubowa, die für den «Kommersant» im Kreml-Pool arbeitete, bestätigt die Stimmung in der Machtzentrale. Stabschef Woloschin erklärte ihr, Beresowski solle verschwinden: «Einfach verschwinden, egal wohin. Hier kann ihn doch allmählich keiner mehr sehen, diesen Beresa.» Im Tonfall unterscheiden sich Herr und Helfer nicht wesentlich: «Seine Aktien nehmen wir Beresa sowieso alle weg. Schreib das ruhig! Er soll sich nicht so aufregen», habe ihr Woloschin noch hinterhergerufen. Vielleicht sind die Worte nicht wirklich so gefallen. Aber was dann geschah, ist verbürgt.

Als sich Putin am Abend des 19. August im Staatssender RTR zum ersten Mal nach dem Unglück an die Öffentlichkeit wendet, erlebt die Nation den Auftritt eines Mannes, der seinen Zorn kaum bändigen kann. Er ist empört, aber nicht wegen der von der Marine verspielten Rettungsmöglichkeiten, der Lügen der Spitzenoffiziere, sondern über die Medien und ihre Eigentümer. «Sie beuten in abscheulicher Weise die Tragödie aus, um sich an der Staatsführung zu rächen ... Warum? Weil wir sie bedrängen, weil sie das Land ausrauben, die Armee und die Marine.» So wird die Verantwortung für das Geschehen auf das Lager der – im Volk ohnehin nicht populären – Oligarchen abgewälzt. Schuld am deprimierenden Zustand des Landes sei die kleine Gruppe von Reichen und nicht etwa die politische Führung. Putin schlüpft in die Rolle des Racheengels und verspricht Erlösung. Ihm erscheinen die freien Medien wohl als Störfaktor, weshalb für ihn die eindeutige Konsequenz aus der «Kursk»-Katastrophe lautet, dass der Kreml die Kontrolle über die überregionalen Fernsehsender erlangen muss.

So erlebte Lenins Formel von der «Presse als kollektivem Organisator» eine späte Renaissance. Das gleichgeschaltete Fernsehen ist der Zügel, mit dem das autoritäre System das Land steuert. Der Bildschirm zeigt einen wohlmeinenden

«Hausherrn» (im Russischen «Chosain»), der sich nur noch in Ausnahmefällen genötigt sieht, Abweichlern die Grenzen des Erlaubten aufzuzeigen.

Gewiss sind Figuren wie Beresowski und Gussinski keine Ikonen der Pressefreiheit. Aber sie gaben Journalisten einen Freiraum, in dem diese ihr Handwerk ausüben konnten. Sie boten Journalisten, die den Arbeitsplatz wechseln wollten, eine Alternative. Die Existenz unterschiedlicher privater Sender garantierte einen Pluralismus von Meinungen und Informationen. Sie schufen damit auch die Plattform für einen öffentlichen Diskurs. Aber gerade dieser war im Kreml nicht erwünscht. Denn als Beresowski das Angebot machte, seine Anteile am Sender ORT in eine Stiftung zu verwandeln, die mit seiner Person nicht verbunden ist, wurde dieser Vorschlag vom Kreml zurückgewiesen.

Michail Ryklin, der skeptische Kommentator des Geschehens, irrte, als er in seinem monatlichen Brief an «Lettre International» dem Unglück der «Kursk» einen aufklärerischen Nebeneffekt bescheinigte. Er glaubte bei den Bürgern einen Lernprozess zu erkennen: «Ein beträchtlicher Teil der Bevölkerung verzeiht es der Militärführung und dem Präsidenten nicht, dass diese es zunächst abgelehnt hatten, westliche Länder um Hilfe zu bitten. Sie verzeihen ihr das leichtfertige Umgehen mit dem Leben der Seeleute und die Geheimhaltungsmanie nicht ... Mann kann sie [die russische Gesellschaft], wie die Tragödie der ‹Kursk› zeigt, nicht in die Vergangenheit zurückwerfen, ohne die Empörung ihrer handlungsfähigsten Mitglieder heraufzubeschwören.» Doch, man kann. Vielleicht ist es die abstumpfende Nachwirkung eines Jahrhunderts des Schreckens, in dem staatlicher Mord und staatliches Unrecht allgegenwärtig waren. In jedem Fall besorgt der Chor der gleichgestimmten patriotischen Fernsehkanäle das Geschäft der Beruhigung. Und die Zahl derer, die sich davon nicht betäuben lassen, schrumpft auf eine kleine Minderheit.

Die Gleichschaltung der Fernsehsender wird, weil sie kaum zu leugnen ist, auch von offizieller Seite eingeräumt und mit dem Argument begründet, das Land bedürfe dieses einigenden Bandes. Meist wird ein solches Bekenntnis von der Bemerkung begleitet, die Zeitungslandschaft sei bunt und vielfältig. Gemessen an der Anzahl der Zeitungstitel trifft das sicher zu. Auch das breite Spektrum der Themen lässt auf Zensur nicht schließen. Doch haben sich die Besitzverhältnisse im Laufe der Jahre so verändert, dass die Eigentümer oder Herausgeber sich dem Kreml politisch verbunden fühlen. Eine Zensur ist nicht erforderlich, weil eine Selbstbeschränkung freiwillig erfolgt. Und wenn – wie es bei der Berichterstattung über die Geiselnahme in Beslan der Fall war – ein Chefredakteur die Grenzen überschreitet, verliert er seinen Arbeitsplatz.

Beispielhaft spiegelt das einstige Schmuckstück der Perestroikajahre die Entwicklung im Pressebereich. Die «Moskowski Nowosti» wurde in Umbruchszeiten das «Flaggschiff der liberalen Presse» genannt. Ihr legendärer Chefredakteur Jegor Jakowlew hatte unter Gorbatschow den ersten Windzug der neuen Freiheit genutzt, um die Leser mit Themen zu konfrontieren, die über Jahrzehnte als Staatsgeheimnisse gegolten hatten. Zum ersten Mal lasen die Sowjetbürger von Stalins Terror oder von dem Massenmord an polnischen Offizieren bei Katyn. Sie erfuhren von den Dimensionen des Gulags, dessen Schrecken sie allenfalls als familiäre Tragödie erfahren hatten.

Vor allen Dingen aber: Die Leser lernten, dass sich auch ein Präsident Kritik gefallen lassen muss. Die Zeitung berichtete, wie Moskau den Befehl gab, die Unabhängigkeitsbestrebungen in den baltischen Republiken mit Panzern niederzuwalzen.

Der entschlossene Chefredakteur ließ sich von Gorbatschows Zorn nicht einschüchtern – wie übrigens auch später nicht von Jelzin oder Putin. Er starb 2005 und musste den Niedergang seines Blattes nicht mehr bis zum Ende erleben. Es gelangte in der Putin-Zeit in die Hände eines Geschäftsmannes, dem gute Beziehungen zur Regierung nachgesagt wurden. Arkadi Gaidamak bezeichnete den Kauf der Zeitung als «Akquisition eines Markenartikels». Damit keine Zweifel an seiner Loyalität aufkamen, gab er die neue Redaktionsleitlinie auch der Öffentlichkeit preis: «Zeitungen, die für die öffentliche Meinung mit verantwortlich sind, sollten sich nicht gegen die Regierenden richten. Wenn die Träger der Macht in Russland in demokratischen Wahlen bestimmt worden sind, dann steht es den Medien nicht zu, ihr Publikum gegen die Regierenden aufzubringen.» Bei solch vorauseilendem Gehorsam wäre die im Rahmen des «Krieges gegen den Terror» vollzogene Verschärfung der Gesetze über Berichterstattung kaum nötig gewesen. Dort ist inzwischen festgeschrieben, dass Kritik an Amtsträgern in bestimmten Situationen als extremistisch gewertet und bestraft werden kann.

Die Pressionen hatten nicht zur Folge, dass sich alle Journalisten in ihr Schicksal fügten. Aber ihr berufliches Selbstverständnis verlangt eine Art von Mut, der viel mehr umfasst als das leichthin gesagte Wort. Die Ermordung Anna Politkowskajas ist dafür ein bedrückendes Beispiel. Aber sie steht mit ihrem traurigen Schicksal nicht allein da. Am Freitag, dem 2. März 2007, einem frostigen Wintertag in Moskau, stürzte Iwan Safronow aus einem Fenster seines Wohnhauses. Er, ein ehemaliger Offizier, arbeitete als Militärexperte für die vor allem für ihre Wirtschaftsberichterstattung heute noch angesehene Zeitung «Kommersant». Mehrfach schon war Safronow mit dem Geheimdienst aneinandergeraten, weil er angeblich Geheimnisse veröffentlicht hatte. Doch jedes Mal konnte er nachweisen, dass er nur auf Material zurückgegriffen hatte, das bereits anderswo veröffentlicht worden war. Schon am Tag nach dem Todessturz erklärte die Staatsanwaltschaft die Tat zu einem gewöhnlichen Selbstmord.

Schon die siebzigjährige Nachbarin des Toten mochte dieser schnell gewonnenen Erkenntnis nicht folgen. Warum, fragte sie, habe er sich vor seiner Verzweiflungstat wie zu einem Spaziergang gekleidet? Und warum habe er bei dem Sprung eine Tüte mit Mandarinen bei sich gehabt? Viel weniger noch wollten die Kollegen in der Redaktion die These des Staatsanwaltes akzeptieren. Safronow sei ein fröhlicher Mensch gewesen, seiner Familie und seiner alten Mutter zugetan, absolut unfähig, sich selbst zu töten. Die Zeitung berichtet, dass Safronow an einem Artikel arbeitete – man habe ihn vor der Veröffentlichung gewarnt, wie er vor seinem Tod Kollegen berichtete. Er hatte ein heikles Waffengeschäft recherchiert, dem zufolge Russland nach Syrien Boden-Boden-Raketen und Kampfflugzeuge vom Typ SU-30 liefern wollte. Außerdem sollte der Iran das Luftabwehrsystem S-300 erhalten. Der Deal wäre geeignet gewesen, einen internationalen Skandal auszulösen, weshalb das Geschäft über Weißrussland abgewickelt werden sollte. Schon ein Jahr zuvor hatte Safronow mit einem ähnlichen Bericht große Aufmerksamkeit erregt, was Putin zwang, das Geschäft abzusagen. Trotz aller Proteste blieb die Staatsanwaltschaft bei ihrer Version. Im September 2007 wurde das Ermittlungsverfahren eingestellt.

Die Hintergründe des Todessturzes blieben ungeklärt. Die britische Wochenzeitung «The Economist», sonst Putins Russland eher wohlwollend betrachtend, kam zu einem harschen Urteil: «Mag sein, dass der Präsident nicht in der Lage ist, seine früheren Kollegen zu kontrollieren, wenn sie auf eigene Faust agieren. Es mag sein, dass Herr Putin nicht verantwortlich ist für den Tod von Journalisten, aber er hat eine Atmosphäre geschaffen, in der sie geschehen.» Es ist eine Atmosphäre, in der unabhängiger Journalismus nicht toleriert wird, weil er mit dem System nicht kompatibel ist. In den Redaktionsstuben geht die Angst um.

Unter welch luxuriösen Bedingungen westliche Journalisten ihrem Gewerbe nachgehen, spürt, wer die Redaktion der «Nowaja Gaseta» betritt. «Wir können keinem ein hohes Gehalt versprechen», erklärt Chefredakteur Dimitrij Muratow. «Aber wir versprechen Journalisten, dass sie ihre eigene Ansicht vertreten können und nicht die Ansicht des Besitzers. Wir haben einige der besten Federn des Landes angezogen.» Gorbatschow hat die Gründung der Zeitung begleitet und ihr die Unterstützung bis auf den heutigen Tag nicht entzogen. 1993 spendete er einen Teil seines Friedensnobelpreisgeldes an eine Gruppe Journalisten. Die jungen Leute mieteten Räume, kauften Computer. Das war die Geburtsstunde einer außergewöhnlichen Zeitung. In den neunziger Jahren blieb sie eines der wenigen Blätter, die zu keinem Zeitpunkt von einem Oligarchen für dessen wirtschaftliche oder politische Ambitionen instrumentalisiert wurden.

In der Amtszeit Putins wurde die «Nowaja Gaseta» zu einer Insel des freien Wortes und unbestechlicher Recherche. Viele prominente Journalisten flüchteten dorthin. Was jedoch Chefredakteur Muratow nicht erwähnte: Es verlangt Mut, für diese Zeitung zu arbeiten. Mehrfach wurden Mitarbeiter zusammengeschlagen. Sergej Solowkin, Korrespondent für Südrussland, wäre fast Opfer eines Tötungskommandos geworden. Danach verließ er Russland. Igor Domnikow wurde im Sommer 2000 mit einem Hammer erschlagen. Juri Schtschekotschichin starb im Sommer 2003 mit Vergiftungserscheinungen, die man offiziell als allergischen Schub bezeichnete. Am 7. Oktober 2006 wurde Anna Politkowskaja im Fahrstuhl ihres Hauses hingerichtet. Wer heute im kleinen Konferenzsaal der Zeitung Platz nimmt, blickt auf die Porträts dreier Mordopfer. Nach Annas Ermordung trug sich Muratow mit dem Gedanken, die Zeitung zu schließen, weil – wie er sagte – keine Zeitung es wert sei, dass jemand für sie sterbe. Doch die Redaktion widersprach ihm.

Unvergessen bleibt, wie Putin bei seiner Ankunft in Dresden, zwei Tage nach dem Mord, mit unbewegtem Gesicht erklärte, Anna Politkowskaja habe im Ausland mehr Beachtung gefunden als im eigenen Land. Ihr Tod schade der Regierung mehr als ihre Berichterstattung. Das sollte wohl eine Unschuldserklärung sein. Denn welche Regierung schade sich schon wissentlich selbst, wollte er sagen. Die Trauernden in Moskau, die sich zu einer Demonstration versammelt hatten, waren anderer Ansicht. Der frühere Dissident Sergej Kowaljow erklärte in seiner direkten Art: «Die Macht hat Schuld.»

Die Demonstranten hielten Plakate hoch, aus deren Texten Bitterkeit sprach: «Der Kreml hat die Freiheit des Wortes ermordet», «Russland, du bist nicht Mutter oder Stiefmutter, sondern eine Alte namens Tod» oder «Die Macht, die die Wahrheit nicht braucht, ist die Macht von Banditen». Auch was die Wertschätzung der Toten daheim angeht, hatte der Präsident geirrt. Den Bürgersteig vor dem Haus Lesnaja Uliza Nr. 8 bedeckte ein Meer von Blumen, roten Rosen und blauen Astern, denn es waren die Tage des Herbstes. Goldgelbe Ahornbäume säumten den Weg zum Grab, wohin Tausende von Trauernden Anna Politkowskaja das letzte Geleit gaben.

Im folgenden Winter, beim nächsten Besuch auf dem fernab vom Zentrum gelegenen Friedhof, ist von den Farben des Abschieds nichts mehr zu sehen. Aus dem Schnee, der sich über dem Grab wölbt, ragt ein großes Foto der energischen, jugendlich aussehenden Frau. Ihr Blick ist skeptisch und traurig. So begegnet sie denen, die ihre letzte Ruhestätte besuchen – in Einsamkeit. Und in Gedanken erscheint auch das Bild des Mörders, wie es die Videokamera im Hausflur aufzeichnete. Unter der Baseballmütze kaltblütige Züge, jung und drahtig, einer, der ungerührt sein Mordhandwerk ausübt.

Ein Jahr zuvor hatte sie in ihrem Tagebuch notiert, wer für solche Aufträge üblicherweise zuständig ist: «Killer in Staatsdiensten aus den Eliteeingreiftruppen der Hauptverwaltung Aufklärung des russischen Generalstabs. Kämpfer des Zentrums für Spezialaufträge des Inlandsgeheimdienstes FSB. Oder die geheimen FSB-Kommandos zur Ausführung besonders wichtiger Operationen, die zumeist in der Liquidierung unliebsamer Personen besteht.» Seit 2006 hat der FSB sogar den Auftrag des Präsidenten, im Ausland zu operieren – und wurde wenigstens einmal dabei ertappt, als sein Mordkommando einen Führer der Tschetschenen im Exil umbrachte. Anna Politkowskaja wusste von der Gefahr, in der sie lebte. Ihr Tagebuch verrät Resignation und Verzweiflung angesichts der Entwicklung im Land: zu viele grausame Verbrechen hatte sie in Tschetschenien erlebt, zu viel Unrecht im Namen des Staates. Und als mindestens ebenso empörend wie das Verhalten der russischen Obrigkeit empfand sie das stillschweigende Einverständnis westlicher Staatsmänner, mit dem Putin sich schmücken konnte.

Die Redaktion der «Nowaja Gaseta» beteiligte sich nicht an den Spekulationen, wer Auftraggeber und wer Täter gewesen sein könnte. Doch kaum einer in der Stadt hielt es für möglich, dass die Tat ohne Kenntnis des FSB hatte geschehen können. Das Datum des Mordes, der 7. Oktober, beweist Sinn für Symbolik – es ist der Geburtstag des Präsidenten. Der stellvertretende Chefredakteur Sergej Sokolow verwies im März 2007 auf die Ermittlungen der Staatsanwaltschaft, denen die Redaktion vertraue. Aber sie betrieb auch eigene Recherchen. Als die amtlichen Ermittler auch im Sommer noch keine Ergebnisse veröffentlichten, wurde Sokolow deutlicher. Knapp ein Dutzend Männer seien in Moskau an der Vorbereitung des Mordes beteiligt gewesen. Das Verbrechen sei über Wochen, wenn nicht Monate vorbereitet worden. Sokolow betonte erneut, dass man sich auf die Ermittlungsbehörden verlasse. «Aber wir vertrauen weder dem Kreml noch dem Geheimdienst FSB.»

Der Ort, an dem der Schleier, der über den Ermittlungen lag, gelüftet wurde, war ausgerechnet das Amtszimmer Putins. Und der Vorgang warf neue Fragen auf. Mit ernsten Gesichtern versammelten sich Generalstaatsanwalt Tschaika und der Direktor des Geheimdienstes Patruschew im Kabinett des Präsidenten. Dem mochte es geraten erscheinen, in Anbetracht des näher rückenden Jahrestages des Mordes der Öffentlichkeit die Aufklärung des Verbrechens vermelden zu können. Denn im Inland wie im Ausland drohte der Tag zum Symbol für die Verhältnisse in Russland zu werden. Es war keine Überraschung, dass der Generalstaatsanwalt die Verantwortlichen für den Mord in London vermutete. Er nannte den Namen Beresowski nicht – aber die Urheber seien jene Kräfte im Ausland, die den Kreml diskreditieren und das Land destabilisieren wollten.

Zu den zehn Verhafteten gehörten aktive und ehemalige Polizei- und Geheimdienstoffiziere sowie auch Tschetschenen, deren Anwalt sogleich den Vorwurf erhob, einer seiner Mandanten sei während der Haft geschlagen worden. Der Vorgang bleibt ungeklärt. Die «Nowaja Gaseta» kommentierte die Festnahmen in einem Leitartikel: Erstens seien Ermittler und die eigenen Rechercheure zu dem Schluss gekommen, dass bei dem Mord an Anna Politkowskaja zwei kriminelle Gruppen zusammengearbeitet hätten, zum einen gewöhnliche Verbrecher und zum anderen Täter aus dem Staatsapparat. Zweitens seien

Planung und Ausführung der Tat hochprofessionell erfolgt. Und drittens sei das Unternehmen kostspielig gewesen. Indizien, die auf einen Auftraggeber im Hintergrund verweisen. Unklar sei, welche Schlussfolgerungen die Staatsanwaltschaft ziehen werde, dies aber liege nicht mehr in der Verantwortung der Ermittler.

Empört kommentierte die Zeitung das weitere Vorgehen der Behörden. Es habe nach den Festnahmen ein Verwirrspiel eingesetzt, das eher zur Vernebelung als zur Klärung des Verbrechens beitrage. Andere Zeitungen veröffentlichten Detailinformationen, die, wie die Redaktion der «Nowaja Gaseta» annahm, vom Apparat gezielt in Umlauf gebracht worden waren: Meldungen über weitere Festnahmen und die Entlassung einiger Verdächtiger aus der Untersuchungshaft. In dem Dickicht widersprüchlicher Meldungen wuchs auch das Misstrauen gegenüber der Staatsanwaltschaft. Im Oktober wurde schließlich gegen neun Personen Anklage erhoben. Dem Offizier des Geheimdienstes, der zu den Beschuldigten gehörte, wurde Missbrauch seiner Vollmachten vorgeworfen, weil er die Adresse an die Mörder weitergegeben habe. Von den Hintermännern des Verbrechens war nicht mehr die Rede.

Die Stiftung «Glasnost», die in Moskau die mutige und verdienstvolle Aufgabe übernommen hat, den Umgang des Staates mit Journalisten zu beobachten, registrierte für das Jahr 2006 eine Verschärfung der Arbeitsbedingungen, wobei ihre Statistik keineswegs Anspruch auf Vollständigkeit erhebt. In jenem Jahr wurden 75 Medienvertreter von Polizei und Geheimdienst vorübergehend festgenommen. Im Jahr 2000, als Putin Präsident wurde, waren es nur fünfzehn gewesen. Die Zahl der Gerichtsverfahren gegen Medien und Journalisten stieg auf 240. Deutlich zugenommen haben auch die Fälle, in denen Journalisten bedroht wurden.

Ein Land wird in Fesseln gelegt, auch wenn diese sich hinter pseudopluralistischen Girlanden verbergen. Zur Dekoration gehört, dass der Geheimdienst jedes Jahr Journalistenpreise ausschreibt für besonders erbauliche Berichterstattung über die «Tschekisten». Die Gängelung der Redaktionen erfolgt nicht wie einst in der Sowjetunion durch tägliche Anweisungen aus dem Zentralkomitee, die bis ins Detail die Richtung vorgaben. Heute reicht ein knapper Anruf aus dem Kreml – beim Eigentümer, Chefredakteur oder Redaktionsleiter.

Am Anfang stand Putins «Informationsdoktrin», nach der die «objektive Darstellung der Regierungspolitik» strategische Bedeutung habe. Dem folgten die praktischen Schritte, etwa die Gleichschaltung der Sender. Unter staatlichem Dach befinden sich heute der «Erste Kanal» (früher ORT), der Staatssender «Rossija» (früher RTR), der Kultur-Kanal, das Sportfernsehen und TVZentr, das Fernsehprogramm der Hauptstadt. Die zweite Gruppe, unter dem Dach von Gasprom, wird indirekt vom Kreml kontrolliert. Dazu gehören die Sender NTW, TNT sowie eine Reihe von Rundfunkstationen und Zeitungen. Der Gleichschaltung sollen auch zwei Neugründungen dienen: je ein Kanal für die Kirche und für die Streitkräfte. Damit auch dem Ausland die glänzende Entwicklung im Land nicht entgeht, wurde noch das Satellitenprogramm «Russia today» installiert, das dem Stil von CNN nacheifern soll.

Natürlich existieren neben den staatlichen und halbstaatlichen Publikationsorganen auch noch private Zeitungen und lokale Sender. Dort aber ist man sich des Kontrollblicks aus dem Kreml gewiss. Die Eigentümer müssen Sanktionen fürchten, falls sie durch unbotmäßige Berichterstattung auffallen. Im Mai 2007 kündigten sieben Journalisten einer Rundfunkagentur, die andere Stationen im ganzen Land mit Nachrichten und Informationsprogrammen beliefert. Der Druck von außen wurde offensichtlich, als die Aktionäre den Gründer des Unternehmens an die Luft setzten und zwei vertrauenswürdige Redakteure aus dem Staatsfernsehen an seine Stelle rückten. Die neuen Leiter propagierten eine unmissverständliche Devise: Fünfzig Prozent aller Berichte hätten «positiv» zu sein. Oppositionspolitiker seien gar nicht, die USA als feindlich darzustellen.

Anlass der Kündigungswelle waren die Demonstrationen in Estland, wo die dortige Regierung – gegen Proteste eines Teils der russischen Bevölkerung – ein Ehrenmal für die gefallenen sowjetischen Soldaten umsetzen ließ. Durch Moskau fegte ein Sturm der Entrüstung. Mit Bussen herangekarrte Mitglieder der dem Kreml nahestehenden Jugendorganisation «Naschi», «die Unsrigen», belagerten die estnische Botschaft. In der Empörung wurde übersehen, dass genau zu diesem Zeitpunkt im Moskauer Vorort Chimki etwas Ähnliches geschah – nur unter profaneren Umständen. Auch dort waren gefallene sowjetische Soldaten bestattet, und ein Denkmal erinnerte an die Verteidigung Moskaus. Der Platz aber wurde für ein neues Geschäftsviertel benötigt. So rollte ein Bulldozer an und hob die Gräber von sechs gefallenen Soldaten aus. Ein Teil der Gebeine landete in Plastiksäcken, ein anderer verschwand im Müll. Die sieben Journalisten der Rundfunkagentur wollten über beide Umbettungsvorgänge berichten. Das wurde ihnen verwehrt. Ihm sei vorgeworfen worden, er habe die Partei Estlands ergriffen, sagte einer der Beteiligten später. «Ich begriff, dass ich kein professioneller Journalist mehr sein kann, wenn ich bleibe.»

Das Problem der Pressefreiheit in Russland besteht nicht darin, dass die Journalisten dort ihr Handwerk erst noch lernen müssten nach den Jahrzehnten der Bevormundung. Auch trifft die Vermutung nicht zu, es gebe eine, wenngleich langsame, Entwicklung hin zu einer zivilisierten Presselandschaft. Der Prozess der vergangenen acht Jahre war ein Rückschritt – er zielt auf die Unterdrückung der kritischen Stimmen. Das gilt für Unternehmen wie für einzelne Journalisten. Viele sind geflohen. Etwa Juri Bagrow und Fatima Tlisowa, die aus dem Kaukasus berichteten – sie fanden Asyl in den USA. Mainat Kurbanowa aus Grosny fand Schutz bei der deutschen Sektion von «Reporter ohne Grenzen» und dem deutschen P.E.N. Elena Tregubowa, die ehemalige Kreml-Korrespondentin, floh nach London. Die Leidensgeschichte russischer Journalisten ist lang und wird nie vollständig zu erfassen sein, weil sich auch in den Provinzen Dramen abspielen, die im Verborgenen bleiben. Denn die örtlichen Mächte handeln keineswegs liberaler als ihre Moskauer Vorbilder.

Doch trotz der massiven Schwierigkeiten im Alltag herrscht nicht nur Resignation. Viele Redakteure und Reporter gehen ihrem Beruf in achtbarer Weise nach, obwohl die Verantwortung des Einzelnen für den Unterhalt seiner Familie oder schlicht der Wunsch nach körperlicher Unversehrtheit fromme Anpassung verlangen. Es gibt sogar Inseln des erklärten Widerstandes. Der Blick darauf sei besonders denen empfohlen, die nicht müde werden, mit staatsmännischem Gestus die Werke Putins zu preisen.

Die Adresse am zentralen Twerskoj Boulevard verrät stolzen Behauptungswillen. Hinter alter Moskauer Fassade hat die Redaktion der «New Times» moderne Büroräume bezogen. Die Anfänge der Wochenzeitschrift reichen weit bis in die sowjetische Zeit zurück. Damals war sie ein Publikationsorgan des Außenministeriums, erschien in mehreren Sprachen und war begehrter Lesestoff, weil die Artikel als relativ offen galten. Später wechselte die Zeitschrift vielfach den Besitzer. Doch der englische, auf die achtbare Vorgeschichte verweisende Name blieb, wenngleich auch er das Blatt vor dem Niedergang nicht bewahren konnte.

Die Wiedergeburt als aktuelles politisches Wochenmagazin erfolgte im Zeichen des Unheils. Im Oktober 2006, wenige Tage nach der Ermordung von Anna Politkowskaja, beschloss Irena Lesnewskaja, die zuvor im Fernsehgeschäft tätig war, die «New Times» zu übernehmen. Die Neugründung des Magazins, sagt die energische Frau, sei eine direkte Antwort auf das Verbrechen gewesen. Dabei hatte Irena, eine von diesen couragierten, standhaften älteren Damen, die man nur im rauen Klima Moskaus zu treffen meint, schon einmal erfahren, mit welchem Nachdruck der Kreml Stimmen zum Verstummen bringt.

Junge Mitarbeiter nennen Irena Lesnewskaja bewundernd eine «demokratische Anarchistin». 1998 hatte sie mit Verve den Fernsehsender Ren-TV gegründet. Weil er über Kabelnetze die Zuschauer erreichte, entging er zunächst dem Kontrollblick des Kreml. Seit 2004 nahm der Druck auf die Anteilseigner zu. In der Folge zogen sie sich zurück, um den Konflikt mit der Regierung zu vermeiden. Irena Lesnewskaja, die dreißig Prozent der Anteile hielt, hatte bereits erlebt, welches Schicksal private Fernsehanstalten ereilt hatte. Als auch für Ren-TV die Zeiten stürmisch wurden, glaubte sie, ein ausländischer Investor könne die Unabhängigkeit gewährleisten. RTL, eine Bertelsmann-Tochter, wurde Anteilseigner. Heute mag sie über die Rolle von RTL nur noch schweigen. «Sie wussten nicht, in welches Land sie gekommen sind.» Als die Nachrichten zensiert wurden, Mitarbeiter kündigten, zogen sich die Deutschen auf die Rolle von Beobachtern zurück. Dem Weltkonzern war der Profit offenbar wichtiger als die Verteidigung journalistischer Prinzipien. «Der Einstieg bei Ren-TV war für uns eine einmalige Gelegenheit für den Einstieg in den russischen Markt», zitiert eine deutsche Zeitung den Sprecher des Konzerns.

Das Leitungspersonal wurde ausgetauscht, der innerredaktionelle Konflikt spitzte sich zu. Zum Angelpunkt der Medienaffäre wurde ein Skandal um den Sohn von Sergej Iwanow, einem alten Freund Putins, der damals Verteidigungsminister war und Anfang 2007 als chancenreichster Präsidentschaftskandidat galt. Sein Sohn hatte mit dem Auto eine rote Ampel ignoriert und eine Frau zu Tode gefahren. Dieser Vorfall sollte in den Nachrichten keine Erwähnung finden. Das Personal protestierte. «Um die Hauptsendung mit Olga Romanowa gab es einen täglichen Kampf», erinnert sich die Chefproducerin Lena Fjodorowa. Die stärkeren Bataillone siegten – der Beitrag wurde aus dem Programm genommen. Ein Teil der Mannschaft verließ unter Protest das Haus. Das war das journalistische Ende des ruhmreichen Senders Ren-TV.

Mittlerweile setzt Irena Lesnewskaja ihr Vermögen ein, um mit dem Wochenmagazin «New Times» eine neue freie Stimme zu etablieren. Die Verhältnisse sind nicht günstig. Ähnlich wie bei der «Nowaja Gaseta» trauen sich nur wenige Unternehmen, Anzeigen zu schalten, weil sie die Strafe der Regierenden fürchten. Aber Irena will weitermachen, «selbst wenn ich alles bezahlen muss». Die Investition verlangt mehr als nur Kapital. Die erste Nummer unter der neuen Ägide enthielt eine programmatische Titelgeschichte. Auf dem Cover sah man ein Foto von James Bond. Es lag allzu nah, das altbekannte Agentenmotto zu assoziieren: «Licence to kill».

Reporter der Zeitschrift waren den Polonium-Spuren des Mordes an Alexander Litwinenko gefolgt. Nach ihren Recherchen führten sie direkt in den Kreml, zu Igor Setschin, dem stellvertretenden Stabschef, Putin-Freund und ehemaligen Geheimdienstler. Die Ausführung des Mordes sei vom FSB koordiniert worden, das Polonium stamme wahrscheinlich aus einem geheimen Atomwaffenzentrum in der Region von Nischni Nowgorod und sei in Moskau von einem geheimen Institut weitergegeben worden. Auch für die Ausfuhrwege fanden sie eine Erklärung – der Geheimdienst hatte am Flughafen Domodedowo behilflich sein können. Dem Artikel ist ein ansehnliche Liste von Morden beigefügt, die im Auftrag des sowjetischen Geheimdienstes KGB verübt wurden. Auch Fälle von Vergiftung sind darunter, allerdings nicht mit Polonium.

Der Mangel an Erfahrung könnte das ungeschickte Vorgehen in London erklären, das viele Spuren hinterließ, jedenfalls für diejenigen, die wussten, wonach sie zu suchen hatten.

Der Chefredakteur der «New Times», Raf Schakirow, der diesen Posten bei der «Iswestija» wegen seiner Beslan-Berichterstattung verloren hatte, billigte die Recherchen seiner jungen Mitarbeiter und druckte den Artikel unter dem Titel: «Wer Litwinenko tötete und warum.» Man sollte meinen, die betroffenen Personen und Institutionen hätten mit heftigen Dementis reagiert. Doch es herrschte Schweigen.

Fragt man die Herausgeberin der «New Times» nach ihrer Bilanz der Putin-Jahre, so verweist sie auch auf Positives. Es gebe, so Irena Lesnewskaja, mehr reiche und weniger arme Leute. Aber gefährlich sei der Verfall des Rechtssystems. Wie einst in der Sowjetunion reiche heute wieder ein Anruf von hoher Stelle bei Gericht, um das Urteil zu bestimmen. Und alles geschehe unter dem Dach des FSB.

Das Resultat ist Unsicherheit und Angst. Die Mutigen äußern sich nur in vergleichsweise auflagenschwachen Blättern. Der Kreis der Leser ist überschaubar, es ist die intellektuelle, kritische Minderheit im Land. Vielleicht werden deshalb diese Zeitungen geduldet, als Feigenblatt, um die nackte Gleichschaltung zu verbergen.

5. Kapitel

Der Leviathan erwacht

An der Küste Tschukotkas, dem gewaltigen, Alaska zugewandten Landmassiv im fernen Osten Russlands, leben seit Jahrtausenden Ureinwohner, die dem Volk der Eskimos angehören, dessen Brüder in Kanada sich Inuit nennen. Die sowjetische Herrschaft hat ihre Lebensgewohnheiten zerstört. Sie wurden aus ihren Siedlungen vertrieben, weil das Militär den Raum beanspruchte, und weil sie ihren Verwandten auf der anderen Seite der Beringstraße in Alaska zu nahe waren. Alkoholismus und grassierende Seuchen drohten das kleine Volk zu zerstören. Jetzt beginnen sich einige wieder auf die Tradition der Ahnen zu besinnen – sie fahren in Booten hinaus aufs Meer, um Robben und Wale zu jagen. Es sind solche entlegenen Orte einer scheinbar grenzenlosen Freiheit, an denen das Reglement des Staates besonders absurd und schmerzlich wirkt.

Sergej ist einer der Ältesten im Dorf Sereniki, weshalb er das Handwerk der Jagd auf dem Meer noch bei den Vorfahren lernte. In den frühen Morgenstunden eines Märztages steht er am Strand. Seinen Rucksack und eine uralte doppelläufige Flinte hat er schon ins Boot gelegt, dessen Heck in den Wellen schaukelt. Ein frischer Wind streicht von der Meerseite über das Wasser und trägt feinen Nieselregen heran. Sergej zündet sich eine Zigarette nach der anderen an. Denn er muss warten, weil der Offizier der Grenztruppen noch nicht erschienen ist. In Sereniki und allen anderen Dörfern der Küste müssen sich die Eskimos zur Arbeit abmelden, als seien die Gewässer der Beringstraße immer noch Kampfgebiet im Kalten Krieg. Oder rechnen die Behörden mit einem Fluchtversuch hinüber zur anderen Küste, wo das Leben, wie Sergej erzählt, für seine Stammesbrüder viel würdiger ist?

Der Weisheit russischer Sicherheitsorgane sind enge Grenzen gesetzt. Umso größer ist die Borniertheit, mit der sie die Staatsbürger, in diesem Fall die kolonialisierten Ureinwohner, zu Untergebenen degradieren. Man kann es Sergejs Miene entnehmen, was er von dem Offizier hält, der schließlich erscheint und missmutig die Papiere kontrolliert. Dann darf er sein Boot in die Wellen schieben. Immer noch ist der Staat die allmächtige Instanz, die vorgibt, Sicherheit und Schutz zu gewähren, und tatsächlich die Menschen in Unfreiheit hält. Der Arm des Geheimdienstes reicht bis an die entlegenste Küste. Das war nicht immer so.

Nach dem Augustputsch 1991, bei dem der sowjetische Geheimdienst KGB eine Schlüsselrolle spielte, wollte Boris Jelzin die krakenartige Monsterbehörde zurechtstutzen. Nicht nur wurde sie mehrfach umbenannt, einzelne Bereiche wurden ausgegliedert, etwa die Auslandsspionage. Auch die Grenztruppen wurden zu einer eigenständigen Institution. Heute wird, auf die Unkenntnis der Zuhörer bauend, von russischer Seite gern behauptet, der heutige Geheimdienst habe mit dem sowjetischen Vorgänger nichts mehr gemein. Wobei der russische Botschafter in Berlin, Wladimir Kotenew, der diese These in einer Diskussion im deutschen Fernsehen vertrat, übersieht, dass sein Präsident in eben dieser Tradition kaum etwas Verwerfliches zu entdecken vermag. Die Organisation, so Kotenew, sei aufgeteilt worden und seiner unheimlichen Macht beraubt.

Das Gegenteil ist der Fall. Der Geheimdienst, nunmehr unter dem Kürzel FSB, ist mächtiger als je zuvor. Bis auf die Auslandsspionage, den Personenschutz und die Kreml-Garde hat Putin alle Tochterorganisationen erneut unter dem Dach der Lubjanka vereinigt. Auch die Grenztruppen mit einer Stärke von 200 000 Mann gehören wieder dazu.

Selbst in Putins Lehrjahren war der KGB nicht so stark wie sein Nachfolger heute. Das Wüten der Geheimpolizei, mit der Stalin die Menschen und auch die eigenen Parteigenossen terrorisierte, hatten die Parteioberen in den späteren Jahren noch vor Augen. Sie achteten darauf, dass sie gegenüber der Organisation, die «Schild und Schwert» der Partei sein sollte, das Sagen hatten – der KGB war dem Kollektiv des Politbüros unterstellt. Nach dem Ende der Sowjetunion wurde der Geheimdienst ein Instrument der Regierung. Seit Sommer 2000 ist der FSB allein dem Präsidenten verantwortlich. Eine parlamentarische Kontrolle seiner Tätigkeit findet nicht statt.

Da die Geheimdienstler sich so gern auf ihre heroische Geschichte berufen, sei wenigstens hier angemerkt, was das eigene Selbstlob ausspart. Immer noch gilt in ihren Kreisen die Bezeichnung «Tschekist» als Ehrentitel. Sie berufen sich damit auf die blutigen Gründungsjahre des Dienstes – damals hieß die Organisation «Tscheka» und liquidierte unter der Leitung ihres Gründers Felix Dserschinski die Gegner der bolschewistischen Revolution oder wen sie dafür hielten. «Die meisten Genossen in den Provinzen betrachten jeden, der den Mund aufmacht, als Konterrevolutionär», zitiert die britische Historikerin Catherine Merridale in ihrem Buch «Steinerne Nächte – Leiden und Sterben in Russland» ein damaliges Parteimitglied. Kirchenleute, Bürger, Bauern – keiner war vor der Mordlust sicher.

So sorgsam sich Historiker um die Aufhellung der düsteren Jahrzehnte bemühen, so ungeordnet stehen im öffentlichen

Raum die Säulenheiligen der Geschichte nebeneinander. Und so widersprüchlich erscheinen ihre Lobpreisung und die Beschwörung eines neuen Russland. Der Gründungsvater der von Putin so gehegten Institution hatte 1920 die Devise ausgegeben, nur die Tscheka sei «in der Lage, die Konterrevolution zu vernichten». Die in Lederanzüge gekleideten Mitarbeiter, deren Grausamkeiten bald in ganz Europa gefürchtet waren, sollten «kühle Köpfe, warme Herzen und saubere Hände» bewahren. Das, so muss man heute feststellen, ist ihnen im Lauf der russischen Geschichte nicht sonderlich gut gelungen.

Als Präsident Putin 2003 anlässlich der 300-Jahr-Feier von St. Petersburg die Staatsmänner aus aller Welt in der Stadt an der Newa begrüßte, mit Glanz und Gloria, folgte dreißig Kilometer vor der Stadt eine Handvoll Mitarbeiter der Menschenrechtsorganisation «Memorial» ganz anderen Spuren der Geschichte. Sie hatten auf einem früheren Schießplatz eine weitere Hinrichtungsstätte aus der Zeit des Terrors entdeckt. Nach Vermutungen von «Memorial» waren dort bis zu 30 000 Menschen verscharrt worden. Man grub nach sterblichen Überresten und fand Schädel mit dem typischen Einschussloch am Hinterkopf. Benachbarte Bauern, die als Kinder in jener Zeit die Wälder durchstreift hatten, bezeugten, dass sich dort Schreckliches zugetragen habe. Die Staatsanwaltschaft von St. Petersburg war an den Funden nicht interessiert. Aus dem «Großen Haus», dem Sitz des Geheimdienstes, verlautete knapp, man habe keine Unterlagen über Exekutionen an jenem Ort. Weitere Nachforschungen von «Memorial» wurden unterbunden.

Die Zeiten der Verunsicherung des Geheimdienstes, als man in der frühen Ära Jelzin noch nicht wusste, wie offen und demokratisch man sich künftig zu gebärden habe, sind vorbei. Damals war es einem ausländischen Journalisten noch möglich, in das geheime Museum des KGB eingeladen zu werden, das in einem schmucken alten Fürstenpalais auf der Rückseite des Geheimdienstkomplexes der Lubjanka untergebracht ist. Die Öffentlichkeit hatte keinen Zugang zu den Exponaten, sie dienten allein der internen Erbauung. Dichte Vorhänge hielten die Räumlichkeiten in einem Dämmerlicht, in den Vitrinen stapelten sich Spezialwaffen und Beutegut von feindlichen Diensten. Über allem wachte das scharfe Auge von Felix Dserschinski, dessen zahlreiche ikonenartige Porträts der Ausstellung fast kirchliche Weihe verliehen.

Seine Präsenz war auch an einem anderen Ort zu spüren, der in jener kurzen Periode der Transparenz von ausländischen Journalisten besucht werden konnte. Die Beamten am Einlass waren unsicher, wie sie mit den ungewöhnlichen Besuchern verfahren sollten, und öffneten schließlich das schwere eiserne Tor zum KGB-Gefängnis Lefortowo. Das verschachtelte Gebäudemassiv erhebt sich inmitten eines Wohnviertels am südöstlichen Rand des Moskauer Zentrums. Hinter hohen, mit Stacheldraht bewehrten Mauern ragt stumm der Gefängniskomplex in den Himmel. In Zeiten von Katharina der Großen war der Grundstein für das furchterregende Gemäuer gelegt worden. Seitdem hatte jede Generation von Machthabern Anbauten hinzugefügt – ein verwirrendes Areal von Klinkerbauten, Schuppen und Höfen, die ihrerseits durch hohe Mauern voneinander abgeschottet wurden. Alles wird überragt von massiven Wachtürmen. In Stalins Zeiten war das Areal zugleich Untersuchungsgefängnis, Gerichts- und Hinrichtungsstätte. In allen Wachstuben und Räumen, die dem Personal vorbehalten sind, stößt man neben den Porträts des Gründungsvaters auf kunstfertige Varianten des noch heute geehrten Wappens der Tscheka – gerahmt in Holz, geprägt in Bronze oder auf Leinwand gemalt: Schwert und Schild.

Die Flure der K-förmigen, sich über vier Stockwerke erstreckenden Anlage waren sauber, die Zellen mit zwei bis sechs Betten nicht zu klein. Doch was sich so gefällig, gemessen an den Standards des Landes geradezu als luxuriös darstellte, war nicht privilegierten Gefangenen zugedacht, sondern jenen, die in der Rangordnung des Strafsystems die unterste Stufe bilden – den «Politischen», den «Feinden des Staates». Dieses Gefängnis unterstand nicht wie alle anderen dem Innenministerium, sondern gehörte zur Welt des KGB. Dort blieb es auch, als der Geheimdienst FSB hieß, ohne dass man es für nötig befand, von der Vergangenheit mehr als die Insignien der alten Macht zu zeigen. Keine Plakette erinnert an die Opfer. Selbst als auf Drängen des Europarates alle Gefängnisse in Russland dem Justizministerium unterstellt wurden, behielt der FSB durch einen fadenscheinigen Trick die Kontrolle über sein Gefängnis. Man schuf eine besondere Personalverwaltung, die dem Geheimdienst unterstellt ist.

Die Liste der Opfer, für die Lefortowo Zwischenstation auf dem Leidensweg war, oder die hier gar ihr Leben ließen, ist lang. Manche Schicksale sind festgehalten, und manchen Gefangenen gelang es, zu dokumentieren, was hinter den Mauern geschah. Solschenizyn war dort, oder der schwedische Diplomat Raoul Wallenberg, dessen Spur sich dann auf bis heute ungeklärte Weise in der Lubjanka verlor. Deutsche Kommunisten, etwa der wegen seiner aufrechten Art auch außerhalb der Partei hochgeschätzte Hugo Eberlein, wurden hier erschossen. Von ihm wird eine Schilderung der dort erlittenen Torturen überliefert: «Im April 1938 transportierte man mich ins Lefortowo-Gefängnis. Hier wurden alle Verhöre mit den schrecklichsten Verprügelungen begleitet, man prügelte mich wochenlang, Tag und Nacht. Auf dem Rücken gab es kein Stück Haut, nur das nackte Fleisch. Auf einem Ohr konnte ich wochenlang nichts hören, und auf einem Auge konnte ich wochenlang nichts sehen, weil die Blutgefäße im Auge verletzt wurden.» Auch nach Ende des «Großen Terrors» verschwand in die Zellen von Lefortowo, wer als Staatsfeind stigmatisiert werden sollte. Das gilt bis in die Gegenwart.

Natürlich erscheint es unangemessen, die Vergangenheit der Sowjetunion mit dem heutigen Russland gleichsetzen zu wollen. Wem es gelingt, an den westlichen Botschaften ein Visum zu ergattern, kann nach Berlin oder Paris reisen. Und an den Grenzen fahnden die Zöllner nicht mehr nach Büchern, die früher als subversive Konterbande galten, oder deren Besitz als strafbar galt. Die Wellen westlicher Waren schwappen bis in die entlegensten Regionen. Und nur noch eine kleine Minderheit klammert sich an die kommunistische Ideologie. Gewiss kann man von den Herrschenden nicht behaupten, sie wollten eine sowjetische Gesellschaft errichten. Und dennoch haftet die Vergangenheit an der Gegenwart: weil es an offener Aussprache über die vergangenen Taten des Geheimdienstes mangelt und weil seine Strukturen noch immer intakt sind.

Im Westen fand der Aufruf wenig Beachtung, den eine kleine Gruppe Moskauer Intellektueller unlängst an die Regierungs- und Staatschefs Europas und der USA richteten. Zwei Nobelpreisträger waren darunter, auch Juri Afanasjew, ein intellektueller Begleiter der Perestroika, die Schriftstellerin Ludmilla Ulitzkaja sowie der Generaldirektor des russischen P.E.N.-Zentrums. Die Sprecher der wichtigsten Menschenrechtsorganisationen und zwei ehemalige Dissidenten hatten ebenfalls unterzeichnet – sie waren beide einst Häftling in Lefortowo: Gleb Jakunin und wiederum Sergej Kowaljow. Ihr Appell ist nicht Ausdruck einer fremdgesteuerten antirussischen Kampagne. Die Gruppe ist erhaben gegenüber dem so gern mit patriotischer Empörung geäußerten Vorwurf, feindliche Stimmen aus dem Ausland wollten das glänzende Bild Russlands besudeln.

Vielmehr erhebt sich hier ein urrussischer Klageruf – mit ausgelöst durch die passive Haltung der westlichen Welt gegenüber neuem Unrecht. Die Unterzeichner führen auf einer Liste zweiundzwanzig Namen von Persönlichkeiten auf, die Opfer willkürlicher Strafverfolgung wurden. Sie fügen hinzu, es gebe, unbemerkt von der Öffentlichkeit, in den Provinzen Tausende weiterer Fälle: «Die Länder der Europäischen Union und ihre Regierungschefs haben eine tolerante Haltung angenommen gegen das repressive System, das sich in Russland etabliert hat, die Allmacht der Geheimdienste, die Abhängigkeit der Justiz von der Exekutive, und gegen Herrn Putin selbst, der ein Ideologe der Unterdrückung der Opposition ist.»

Das prominenteste Opfer auf der Liste ist Michail Chodorkowski. Aber auch Journalisten und Rechtsanwälte werden aufgeführt und der Wissenschaftler Igor Sutjagin. Was all diese Verfahren verbindet, ist ihr kafkaesker Verlauf. Manche Gerichtsverhandlungen finden hinter verschlossenen Türen statt, weil die Öffentlichkeit nicht zugelassen wird. Oder die Anklageschrift selbst wird zum Staatsgeheimnis erklärt. Erweist sich ein Gericht nicht gefügig, wie zweimal im Falle Sutjagins, wird das Verfahren vor einem anderen Gericht neu eröffnet. Hebt ein Richter den Haftbefehl für die Untersuchungshaft auf, so findet sich ein anderer, der dies rückgängig macht. Wird ein Verfahren ganz eingestellt, so wird der Freigelassene noch im Gerichtssaal wegen eines anderen Vorwurfs wieder in Haft genommen.

In einem solchen System sind auch die Anwälte bedroht, die sich auf ihre Rolle im Strafprozess besinnen. Der Verteidiger von Igor Sutjagin, der sich in besonderem Maß in dem vom FSB inspirierten Verfahren für seinen Klienten einsetzte, konnte sich nur durch Flucht seiner eigenen Verhaftung entziehen. Boris Kusnezow, dem hoch angesehenen Moskauer Anwalt, wurde vorgeworfen, in einem anderen Verfahren Staatsgeheimnisse verraten zu haben, in dem er – illegale – Abhörpraktiken des Geheimdienstes angeblich öffentlich gemacht habe. Kusnezow hatte die Aufzeichnungen von Telefongesprächen, die der FSB angefertigt hatte, kopiert und als Beweismittel an das Verfassungsgericht gesandt. Da die dortigen Mitarbeiter zum Umgang mit Geheimnissen nicht befugt seien, habe er sich damit schuldig gemacht. Die Menschenrechte seiner Mandanten seien verletzt worden, hält der Anwalt dagegen und kann auf den Artikel 7 des Gesetzes über Staatsgeheimnisse verweisen. Dort heißt es: «Informationen, die die Verletzungen von Bürgerrechten und Freiheiten betreffen, dürfen nicht zur Geheimsache erklärt werden.» Sein Widerspruch war vergeblich. Nachdem ein Gericht das Verfahren gegen ihn eröffnet hatte und ihm eine Haftstrafe von bis zu vier Jahren drohte, trat er die Flucht ins Ausland an. «Nichts von dem, was geschieht, ist zufällig», sagte er einer Moskauer Zeitung am Telefon. «Sie sind hinter mir her wegen einer Vielzahl von Fällen, eingeschlossen die Tatsache, dass ich die Familie von Anna Politkowskaja vertrete.»

Ein Lehrstück in Sachen russischer Rechtspraxis war auch Kusnezows Verteidigung von Sutjagin, dem wissenschaftlichen Mitarbeiter am renommierten Institut für USA- und Kanada-Studien, das der Akademie der Wissenschaften angehört und schon in sowjetischen Zeiten eine Pionierrolle im Dialog zwischen Ost und West übernommen hatte. Sutjagins Fachgebiet sind Fragen nuklearer Abrüstung. Wegen seiner Kontakte geriet er unter Spionageverdacht.

Schon zuvor hatte es ähnliche Fälle gegeben. In St. Petersburg verfolgte der Geheimdienst den ehemaligen Marineoffizier Alexander Nikitin, der im Auftrag der Umweltschutzorganisation Bellona die Gefahren enthüllte, die von den Halden atomaren Schrotts ausgehen, der in den Fjorden bei Murmansk lagert.

Er bekam die Wut von FSB und Militärstaatsanwaltschaft zu spüren, als er die Nordmeerflotte wegen ihres fahrlässigen Umgangs mit dem Atommüll anprangerte. Das Ausland, auch die Bundesrepublik, reagierte mit Hilfsprogrammen, weil die maroden Reaktoren stillgelegter U-Boote ganz Nordeuropa zu verstrahlen drohten. Nikitin aber wurde immer wieder vor Gericht gestellt, freigesprochen und aufs Neue angeklagt. Ähnlich erging es Grigorij Pasko, der als Redakteur einer Militärzeitung darüber berichtete, wie die Marine im Pazifik radioaktiven Müll einfach im Meer «entsorgte». 1997 wurde er bei der Heimkehr von einer Reise nach Japan festgenommen und wegen Landesverrats angeklagt. Doch das Gericht ließ den Vorwurf des Landesverrats und der Spionage fallen. Dennoch wurde er verurteilt: «Wegen der Überschreitung der dienstlichen Befugnisse» – drei Jahre Gefängnis. Schon fast zwei Jahre hatte er in Untersuchungshaft verbracht. Durch eine von Präsident Jelzin verkündete allgemeine Amnestie kam Pasko frei.

Damit mochten sich die «Organe» nicht zufriedengeben. Das Militärkollegium des Obersten Gerichtes hob 2001 das erstinstanzliche Urteil auf – und damit auch die Amnestie. Der Fall wurde wieder aufgerollt. Im Berufungsverfahren verurteilte man Pasko wegen Landesverrats zu vier Jahren Arbeitslager der strengsten Kategorie. Er wurde bestraft, weil er wegen der Verseuchung des Meeres durch radioaktiven Abfall die Alarmglocke schlug! Es mag sein, dass auch andere Staaten «Nestbeschmutzer» nicht mit Orden auszeichnen. Doch eine Zivilgesellschaft weiß immerhin die Courage des Einzelnen zu würdigen. Aber hier deutet sich ein anderer Weg an, der auf unheiligste Traditionen verweist.

Der ehemalige Fregattenkapitän Pasko lebt heute als Journalist in Moskau. Er hat allen Grund, die mächtigen Institutionen im Staat zu fürchten. Aber gerade wegen seiner eigenen

Erfahrungen machte er sich die Sache Sutjagins zu eigen. In einem langen Aufsatz dokumentierte er die Widersprüche im Verfahren. Sutjagin war zum Vorwurf gemacht worden, er habe einem amerikanischen Wissenschaftler Geheimnisse verraten. Dieser amerikanische Kollege sei aber in Wahrheit, so der FSB, ein Mittelsmann der CIA gewesen. Vor Gericht hielt Sutjagin den Vorwürfen entgegen, alle Informationen, um die es in seiner Arbeit gegangen sei, stammten aus öffentlichen Quellen und seien früher schon einmal publiziert worden. Ein weiterer Punkt, auf den sich die Anklage stützt, war eine Auftragsarbeit, die der FSB selbst bei ihm bestellt hatte. Dieser Artikel, der, wie Pasko erklärt, niemals den Bereich des FSB verlassen habe, «wurde nun Bestandteil der Anklage wegen Spionage».

Das Verfahren begann, wie es schon in KGB-Zeiten üblich war – mit einer Vorladung beim Geheimdienst, wo Sutjagin unverfänglich «als Zeuge» vernommen werden sollte. Danach wurde er in Haft genommen und man erhob Anklage. Im ersten Verfahren, das vor dem Bezirksgericht in Kaluga stattfand, forderte der Staatsanwalt vierzehn Jahre Haft. Das Gericht jedoch, von den Ermittlungen nicht überzeugt, verfügte eine erneute Beweisaufnahme. Das ist nach russischem Recht möglich, wenn der Richter zu dem Schluss kommt, dass bei der Ermittlung die Rechte des Angeklagten missachtet wurden. Der Richter in Kaluga konstatierte «wesentliche Verletzungen». Daraufhin zog die Moskauer Zentrale des FSB das Verfahren an sich. Der Untersuchungshäftling Sutjagin wurde in das Geheimdienstgefängnis Lefortowo verlegt. Das Drama ging weiter und zeigte, dass rechtsstaatliches Denken – jedenfalls bei manchen Richtern – nicht komplett unterdrückt war.

Das Oberste Gericht befand, dass Sutjagin aus der Untersuchungshaft zu entlassen sei. Doch sein Beschluss blieb wirkungslos. Ein ganzes Jahr verstrich, bis endlich das Verfahren vor einem Geschworenengericht eröffnet wurde. Wenige Monate später erklärte der Richter, er werde das Verfahren nicht fortführen. So landete Sutjagin schließlich vor dem dritten Gericht, das sich als gehorsamer erwies und den Angeklagten nach nur zehn Verhandlungstagen zu fünfzehn Jahren Freiheitsstrafe in verschärfter Lagerhaft verurteilte. Paskos Schlussfolgerung: «So sieht eine unterwürfige Rechtsprechung aus!» Amnesty international verlieh Sutjagin den Status eines politischen Gefangenen. Boris Kusnezow, der Anwalt, der später selbst die Flucht ergreifen musste, brachte den Fall Sutjagin vor den Europäischen Gerichtshof für Menschenrechte in Straßburg. Dort wartet er jetzt auf eine Entscheidung. Die Vorwürfe beziehen sich auf Artikel 5 der Europäischen Menschenrechtscharta (Recht auf Freiheit und Sicherheit), Artikel 6 (Recht auf ein faires Verfahren in angemessener Zeit), Artikel 7 (keine Strafe ohne Gesetz) und Artikel 10 (Freiheit der Meinung).

Menschenrechtler in Moskau nennen den Europäischen Gerichtshof in Straßburg sarkastisch das einzige funktionierende russische Gericht. Seine segensreichen Entscheidungen betreffen auch andere Staaten, aber die Klagen aus Russland tragen in besonderem Maß zur Überlastung der Straßburger Richter bei. Am 1. Januar 2007 waren rund 90 000 Rechtsbeschwerden beim Europäischen Gerichtshof anhängig. Fast 20 000 kamen aus Russland. 2006 fielen 1 560 Entscheidungen gegen den russischen Staat; die meisten betrafen Mord und vermisste Personen in Tschetschenien, den Strafvollzug, Folter und Verletzung der Strafprozessordnung. Im kollegialen Mitgefühl gegenüber seinen Kollegen in Straßburg, so möchte man es deuten, schlug der Vorsitzende des russischen Verfassungsgerichts Valerij Sorkin vor, den Zugang zum Straßburger Gericht künftig zu erschweren.

Seit 1996 ist Russland Mitglied des Europarates und hat damit auch die Zuständigkeit des Europäischen Gerichtshofes für Menschenrechte anerkannt. Das war damals ein für Russland unumgänglicher Schritt, um respektierter Teil der europäischen Staatengemeinschaft zu werden. Die daraus erwachsenen Verpflichtungen – in Moskau würde man sagen Zumutungen – wurden nur widerwillig akzeptiert. Der Europäische Gerichtshof stellt aus Regierungssicht ein besonderes Ärgernis dar. Er werde gegen Russland instrumentalisiert, wird in Moskau behauptet, Putin selbst sprach von politischer Absicht. Es ist deshalb nur konsequent, dass Russland als einziges europäisches Land das 14. Zusatzprotokoll zur «Europäischen Konvention zum Schutz der Grundfreiheiten und Menschenrechte» noch nicht ratifiziert hat. Diese Ergänzung soll die Struktur des Gerichtshofes reformieren, um die Verfahren zu beschleunigen und die große Zahl der noch unbearbeiteten Fälle zu reduzieren. Das aber stößt auf den Widerstand der russischen Regierung, weil Russland vor den Richtern in Straßburg immer wieder Niederlagen hinnehmen muss. Im Sommer 2007 warfen zwei Urteile ein Schlaglicht auf die Praktiken in Tschetschenien. Eine 31-jährige Frau bekam Recht, weil ihre Eltern, ihr Bruder und ihr Onkel vier Jahre zuvor von einem Todeskommando regelrecht hingerichtet worden waren. Die Opfer waren, an Händen und Füßen gefesselt, mit Kopfschüssen getötet worden. Das Gericht rügte, dass die Verantwortlichen nicht zur Rechenschaft gezogen worden seien. Im anderen Fall warfen die Richter den russischen Behörden stillschweigende Zustimmung bei einem Massaker vor, bei dem 56 Menschen umgekommen waren.

Die Gerichte im eigenen Land genießen beim Volk kein besonderes Ansehen, obwohl Putins Schlagwort von der «Diktatur des Gesetzes» ihnen eine Schlüsselrolle im Staat hätte zuweisen müssen. Der Petersburger Wissenschaftler Vadim Volkow zitiert in einem Aufsatz über das Rechtswesen eine Umfrage aus dem Jahr 2003, der zufolge 56 Prozent der Bevölkerung kein Vertrauen in die Rechtsprechung haben. Das war am Ende der ersten Amtsperiode Putins, und man könnte annehmen, mittlerweile habe sich das Vertrauen stabilisiert. Doch das Lewada-Zentrum für Umfrageforschung kommt im Jahr 2005 keineswegs zu besseren Zahlen. Nur sechzehn Prozent der Befragten erklärten, dass sie der Rechtsprechung vertrauten. Damit rangierte die Judikative in der Wertschätzung der Institutionen noch hinter den Massenmedien und dem Geheimdienst, wenn auch noch vor der Staatsanwaltschaft, die im Volk besonders verhasst ist.

Der Kreml schafft kein Klima, in dem eine unabhängige Rechtsprechung gedeihen kann. Lilia Schewzowa bescheinigt der Richterschaft in der Ära Putin Flexibilität und Gehorsam: «Sie hat verstanden, was die Exekutive will.» Die Judikative erfüllt immer dann, wenn Staatsinteressen berührt sind, die ihr zugewiesene Aufgabe. Nach Expertenmeinung hat die Justizreform aus dem Jahr 2001 diese Tendenz eher gefördert. Sie habe nichts an der Tatsache geändert, dass Richter Gehalt und Wohnung vom Staat zugewiesen bekommen. Die Stellung und berufliche Zukunft der einzelnen Richter hingen allein vom jeweiligen Vorsitzenden ab, der aber werde von der Exekutive ernannt. So werde, wie Lilia Schewzowa folgert, die fundamentale Tendenz russischer Politik bestätigt: die «Stärkung der autokratischen Präsidentschaft».

Nach zaristischem Obrigkeitsstaat, nach siebzig Jahren, in denen die Ideologie der Partei die Quelle des Rechts darstellte, ist es nun die «Diktatur des Gesetzes», hinter der sich die Abkehr vom Rechtsstaat verbirgt. «Die Mythologie des Rechts hat sich wieder einmal als Nebelspiegelung erwiesen», schreibt Kerstin Holm. Und eine Momentaufnahme ist das ganz sicher nicht. Die Instrumentalisierung einer der tragenden Säulen von Staat und Gesellschaft stellt Weichen für eine Zeit, die weit über die Amtsperiode eines Präsidenten hinausweist.

Der Fall Igor Sutjagin ist kein Einzelfall. Er ist eines von zweiundzwanzig Beispielen, die die Unterzeichner des eingangs erwähnten Appells aufzählen. Westliche Arroganz und Überheblichkeit, Unkenntnis der örtlichen Verhältnisse wird man den Appellierenden schwerlich vorwerfen können. Manche Verfahren, wie jenes gegen den Ölmagnaten Michail Chodorkowski, erregen Aufmerksamkeit auch im Westen. Andere spielen sich, weil dem Opfer die Prominenz fehlt, im Verborgenen ab. Jedes Mal verweisen sie auf das wichtigste Exekutivorgan des russischen Staates – den FSB.

Und manche sind eng verbunden mit Putins Weg an die Macht. Der Fall des ehemaligen KGB-Obersten und späteren Rechtsanwalts Michail Trepaschkin führt zurück in das Labyrinth von Verdächtigungen, Vorwürfen und Intrigen, die sich um Putins Aufstieg und seinen im Londoner Exil lebenden Gegenspieler Boris Beresowski ranken. Die Fälle von zu Tode gekommenen oder einfach nur verschwundenen Zeugen und das Netz der Beziehungen sind schwer zu durchschauen. Um die von dem vergifteten Ex-Agenten Litwinenko erhobenen Beschuldigungen gegenüber dem FSB aufzuklären, müsste jedes Argument von einer neutralen Instanz auf seine Stichhaltigkeit geprüft werden. Doch diese Rückschau auf die Ereignisse von den Moskauer Attentaten bis zum Mord an Litwinenko verhinderte der FSB. Alexander Litwinenko selbst hatte beim KGB und später beim FSB gedient. Aber in den Augen seiner früheren Kollegen war er zum Verräter geworden. Drei Tage nachdem Litwinenko in London an den Folgen der Poloniumvergiftung gestorben war, meldete sich Michail Trepaschkin zu Wort. Er schrieb einen Brief aus dem Straflager FGUJK 13, wo er eine vierjährige Haftstrafe verbüßt. Darin behauptete er, dass es schon seit langem Mordpläne gegeben habe, um Litwinenko auszuschalten. Trepaschkin bot sich an, vor den Ermittlern von Scotland Yard, die nach Moskau reisen wollten, auszusagen. Die russischen Behörden lehnten das Treffen ab.

Bizarr und unheimlich sind die Wendungen, die die Vorgeschichte des Falles einst genommen hatte. Eine ungewöhnliche Pressekonferenz am 17. November 1998 lenkte zum ersten Mal die Aufmerksamkeit der Öffentlichkeit auf Litwinenko und Trepaschkin. Eingerahmt von vier maskierten und uniformierten Kollegen vom FSB, saßen die beiden auf dem Podium der Presseagentur Interfax und berichteten von einem Mordkomplott gegen Boris Beresowski, der damals noch in Moskau lebte. Ihre Vorwürfe richteten sich gegen den FSB. Die Pressekonferenz war zwar ein spektakuläres Ereignis, wurde aber in jenen bewegten Zeiten eher als skurrile Randgeschichte abgetan. Für Litwinenko bedeutete das Ereignis einen Wendepunkt. Er wurde aus den Diensten des FSB entlassen – natürlich nicht wegen der Pressekonferenz, sondern weil man ihm vorwarf, er sei zwei Jahre zuvor gegenüber Verdächtigen tätlich geworden. In einem Gerichtsverfahren im November des gleichen Jahres wurde er freigesprochen, aber noch im Gerichtssaal von maskierten Beamten des FSB aufs Neue verhaftet. Er wurde wieder freigesprochen und erneut angeklagt. Diesmal warf man ihm vor, Sprengstoff aus einem FSB-Depot entwendet zu haben. Litwinenko gelang die Flucht nach London.

Michail Trepaschkin blieb in Moskau und lehnte auch später eine Flucht ins Ausland ab. Er arbeitete fortan als Anwalt. In dieser Rolle unterstützte er das Komitee, das Kowaljow und Juschenkow zur Aufklärung der Sprengstoffattentate in Moskau gegründet haben. Trepaschkin wurde Juschenkows Rechtsberater. Alexander Goldfarb schildert, wie der FSB im Sommer 2002 Trepaschkins Wohnung durchsuchte. Man fand ein altes

KGB-Dokument und Gewehrmunition und konstruierte daraus eine Anklage wegen des Verrats von Staatsgeheimnissen und illegalen Waffenbesitzes. Doch er blieb in Freiheit. Erst ein Jahr später wurde er verhaftet, weil nun die Miliz bei einer Verkehrskontrolle eine Pistole in seinem Wagen fand. Im Jahr darauf wurde er zu einer Lagerstrafe verurteilt und wegen guter Führung vorzeitig entlassen. In einem Interview kündigte er an, er werde seine Ermittlungen fortführen. Wenig später fing ihn ein FSB-Kommando ein und schickte ihn wieder zurück ins Straflager.

Das ist der Ort, von dem aus er seine Bereitschaft signalisierte, bei den Ermittlungen im Mordfall Litwinenko mitzuwirken und vor den Beamten von Scotland Yard auszusagen. Mit drei Beschwerden wandte sich Trepaschkins Rechtsanwältin an den Europäischen Gerichtshof für Menschenrechte. Über die erste wurde im Juli 2007 entschieden – und der russische Staat schuldig gesprochen. Seine Einkerkerung während der Untersuchungshaft in einer sechs Quadratmeter großen Zelle ohne Licht und ohne Hofgang sei eine Foltermaßnahme gewesen und im Hinblick auf den schlechten Gesundheitszustand des Häftlings besonders verwerflich. Zwei weitere Entscheidungen über die Verletzung des Rechtsanspruches auf «fair trial» und die Verweigerung von medizinischer Versorgung stehen noch aus.

Es ist ein Stoff für Polit-Krimis. Aber es ist auch die Geschichte von Menschen, denen, folgt man den Richtern in Straßburg, keine Gerechtigkeit widerfährt und die deshalb leiden müssen. Wahrscheinlich wird es nie Klarheit über die Rollen geben, die jeder Einzelne gespielt hat. Der FSB behauptet, der in London lebende Ex-Oligarch Beresowski schmiede ein Komplott gegen die russische Führung und scheue auch vor Mord nicht zurück.

Selbst im Fall der Exekution von Anna Politkowskaja erscheint Beresowski als Drahtzieher. Und auch für die Vergiftung Litwinenkos ist aus Moskauer Sicht nur eine Person verantwortlich: Beresowski, in Zusammenarbeit mit dem britischen Geheimdienst MI 6.

Die Wahrheit über den Mord an Alexander Litwinenko wird die Welt wohl nie erfahren. Für Scotland Yard steht fest, dass die Spur nach Moskau führt. Unter Berufung auf die russische Verfassung verweigern die Moskauer Behörden die Auslieferung des Beschuldigten Andrej Lugowoi. Dieser sonnt sich derweil in der russischen Hauptstadt im Schein wachsender Popularität und weist öffentlich jede Schuld von sich. Auch er behauptet, der britische Geheimdienst habe ihn in eine Falle gelockt, um von der eigenen Verantwortung abzulenken. Im Herbst 2007 eröffnete sich ihm sogar eine politische Karriere. Die obskure, aber in Notfällen stets dem Kreml zu Diensten stehende Partei von Wladimir Schirinowski, die «Liberaldemokratische Partei Russlands», nominierte ihn auf dem zweiten Platz für die Wahlliste zu den Dumawahlen im Dezember 2007. Und wenn schon, er habe doch nur einen Verräter seiner gerechten Strafe zugeführt, hieß es am Rande des Nominierungsparteitages. Tatsächlich nahm die Partei die Sieben-Prozent-Hürde, Lugowoi erhielt ein Abgeordnetenmandat und genießt damit Immunität. So zimmern sich Geheimdienstkreise im Schatten der Legalität ihre eigene Wirklichkeit.

Real ist allein die Besorgnis, die die neunzehn Männer und Frauen dazu veranlasste, ihren Appell zu verfassen. Sie sehen die Regeln eines zivilisierten Zusammenlebens innerhalb der Gesellschaft außer Kraft gesetzt. Den Kern des Problems beschrieb ein ausländischer Beobachter der Szene, Bret Stephens, in einer Kolumne für das «Wallstreet Journal». Nachdem die britische Regierung vier russische Diplomaten ausgewiesen hatte – als Reaktion auf die verweigerte Auslieferung von Andrej Lugowoi –, reagierte der Sprecher des russischen Außenministeriums mit vielsagendem Unverständnis; er begreife die Reaktion der britischen Regierung nicht: «Sie ist bereit, wegen eines einzigen Menschen unsere Beziehungen in Handel und Kultur zu opfern.» Stephens hält dem entgegen, dass die gesamte Architektur einer liberalen Demokratie darauf ziele, eben gerade die Rechte jedes einzelnen Bürgers zu schützen.

In der Tat folgte Russland über Jahrhunderte einer anderen Tradition staatsrechtlichen Denkens. Danach ist es selbstverständlich, das Glück des einzelnen Bürgers den Interessen des Staates unterzuordnen. In Zarenzeiten war das so, und es galt stärker noch für die Jahrzehnte nach der Revolution. Michail Ryklin schreibt in seiner Analyse des Totalitarismus, die in Deutschland unter dem Titel «Räume des Jubels» erschien: «Indem sich der Bolschewismus den äußeren Anschein des Kommunismus gab, verübte er Böses im Dienste eines höheren Guten und verkannte die von diesem Endziel unabhängige Eigenlogik des Bösen ...» Im Deutschen gilt dafür der Satz, dass der Zweck die Mittel heiligt.

Der Wiederaufstieg und der Machtzuwachs des Geheimdienstes kann diesem Staatsverständnis nur dienlich sein. Dazu gehört der Einstieg ehemaliger Geheimdienstler in andere Bereiche des Staatsapparates. Zu Beginn seiner Amtszeit hieß es, die Geheimdienstler seien die Einzigen, denen Putin vertrauen könne, weil sie von der korrupten Moskauer Politszene nicht verdorben seien. Aber vielleicht steckt hinter dem Personaltransfer doch ein System. Es ist das Verdienst des in Moskau lebenden Politikwissenschaftlers Falk Bomsdorf, ein in dieser Hinsicht aufschlussreiches Fundstück konserviert zu haben: den Aufsatz eines alten Leningrader Freundes und Waffenbruders von Putin. Man kann den Text als ein Manifest der Tschekisten verstehen. Viktor Tscherkessow, der Autor, ist ein Weggefährte Putins aus den Zeiten des Leningrader KGB. Er war in sowjetischen Jahren ein Jäger von Dissidenten. In der demokratischen Zeit wurde er Chef der Petersburger Geheimdienstzentrale. Später ernannte ihn Putin zum Bevollmächtigten für die nordwestliche Region und danach zum Chef der Antidrogenbehörde. Er gehört heute zum engsten Kreis um den Präsidenten.

Tscherkessow beklagt in seinem Aufsatz, gegen den «Tschekismus» würde eine Kampagne geführt. In Wirklichkeit sei sie aber gegen Russland gerichtet, gegen seine Existenz und seine nationale Unabhängigkeit. Im Klartext: Wer sich kritisch der Geschichte des Geheimdienstes zuwendet, ist den Feinden Russlands zuzuordnen. Denn, so begründet Tscherkessow seinen Vorwurf, gerade die Tschekisten seien berufen, das Land zu retten. Er selbst, so zitiert Bomsdorf den Autor, spreche sich nicht von Verantwortung für Fehler frei. Benennen freilich mag Tscherkessow sie nicht. Weil er aber Fehler anerkenne, bleibe er dem Wesentlichen treu: seiner tschekistischen Aufgabe. Auch die vielen anderen Angehörigen dieser Organisation, die sich gegenwärtig auf unterschiedlichen Ebenen der Legislative und der Exekutive mit der Verwaltung des Staates befassten, seien und blieben Tschekisten: «Ehemalige Tschekisten gibt es nicht.» Wer dem Geheimdienst den Rücken kehrt, ist also ein Verräter?

Diese Bekenntnisse der am Vaterland leidenden Seele erlauben einen Einblick in das Selbstverständnis, das die heutige Staatsführung prägt. Was Statussymbole angeht, haben sich die Geheimdienstler jedenfalls der Zeit angepasst. Von den rund 2000 Dienstlimousinen, die laut einem Präsidentenerlass die staatlichen Führungskräfte befördern – bevorzugt wird die Oberklasse von drei deutschen Herstellern –, stehen 0,3 Prozent den Vertretern der Judikative zur Verfügung, 1,9 Prozent der Legislative und 97,8 Prozent den Vertretern der Exekutive. Von denen aber stammen 75,8 Prozent aus den Sicherheitsdiensten. Für die Korrektheit der Angaben bürgt Andrej Illarionow, der Putin in den frühen Jahren als Wirtschaftsberater diente und die Reformen vorantrieb. Illarionow sagt, er habe die Geheimdienstler kommen sehen, aber die Gefahr erst begriffen, als sie gegen Jukos und Chodorkowski vorgingen. 2005 quittierte er seinen Dienst im Kreml mit den knappen Worten: «Russland ist kein freies Land mehr.» Illarionow ging an ein amerikanisches Forschungsinstitut in Washington. Seine Bilanz: «Die Institutionen wurden systematisch von der Regierung zerstört. Das schließt Rechtsstaatlichkeit, bürgerliche Freiheiten, Unabhängigkeit der Gerichte und die Freiheit der Medien ein.»

In der Jelzin-Zeit wurde der Geheimdienst zum wichtigen Instrument des Machterhalts im Staat. Unter Putin übernahm der Geheimdienst den Staat. Natürlich hatten auch in der Sowjetunion «Offiziere der aktiven Reserve» staatliche Ämter bekleidet, meistens als stellvertretende Leiter einer Behörde, aber ihre Zugehörigkeit zum Geheimdienst war keineswegs für jedermann ersichtlich. Jetzt geschieht es in aller Selbstverständlichkeit, weil sie, wie Tscherkessow schrieb, berufen sind, Russland zu retten. Die Moskauer Soziologin Olga Kryschtanowskaja resümiert lakonisch: «Wenn eine Karriere im Geheimdienst für den Präsidenten des Landes kein Problem ist, sollte es das auch für die untergeordneten Beamten nicht sein. Seit Putins Machtantritt wird mit Stolz auf frühere Verdienste beim KGB verwiesen.»

Für ihre Analyse der Führungselite übernimmt Kryschtanowskaja den in den neunziger Jahren geprägten Begriff «Repressivorgane». Er umfasst die Streitkräfte, die Grenztruppen, das Innenministerium und seine Spezialeinheiten und die Geheimdienste. Das Offizierskorps jener Institutionen avancierte «zur wichtigsten sozialen Stütze des Präsidenten». Im Vergleich zur politischen Elite Gorbatschows hat sich ihr Anteil verzehnfacht. Besonders stark ist die höchste Ebene betroffen – also jene Gruppierung, die gemeinhin als «der Kreml» etikettiert wird. Dazu gehört in erster Linie die Verwaltung des Präsidenten, aber auch die Regierung mit dem bis zum Herbst 2007 amtierenden Ministerpräsidenten Fradkow an der Spitze, der 1994 als «verdienter Mitarbeiter der Spionageabwehr» ausgezeichnet worden war. Auch Parlamentspräsident Boris Gryslow, der gleichzeitig der Vorsitzende der Kreml-Partei «Einiges Russland» ist, wird dem Kreis zugerechnet, ebenso die einflussreichsten Vertreter der Kreml-Administration.

Die Gesetzgebung im Rahmen der Terrorbekämpfung hat dem FSB weitere Kompetenzen zugespielt, die ihn in Krisensituationen zur eigentlichen Machtzentrale im Staat werden lassen. In einem 2006 in Kraft getretenen Gesetz rückt der gegenwärtige FSB-Chef, Putins Weggefährte Nikolai Patruschew, bei Anti-Terror-Aktionen an die Spitze der Exekutive. Der Regierungschef, die Armee und die Truppen des Innenministeriums müssen in diesem Fall seinen Weisungen folgen. Für die Arbeit der Journalisten wurde bei dieser Gelegenheit noch ein weiteres Mittel der Disziplinierung entwickelt: Die Verbreitung von Informationen kann den Tatbestand des «Extremismus» erfüllen. Das gilt auch für die Kritik an Amtsträgern, die an Aktionen der Terrorismusbekämpfung beteiligt sind.

Es liegt in der Natur der Sache, dass die Größe des Unternehmens FSB nur geschätzt werden kann. Nach der Wiedereingliederung der Grenztruppen und des Kommunikationsbereichs rechnen Experten mit rund 350 000 Mann. Das erscheint nicht sehr viel, hat doch die Organisation nicht nur die Umtriebe in den Städten Moskau und St. Petersburg unter Kontrolle zu halten, sondern auch den Rest des weiten Landes nicht aus den Augen zu verlieren. Selbst in kleineren Städten unterhält sie eine Dependance, die mit Vorliebe auch durchreisende Korrespondenten beobachtet. Überdies gilt es, Posten in Provinzregierungen zu besetzen oder gar das Amt des Gouverneurs selbst. Deshalb ist es hilfreich, dass der FSB auf die große Reserve der Veteranen zurückgreifen kann, die sogar im Internet auf ihre vielfältigen Fähigkeiten aufmerksam macht. Unter der Devise «Vertrauen Sie den Profis» bietet die Gesellschaft der Geheimdienstveteranen «Vympel» eine Vielzahl von Dienstleistungen an: vom Personenschutz bis zur Marktanalyse. Als Referenz dient eine Liste von Urkunden, die die professionelle Arbeit rühmen. Die Belobigungen gewinnen an Überzeugungskraft, weil sie zum größeren Teil von Institutionen ausgestellt wurden, die sich ihrerseits mit dem Wappen von «Schwert und Schild» schmücken. Man versteht, dies ist ein Gewerbe, in dem das Wort Solidarität noch etwas gilt.

6. Kapitel
Die Gleichschaltung der Legislative

Die Parlamentswahlen im Dezember 2003 bleiben als «Hundewahlen» in Erinnerung. Nicht etwa, weil nach römischem Vorbild ein Tier für eine politische Karriere vorgeschlagen wurde; damals hatte Gaius Julius Cäsar Germanicus, besser bekannt als Kaiser Caligula, sein Lieblingspferd mit dem Amt des Konsuls betreuen wollen. So weit ging Putin nicht. Doch seine Hündin Koni sollte an jenem Wahltag eine besondere Rolle spielen. Die Kreml-Journalisten waren schon um sechs Uhr morgens mobilisiert worden, damit sie in gemeinsamer Busfahrt zum Wahllokal des Präsidenten gebracht werden konnten. Dort, vor dem alten klassizistischen Rondell der Akademie der Wissenschaften, versammelten sie sich in einem ungeduldigen Pulk – wie stets in der Hoffnung, nicht nur stumme Zeugen der Stimmabgabe zu werden, sondern den Wähler Putin in ein Gespräch verwickeln zu können.

Punkt acht Uhr erschien das Präsidentenehepaar. Die sonst eher zurückhaltende Ehefrau Ludmilla ergriff das Wort und pries ihren Gatten als mustergültigen Hausvater – er sei völlig übermüdet, denn seine Hündin habe in der Nacht acht Welpen zur Welt gebracht. Und Wladimir Wladimirowitsch sei als Geburtshelfer die ganze Zeit dabei gewesen. Der stand sichtlich stolz daneben und ließ sich gerne zu Details befragen.

Kein Wort zur Rolle Russlands in der Welt oder zur Krisenlage im Kaukasus, wo tags zuvor erneut ein Attentat die Menschen erschüttert hatte. Als Familienvater, der sich nicht zu schade ist, am Mutterglück seiner Hündin aktiv Anteil zu nehmen, erreichte er am Wahltag die Herzen der Bürger. Wort und Bild des von der Dezembersonne beschienenen Präsidentenpaares waren bis in den Abend hinein der Aufmacher aller Nachrichtensendungen.

Putin beherrscht das politische Geschäft, wie man es sich von keinem Nachfolger vorstellen kann. Ob gewinnend und freundlich, boshaft oder ironisch, aggressiv oder sarkastisch – er kann die Tonlage virtuos verändern. Beim Stadtjubiläum von St. Petersburg 2003 hatte er als souveräner Gastgeber triumphiert. Während in den Jahren Jelzins die Menschen jeden seiner Auftritte auf internationalem Parkett mit Bangen verfolgten, weil sich der Präsident häufig indisponiert zeigte, bewies Putin, dass er den Staatsmännern des Westens mehr als gewachsen war. Dieser Präsident hatte anders als sein Vorgänger keinen Grund, Wahlen zu scheuen. Dennoch hat er nach und nach die Regeln der Demokratie außer Kraft gesetzt. Angeblich, um zunächst einmal Ordnung zu schaffen, damit die Demokratie später umso leuchtender blühe. Aber aus der Ordnungsliebe ist längst ein Selbstzweck geworden. Es drängt sich daher die Frage auf, die Lilia Schewzowa pointiert formuliert: «Wenn die Gesellschaft ganz allmählich an die Freiheit herangeführt werden soll, warum zieht dann die herrschende Klasse in Russland die Schraubzwingen an, anstatt sie zu lockern?»

Im Winter 2003/2004 hatte Putins achtjährige Präsidentschaft die Halbzeit erreicht. Die Kennziffern für die ökonomische Entwicklung verhießen einen Aufwärtstrend. Die Reformen in Wirtschaft und Steuerwesen, die seine jungen Minister Gref und Kudrin angeschoben hatten, zeigten Wirkung. Sowohl den Dumawahlen im Dezember als auch den Präsidentschaftswahlen im März 2004 hätte er gelassen entgegensehen können. Doch von Gelassenheit war in jenen Monaten wenig zu spüren. Und nach den Dumawahlen musste sich Russland das Urteil der OSZE-Wahlbeobachter gefallen lassen, sie seien «frei, aber nicht fair» abgelaufen. Die Klage über mangelnde Fairness bezog sich auf den Wahlkampf.

Die nunmehr unter Kontrolle des Kreml stehenden Fernsehsender hatten sich als treffliches Instrument der Steuerung erwiesen, um den Wählern den rechten Weg zu weisen. Das Ziel war, der Partei «Einiges Russland», die wie alle vom Kreml gesteuerten Parteien im Volksmund die «Partei der Macht» genannt wurde, in der Duma zu einer Zweidrittelmehrheit zu verhelfen und die politischen Gegner möglichst klein zu halten. Die Oppositionsparteien kamen deshalb lediglich in den Wahlspots zu Wort. Debattensendungen, in denen die Parteien ihre Kräfte messen können, waren nicht vorgesehen. Die Partei der Macht entzog sich vollends dem Diskurs – ihr Programm war einzig die Person des Präsidenten. Der betrieb natürlich keinen Wahlkampf, wenn er täglich in den Nachrichtensendungen bei der Ausübung seiner Amtspflichten gezeigt wurde. Als Höhepunkt bleibt jener Tag in Erinnerung, an dem er russische Spitzensportler in seiner Residenz empfing – in den Nachrichten die Top-Meldung. Acht Minuten lang sah man den Präsidenten im Kreise der ranken Gestalten, mit denen er den Nutzen eines zusätzlichen Sportkanals im Fernsehen erörterte. Das Thema war geeignet, jedenfalls die männlichen Zuschauer zu erbauen. Und überhaupt war das Gruppenbild mit leutseligem Präsidenten gut anzuschauen. So ging man landesweit auf Stimmenfang.

In den Provinzen zeigte die Kreml-Partei wenig inhaltliches Profil, aber viel praktische Hinwendung zum Wähler. Ein Wahlkampftag in Uljanowsk an der Wolga mag als Momentaufnahme dienen. Die Opposition betreibt Wahlkampf wie im Westen: Um sechs Uhr morgens, in frostiger Dunkelheit, stehen junge Leute vor den Toren der Flugzeugfabrik und verteilen Wahlwerbung an die vorbeiströmenden Arbeiter. Eisig weht der Wind aus der Steppe herüber, und viel Enthusiasmus kann man zu dieser Stunde wohl nicht erwarten. Dennoch erreichen die Freiwilligen der liberalen Partei Jabloko die Herzen nicht weniger Arbeiter, wie sich bei einer spontanen Umfrage zeigen sollte. Doch die Mühe ist vergebens.

Der örtliche Kandidat von «Einiges Russland» hatte für sich und seinen wachsenden Sympathisantenkreis ein etwas bequemeres Arrangement getroffen. Er gehörte, was für die Verhältnisse der «Partei der Macht» bezeichnend ist, zur Oberschicht der Stadt, der neuen Nomenklatura, in der sich politische und wirtschaftliche Interessen zu einem Netzwerk verbinden. Garant dieser Ordnung, in der sich die kommunale Elite wohnlich eingerichtet hatte, war der Präsident, weshalb den Nutznießern an der Erhaltung seines Systems gelegen sein musste.

In Uljanowsk lud der Kandidat, ein Brauereibesitzer, zu Freibier in ein großes Lokal im tristen Neubauviertel. Nach den Regeln des Wahlkampfes ist auf politischen Kundgebungen der Ausschank von alkoholischen Getränken verboten, weshalb die Stunden des großzügig spendierten Genusses, bereichert durch ein örtliches Musikensemble, vom bescheidenen Gönner als «Erholungsabend» angekündigt waren. «Entspanne dich, Landsmann», lautete die programmatische Empfehlung. Das war die Entpolitisierung der Politik in Perfektion und wäre bei anderen Parteien wohl auf scharfen Einspruch der Wahlkommission gestoßen.

Am Wahltag selbst wurde der bekennende Hundefreund Putin mit dem großen Sieg für seine Kreml-Partei belohnt. Sie erhielt 37,6 Prozent der Wählerstimmen. Das brachte ihr, zusammen mit den Direktmandaten, die angestrebte Zweidrittelmehrheit. Kommunisten und Nationalisten wurden marginalisiert. Die beiden demokratischen Oppositionsparteien Jabloko und «Union Rechter Kräfte» scheiterten an der Fünf-Prozent-Hürde. Olga Kryschtanowskaja quittierte das Ergebnis mit der lakonischen Bemerkung: «Das ist das Ende der Unabhängigkeit der Legislative von der Staatsführung.»

Auch im Herbst 2007 zog «Einiges Russland» mit dem Präsidenten als Galionsfigur in den Wahlkampf. Das kündigte sich schon im Sommer an, als die PR-Strategen im Kreml die ersten Zeichen setzten. Im Westen stießen die Urlaubsfotos des Präsidenten auf Befremden. In Russland, wo man gelernt hat, auch in scheinbar skurrilen Nebensächlichkeiten eine politische Botschaft zu entdecken, wurden die Ferienporträts sogleich als Wink begriffen. Da stand der Präsident am Ufer eines sibirischen Flusses und reckte eine Angel über das Wasser. Schon mit dieser Beschäftigung, die, weil sie höchstes Erdenglück verkörpert, für den russischen Mann mehr bedeutet als nur ein beliebiges Freizeithobby, zeigte er sich bürgernah. Auch die Bekleidung unterstrich die werbende Wirkung. Von den beiden bevorzugten Freizeitkostümen, die als «männlich» gelten, wählte er nicht den lässigen Trainingsanzug, sondern eine Camouflage-Hose im Militär-Look. Der Oberkörper zeigte nackte Virilität, die allerdings in den Amtsjahren merklich an Straffheit eingebüßt hatte. Der Angler, den der Hoffotograf präsentierte, gefiel sich nicht in kontemplativer Selbstverlorenheit, sondern zeigte mit angespannten Muskeln Entschlossenheit und Willenskraft. Manche Interpreten folgerten, aus den Bildern sei eine Bewerbung für die nächste Präsidentschaft abzuleiten. Wenig später wurde deutlich, welches Signal er mit solchen scheinbaren Schnappschüssen setzen wollte. Für den aufkeimenden Wahlkampf jedenfalls, in den er sich überraschend als Spitzenkandidat von «Einiges Russland» einmischte, war die Pose nützlich.

Schon 2003 hatte Boris Gryslow, der Parteivorsitzende, als programmatische Parole ausgegeben: «Gemeinsam mit Präsident Putin machen wir Russland einig und stark.» Solche Worte waren nach vierjähriger Bewährungsprobe im Amt offenbar überzeugend genug, um ein befriedigendes Wahlergebnis zu sichern. Es blieb blindem Übereifer vor Ort geschuldet, der freilich auch zum System gehört, wenn ein schönes Ergebnis noch schöner gestaltet wurde. Ging es mit rechten Dingen zu, als im vom Krieg zerstörten Tschetschenien die Partei des Kreml offiziell über sechzig Prozent der Stimmen erhielt? Dabei unterlief den treuen Organisatoren bei der Auszählung ein Missgeschick: Das Ergebnis enthielt zehn Prozent mehr abgegebene Stimmen, als Wähler im Verzeichnis eingetragen waren. Selbst der Chef der zentralen Wahlkommission in Moskau bekundete öffentlich Zweifel und wurde deshalb später abgestraft. Wahlbeobachter wussten auch aus anderen Regionen von Vorgängen zu berichten, die westlichen Augen befremdlich erschienen. Sie erfuhren, dass Fabrikdirektoren ihren Arbeitern die Stimmabgabe für «Einiges Russland» nahelegten. Sie beklagten mangelnde Transparenz bei der Stimmenauszählung oder die Tatsache, dass selbst Toten ein Stimmrecht gewährt wurde.

In den russischen Wahlkämpfen hatte sich schon in den neunziger Jahren der Begriff «administrative Ressourcen» eingebürgert. Er bezeichnet in aller Unschuld die Tatsache, dass staatliche Institutionen auch auf regionaler Ebene der jeweiligen «Partei der Macht» freundschaftlichen Beistand leisten. Dieses System ist längst so weit entwickelt, dass Städte und Regionen um überdurchschnittliche Wahlergebnisse wetteifern.

Unbefriedigende Ergebnisse geben Anlass, an der Loyalität des jeweiligen Bürgermeisters oder Gouverneurs zu zweifeln, und wirken karriereschädlich.

Der Prozess der Domestizierung des politischen Lebens begann unmittelbar nach Putins Amtsantritt. Im Mai 2000 stand das Land ganz unter dem Eindruck der Feierlichkeiten zur Amtseinführung. Was für ein Unterschied zu dem Zeremoniell, das sich Boris Jelzin zu seiner Wiederwahl 1996 geleistet hatte! Damals stand ein kranker Präsident auf der kärglich ausgestatteten riesigen Bühne im Großen Kreml-Palast. Die Zuschauer auf den Rängen spürten, dass der Held des Tages am Ende seiner Kräfte und kaum in der Lage war, den Eid zu sprechen. Ein Festakt wie der Beginn eines Trauerspiels.

Diese Szene hatte Putin wohl im Sinn, als er seinen offiziellen Machtantritt inszenieren ließ. In den prächtigen Sälen der Zarenzeit reihte sich zu einem schier endlosen Spalier auf, wer bei Hof Rang und Namen besaß. Immer wieder schwenkten die Kameras von den Kristalllüstern auf den kleinen Mann, der durch eine schmale Gasse inmitten der versammelten Gäste ging. Nur wenige von ihnen werden gewusst haben, wer dort etwas linkisch und mit gefrorener Miene an ihnen vorüberschritt. Aber schon eine Woche später machte der Präsident ernst.

Am 11. Mai, vier Tage nach dem Festakt, stürmten bewaffnete Sondertruppen der Staatsanwaltschaft das Hauptquartier von Gussinskis Medienkonzern. Das konnte man als Antwort auf all die Schmach verstehen, die vor allem der Fernsehsender NTW dem Präsidenten in den Monaten zuvor angetan hatte – besonders durch die hartnäckige Kritik am Krieg in Tschetschenien. Gegen Gussinski richtete sich der erste Schlag.

Aber es gab noch eine andere Institution, bei der Wladimir

Putin dringenden Handlungsbedarf erkannte. Er hatte ihren Widerspruch am eigenen Leib erfahren, damals, als im Föderationsrat über die Absetzung von Generalstaatsanwalt Skuratow debattiert wurde und die Gouverneure und Parlamentsvorsitzenden der Regionen, die qua Amt als Senatoren den Föderationsrat bildeten, dem Präsidenten die Stirn boten.

Schon in seiner Rolle als stellvertretender Stabschef im Kreml war Putin für die Regionen zuständig gewesen. In der Zeit der schwachen Zentrale waren die Provinzen selbständiger geworden, und manche föderalen Gesetze traten nur eingeschränkt in Kraft. Der Präsident griff zur Radikalkur. Am 13. Mai 2000, zwei Tage nach der Attacke auf die Most-Medien, landete Putin den zweiten Coup. Er verkündete die Einführung von sieben Großregionen, für die jeweils ein Bevollmächtigter des Präsidenten verantwortlich sein sollte. Putin nannte es die Stärkung der «Vertikale der Macht». In Wahrheit war dies der erste Schritt zur Aushöhlung des durch die Verfassung festgeschriebenen föderalen Systems. Gleichzeitig brachte der Präsident Gesetze auf den Weg, die den Gouverneuren und regionalen Parlamentsvorsitzenden das Recht entzogen, gleichzeitig im Föderationsrat als Senatoren vertreten zu sein. Für dieses Mandat, das neben der direkten Teilnahme am Moskauer Ränkespiel auch Immunität verleiht, sollten künftig Delegierte aus den Regionen benannt werden. Damit gewann der Kreml Einfluss auf die Zusammensetzung der zweiten Parlamentskammer. Nach Schätzungen von Politikwissenschaftlern war die Präsidialverwaltung später an 75 bis 80 Prozent der Ernennungen von Senatoren beteiligt. Schon nach zwei Jahren entstammte die Mehrheit der Mitglieder im Föderationsrat nicht mehr den Regionen, sondern den politischen Eliten Moskaus und St. Petersburgs. Damit konnte die Institution nicht mehr in Anspruch nehmen, als Vertretung der Regionen zu gelten. Sie sei, so bilanziert die Untersuchung, zum «Erfüllungsgehilfen des Präsidenten» herabgesunken. Aber offenbar reichte Putin auch dieses Maß an Zentralisierung der Macht noch nicht.

Zunächst ließ sich der Präsident das Recht zubilligen, die in direkter Wahl gewählten Gouverneure aus dem Amt zu entlassen. Vier Jahre später, als Konsequenz aus der Geiselnahme von Beslan, gibt Putin gar die Abschaffung der Gouverneurswahlen bekannt. Die Kandidaten werden künftig vom Präsidenten vorgeschlagen und vom regionalen Parlament bestätigt. Nicht nur mutiert der Föderationsrat als demokratisches Kontrollorgan auf diese Weise zum patriotisch gestimmten Kuschelzoo. Künftig existieren die Regierungen in den 89 Regionen allein von des Kreml Gnaden. Im Sommer 2007, zu Beginn der Kampagne für die Dumawahlen also, sahen sich mehrere Gouverneure zum Abschied genötigt. Am Ende ihrer Amtszeit haben sie nach der neuen Regel routinemäßig ihren Rücktritt einzureichen – der Präsident kann ihn annehmen oder eine weitere Amtszeit vorschlagen.

Es traf auch Michail Prussak in Nowgorod, einer Stadt, die sich schon den Zorn Iwans des Schrecklichen zuzog, weil sie Kontakte zur Hanse unterhielt und eine demokratische Stadtverfassung besaß. Prussak war dreimal von der Bevölkerung ins Amt gewählt worden und erfreute sich auch der Sympathie ausländischer Investoren. Im Ranking ausländischer Firmen hatte sich die Region über Jahre hinweg in einer Spitzenposition behauptet, weil Prussak darauf achtete, dass Investoren nicht unter die Räder der russischen Bürokratie gerieten. Bundespräsident Johannes Rau hatte während seiner letzten Russlandreise Nowgorod einen Besuch abgestattet. Plötzlich monierte der Kreml das kriminelle Umfeld in der Region. Oder war es vielleicht die Tatsache, dass Prussak nicht als flammender Propagandist für «Einiges Russland» aufgetreten war?

Was tatsächlich der Anlass war, werden die Bürger von Nowgorod nie erfahren, weil sich der Vorgang jeder demokratischen Kontrolle entzieht. Die Gouverneure erhalten ihre Macht vom Kreml, also kann er sie auch wieder entziehen. Insgesamt, so wurde in Moskau im Herbst 2007 gemunkelt, seien fünfzehn Gouverneure von der Ablösung bedroht. Der Bürger hat darauf zu vertrauen, dass der Herr im Kreml sowieso besser weiß, was für die Landeskinder gut ist.

Es ist nicht ohne Pikanterie, dass ausgerechnet der Königsmacher schon im Sommer 2000 versuchte, die Notbremse zu ziehen, weil er die Einsetzung der sieben «Super-Gouverneure» als ersten Schritt einer gefährlichen Entwicklung betrachtete. Boris Beresowski, der Rasputin am Hofe Jelzins, der heute noch – jetzt allerdings reumütig – für sich in Anspruch nimmt, Putin auf dem Weg ins höchste Amt gefördert zu haben, wählte eine ungewöhnliche Form des Einspruchs. Er, der seine Fäden stets im Verborgenen gesponnen hatte, schrieb im Juni 2000 einen offenen Brief an den Präsidenten, in dem er ihn über die Grundregeln einer föderativen Demokratie belehrte. Ganz offensichtlich wollte er an den Stil der «Federalist Papers» anknüpfen, jenen Diskurs, den die Gründungsväter der USA über die Verfassung ihres Gemeinwesens pflegten. Keiner hat ihn damals gefragt, ob er wirklich so naiv war, das von Intrigen beherrschte Moskau mit den Anfängen Washingtons gleichzusetzen. Doch Beresowskis Einspruch traf den Kern: «Die vorgeschlagenen Veränderungen sind antidemokratisch. Sie werden das Gleichgewicht der Institutionen (*Balance of Power*) zerstören. Dieses Gleichgewicht ist jedoch die Voraussetzung für das Funktionieren von Demokratie und Marktwirtschaft. Die Veränderungen werden in einschneidender Weise die Macht der Exekutive stärken – zulasten der Legislative. Die Beteiligung des Bürgers an der Ausübung der Regierungsgewalt wird eingeschränkt.»

Wenn man auf die Entwicklung der vergangenen acht Jahre zurückblickt, dann scheint es, als sei Beresowski damals in den Sümpfen der Moskauer Machtintrigen zum visionären Demokraten mutiert. Denn er warnte genau vor der Art von Regierungssystem, das Putin Schritt um Schritt verwirklicht hat. Von einer schriftlichen Antwort Putins an seinen einstigen Förderer ist nichts bekannt. Gleichwohl – die Reaktion blieb nicht aus. Die Staatsanwaltschaft nahm Ermittlungen gegen Beresowski auf, und noch im gleichen Jahr entzog dieser sich der drohenden Verhaftung durch die Flucht nach London. Dort scharte er eine kleine Gruppe von Gleichgesinnten um sich und baute sein Exil in London zu einer Bastion gegen den Kreml aus. Die Poloniumspur, die von Moskau zu seinem Mitstreiter Alexander Litwinenko führte, zeigt, dass die Zeiten gepflegter Debatte längst vorbei sind.

Was der sich als Demokrat gebärdende Beresowski in seinem öffentlichen Brief nicht erwähnt, sind jene Instrumente der politischen Manipulation und Entmündigung des Bürgers, die er selbst zu entwickeln half, weshalb schon seinem Aufschrei im Sommer 2000 eine heuchlerische Qualität nicht abgeht. In allen Wahlen seit dem Ende der Sowjetunion war der Kreml mit einer meist über Nacht gegründeten Partei angetreten, um sich die Unterstützung der Duma zu sichern: die «Partei der Macht».

Der Jung-Reformer Gaidar gründete im Herbst 1993 «Russlands Wahl», die Partei, die von allen politischen Kopfgeburten noch die programmatischste war. Schon bei der folgenden Wahl trat Premierminister Tschernomyrdin mit «Unser Haus Russland» an. In beiden Fällen landete das Kreml-Unternehmen abgeschlagen hinter der nationalchauvinistischen Partei LDPR des Polit-Zynikers Wladimir Schirinowski. 1999, nachdem Putin gerade zum Ministerpräsidenten ernannt worden war, schien die Situation für eine neue «Partei der Macht» besonders aussichtslos: Nur drei Monate blieben bis zur Wahl, und das gegnerische Lager war gut aufgestellt. Moskaus Bürgermeister Luschkow und der von Jelzin aus dem Amt gejagte frühere Premierminister Jewgeni Primakow zielten mit ihrem Parteienbündnis OWR nicht nur auf die Duma. Es ging auch um die Nachfolge Jelzins. Panik wehte durch die Gänge des Kreml.

Auf dem Spiel standen neben dem Machterhalt für den Clan auch die Sicherung des Vermögens und der Schutz vor Strafverfolgung. Damals warf Beresowski eine in wenigen Wochen neu gegründete Partei in die Schlacht und erntete anfangs viel Spott. Sie hatte kein Programm. Nicht einmal der Name schien gesichert. Mal hieß sie «Der Bär», mal «Einheit», schließlich wurden beide Namen adaptiert. Das Dreigestirn, das der Partei Ansehen und Gewicht verleihen sollte, bestand aus dem Minister für Katastrophenschutz Sergej Schoigu, dem Ringer Alexander Karelin und einem General aus dem Innenministerium, der bis dahin nicht durch politisches Charisma aufgefallen war. Lilia Schewzowa schrieb über das Konstrukt: «Man konnte den Eindruck bekommen, dass die vorangegangenen politischen Stürme das intellektuelle Potenzial des Landes erschöpft hatten, sodass für die Bären nur der Müll des politischen Prozesses übrig blieb.» Aber nicht ohne einen Unterton der Bewunderung schildert sie die unermüdliche Regsamkeit, mit der Beresowski – unbemerkt von den Korrespondenten – durchs Land reiste und bei den regionalen Eliten um Unterstützung warb. Dass ausgerechnet der heutige Intimfeind in London als Gründungsvater der Partei zu gelten hat, auf die Putin seine politische Macht stützt, ist in Moskau längst vergessen. Putin erwies sich als gelehriger Schüler. In den folgenden Jahren hat er den Krönungsmantel, den ihm Beresowski schneiderte, ganz auf seine persönlichen Bedürfnisse zugeschnitten.

Der Name des damaligen Ministerpräsidenten stand auf keiner Wählerliste. Doch für den Erfolg der Partei war seine Rolle entscheidend. Er hielt sich zugute, nicht selbst in den Wahlkampf einzugreifen, und dennoch war er jeden Abend in den kremlnahen Fernsehsendern zu bewundern: der Premier in der Rolle des tatkräftigen und – was nicht unwichtig war – stets nüchternen Sachwalters russischer Interessen. Der Krieg in Tschetschenien bot eine dankbare Kulisse. Beresowski aber hatte für den politischen Grabenkampf noch andere Pfeile im Köcher: angebliche Enthüllungsgeschichten über die politischen Erzfeinde Luschkow und Primakow. Journalistische Büchsenspanner in dem von Beresowski geführten Sender ORT brachten sie Abend für Abend unter das Volk.

Es war vielleicht der schmutzigste Wahlkampf in der Geschichte des jungen Russland. Und dennoch kann man sogar wehmütig darauf zurückblicken. Auf der politischen Bühne wurde eine Abschiedsvorstellung gegeben: Der Wahlabend vom Dezember 1999 war der letzte, an dem man mit Spannung auf das Ergebnis warten konnte. Fortan wurde dafür gesorgt, dass dem Bürger jeder Nervenkitzel erspart blieb, weil es nur noch um die Frage ging, ob die «Partei der Macht» die selbst gesteckten Ziele erreichen würde. Im Dezember 1999 wirkte der Erfolg der Kreml-Partei noch als sensationelle Überraschung. Mit über 23 Prozent der Stimmen schuf der frisch gegründete Neuling eine Plattform, auf der sich durch Bündnisse eine verlässliche Mehrheit einrichten ließ.

Danach war der Sieg in den Präsidentschaftswahlen dem Kandidaten Putin ohnehin nicht zu nehmen. Wieder hatte er scheinheilig abgelehnt, sich in die Niederungen des Wahlkampfes zu begeben. Er genüge lediglich seinen Pflichten als amtierender Präsident. In dieser Rolle zeigte er jedoch rege Betriebsamkeit, was ihm jeden Abend einen Stammplatz in den

Fernsehnachrichten sicherte. Glanzpunkt war die Landung als Kopilot eines Düsenjägers auf dem Flughafen der eroberten Hauptstadt Grosny. Ein Spaziergang durch die zerbombte Stadt wäre wohl weniger werbewirksam gewesen. Putin erreichte in der ersten Runde 53 Prozent der Stimmen und begann ohne langes Zögern mit der Absicherung seiner Macht. Schon nach den ersten Schritten im Mai 2000 warnte die «Obschtschaja Gaseta», Putin sei im Begriff, eine Diktatur zu errichten. Ihr Chefredakteur Jegor Jakowlew war einer der großen Journalisten der Perestroika-Zeit gewesen. Gerade die Alten reagierten am sensibelsten.

In der ersten unter Putin gewählten Duma erwarb sich die Kreml-Partei «Einheit» ihre stabile Mehrheit durch Parteifusionen und die Überzeugungskraft der Macht, die es dem einzelnen Abgeordneten opportuner erscheinen lässt, auf der Seite der Herrschenden zu stehen. Aus deren Sicht bedurfte der Staat jedoch einer Parteienstruktur, die jedes Risiko bei künftigen Dumawahlen ausschloss. In der Machtzentrale galt Wladislaw Surkow, stellvertretender Leiter der Kreml-Administration, als der Architekt der neuen Parteienlandschaft. Er war in den neunziger Jahren Diener vieler Herren, meist in der Rolle des PR- und Kontaktmannes. Als Einziger aus dem Team von Präsident Jelzin überlebte er die Wende im Kreml bis auf den heutigen Tag. In der Anfangsphase der Ära Putin erklärte Surkow unverhüllt die strategische Absicht im Hinblick auf die Parteienentwicklung: «Weshalb drum herumreden – diese Parteien (der Macht) sind mit administrativen Mitteln geschaffen worden – wie die KPdSU. Aber in der KPdSU brauchte sich niemand darum zu kümmern, dass die Partei siegen musste, denn sie hatte keine Konkurrenz ... Wir aber können es uns nicht leisten, nicht zu gewinnen.» Der erste Schritt war die Verschmelzung zweier Parteien, die sich im Wahlkampf noch als erbitterte Feinde gegenübergestanden hatten. Putins «Einheit» und das Wahlbündnis OWR schlossen sich zur neuen Partei der Macht «Jedinaja Rossia», «Einiges Russland», zusammen.

Der legale Rahmen für die Kontrolle der Parteienstruktur wurde 2001 geschaffen. Die Duma verabschiedete ein Gesetz, das den Handlungsspielraum politischer Kräfte erheblich einengte. Danach durften nur noch Parteien und keine Wahlbündnisse zu Abstimmungen antreten. Jede Partei sollte mindestens 10 000 Mitglieder aufweisen und in wenigstens 45 Regionen des Landes mit jeweils nicht weniger als 100 Mitgliedern vertreten sein. Das mochte sinnvoll erscheinen im Hinblick auf die wild wuchernde Parteienlandschaft in Russland. Aber das Ziel war die Zementierung der bestehenden Machtverhältnisse. Auch regionale Parteien hätten dabei zum Störfaktor werden können, weshalb man ihnen das Existenzrecht absprach.

Schon bei den Dumawahlen im Dezember 2003 steuerte Surkow die Kreml-Partei zu einer soliden Zweidrittelmehrheit. Und auch um die Ergebnisse im Jahr 2007 sollte sich im Kreml niemand Sorgen machen müssen. Das System zielt auf eine langfristige Wirkung. Die Partei «Einiges Russland», so Surkow, müsse für die nächsten zehn oder fünfzehn Jahre an der Macht bleiben. Nur so könne das Land genesen. Auch im Westen trachteten doch Regierungschefs danach, die Mehrheit im Parlament zu erhalten! Surkow verkennt dabei die Tatsache, dass dort erst der Erfolg der Partei die Spitzenposition eines Politikers legitimiert, während in Russland die Kreml-Spitze der Partei zum Erfolg verhilft. Olga Kryschtanowskaja kommentiert das Verfahren mit der Feststellung, eine Elite maße sich ein Gewohnheitsrecht an, «das keinerlei juristische Grundlage hat, aber von allen Beteiligten am politischen Prozess als etwas Natürliches angesehen wird».

Nach den gewonnenen Dumawahlen folgte der zweite

Schritt im Herbst 2004. Es schien zunächst, als sei die Tragödie von Beslan der Grund gewesen. Im Rückblick betrachtet, hat Beslan nur den Anlass geboten, außen- und innenpolitisch die Zügel zu straffen. Terroristen aus dem Nordkaukasus hatten am 1. September, dem Tag der Eröffnung des Schuljahres in Nord-Ossetien, weit über tausend Schulkinder, Eltern und Lehrer als Geiseln genommen. Im Verlauf der Befreiungsaktion kamen über dreihundert Menschen, vor allem Kinder, ums Leben. Am Abend des 4. September, nach dem Ende des grausigen Geschehens, wandte sich der Präsident in einer Fernsehansprache an seine Landsleute. Wie Bush nach dem 11. September 2001 oder Churchill im Zweiten Weltkrieg rief er die Menschen im Land auf, zusammenzustehen. Er beklagte die Verwundbarkeit des Landes, die praktisch die Erklärung des politischen Ausnahmezustandes notwendig mache. Man lebe unter Bedingungen, die nach dem Zerfall eines riesigen, ruhmreichen Staates entstanden seien. Der habe sich leider nicht als lebensfähig erwiesen.

Von den Verhältnissen in Russland, immerhin im fünften Jahr seiner Präsidentschaft, zeichnete er ein beklemmendes Bild – die Korruption habe Justiz- und Polizeibehörden infiziert, Verteidigung und Sicherheit seien vernachlässigt worden. Das Bild vom bedrohten Staatswesen schließt auch die außenpolitische Lage mit ein: «Wir haben Schwäche gezeigt. Und die Schwachen schlägt man. Einige wollen sich ein fettes Stück von uns abbeißen, andere helfen ihnen dabei.» Damit unterstellte er, dass es jenseits der Grenze Gegner gebe, die eigentlich schon als Feinde zu betrachten seien, weil sie Russlands territoriale Einheit unterminieren. Später wird er die Attacke präzisieren und die USA als Gegenspieler offen benennen.

Putins Bedrohungsanalyse von 2004 war das Signal zur innenpolitischen Aufrüstung. Nicht nur sollte das Volk zusammenstehen, es sollte auch gewappnet werden für die angeblich drohenden Gefahren: «In nächster Zeit wird ein Maßnahmenbündel vorbereitet, das auf die Stärkung der Einheit des Landes zielt.» Der Parteiorganisator und Kreml-Ideologe Surkow wurde wenige Tage später noch deutlicher. In einem Zeitungsinterview warnte er vor einer «fünften Kolonne» in Russland, die die westlichen Staaten in der Absicht unterstützten, Russland zu erniedrigen. Er nannte sie «falsche Liberale und wirkliche Nazis». Da wurde Wut geschürt bei denen, die ein solches Feindbild ernst nehmen, und Angst bei allen, die sich an die Redeweise Stalins erinnert fühlten. Anna Politkowskaja notierte in ihrem Tagebuch: «In diesem Herbst 2004 ist im Land bereits der politische Winter ausgebrochen. Es fröstelt einem von der nicht mehr weichenden Kälte auf staatlichem Boden.»

Die angekündigten Maßnahmen, die durch angebliche Gefahren im Inneren und Äußeren begründet worden waren, ließen nicht lange auf sich warten. Wie erwähnt wurde beschlossen, dass die Gouverneure nicht mehr direkt gewählt, sondern vom Präsidenten ernannt werden. Dann folgte die Verfeinerung der Wahl- und Parteiengesetzgebung, die endgültig klare Verhältnisse schuf. Direktmandate, die bis dahin die Hälfte der Dumasitze umfassten, wurden abgeschafft. Damit wurden jene Abgeordneten ausgesondert, die in ihrem Wahlkreis besondere Sympathie genossen und sich deshalb dem Kreml nicht unterordnen mussten.

Fortan ist für die Verteilung der Abgeordnetensitze allein die Liste der Parteien maßgeblich. Denen aber wurden nicht fünf, sondern sieben Prozent als Hürde für den Eintritt ins Parlament vorgegeben. Damit konnte man sich vor allem die beiden liberaldemokratischen Oppositionsparteien «Jabloko» und die «Union Rechter Kräfte» vom Leibe halten. Beide waren 2003 an der Fünf-Prozent-Hürde gescheitert, doch im Fall einer Vereinigung hätten sie den Sprung schaffen können. Der Kreml aber konnte darauf setzen, dass es nicht zu einem Bündnis kommen würde – dafür waren die Parteiführer allzu zerstritten.

Überhaupt wurde das Existenzrecht von Parteien an schärfere Bedingungen geknüpft. Sie sollen nunmehr mindestens 50 000 Mitglieder haben und in mindestens 45 Regionen mit jeweils mindestens 500 Mitgliedern vertreten sein. Die Nachweise darüber sind einer Registrierungsbehörde vorzulegen. Ein Richter beschließt über die Auflösung der Partei, wenn sie die Kriterien nicht erfüllt. Um dem Vorwurf zu begegnen, die Wähler hätten nun keine Alternative mehr, legte der Kreml im Oktober 2006 eine zweite Partei auf Kiel, die vorgeblich linke Konkurrenz zu «Einiges Russland», die den Namen «Gerechtes Russland» erhielt. Ihr Vorsitzender Sergej Mironow ist der Präsident des Föderationsrats und gilt seit Petersburger Tagen als ein ergebener Freund Putins. Man kann also auf zweierlei Weise dem Präsidenten seine Loyalität erweisen. Der um die Hege der Parteienlandschaft so verdiente Surkow nannte seine Kreation «souveräne Demokratie» – um den Unterschied zu westlichen Demokratievorstellungen zu betonen. Der russische Politologe Dimitrij Fuhrmann spricht von «gelenkter Demokratie», die in Wirklichkeit eine weiche Variante des Sowjetsystems sei. Lilia Schewzowa nennt das System eine Imitation von Demokratie. Russland präsentiere das perfekte Beispiel eines misslungenen Übergangs *(failed transition)* vom Totalitarismus zur Demokratie.

Der Prozess der Reinigung nahm seinen administrativen Lauf. Von Ende 2006 noch 32 registrierten Parteien wurden schließlich nur noch elf Parteien zu den Dumawahlen im Dezember 2007 zugelassen. Zu denen, die am Reglement scheiterten, gehörten Michail Gorbatschow mit seiner «Sozialdemokratischen

Partei Russlands» ebenso wie Wladimir Ryschkows «Republikanische Partei».

Sein Fall exemplifiziert in besonderer Weise den Verlust an Demokratie. Ryschkow saß bislang als direkt gewählter Abgeordneter aus dem Altai in der Duma. Die massive Unterstützung daheim wird ihm nicht mehr helfen, weil es keine Direktmandate mehr gibt. Seine Partei war der urdemokratische Versuch, liberalem Denken einen Platz im Parlament zu verschaffen. Er entstammt jener Generation, auf die Russlands Zukunft hätte fußen sollen. Während Gorbatschows Perestroika schloss er sich der damals aktiven Studentenbewegung an. Seit 1993 hat er ein Abgeordnetenmandat und wahrte stets die Distanz zu den Regierenden. Nun neigt sich die politische Karriere des immer noch jungen Mannes dem Ende zu.

Wir treffen Ryschkow im Sommer 2007 in einem Moskauer Straßencafé. Seine Tage als Duma-Abgeordneter sind gezählt. Die politischen Niederlagen sind an dem groß gewachsenen Mann aus Sibirien nicht spurlos vorübergegangen, ein Hauch von Resignation liegt über seinem sonst so offenen Gesicht. Dennoch, so sagt er, dürfe man die Hoffnung natürlich nicht aufgeben. Allerdings helfe gegen einen Mann wie Putin und die gewachsenen Geheimdienststrukturen kein Blitzkrieg, sondern nur die Partisanentaktik. Er nennt Putins Parteiendemokratie das «Dresdner Modell» – schließlich habe der einstige Agent in der DDR das System der Blockparteien kennengelernt. Ryschkow setzt nicht mehr auf den kritischen Verstand westlicher Staatsmänner, die gegenüber Putin Vorsicht zeigen. Ob er sich manchmal verlassen fühle, wenn ausländische Politiker die Wirklichkeit des Landes nicht wahrnehmen? «Ja», sagt er, «verraten und verlassen. Denn wir waren es doch, die Politiker meiner Generation, die den Anschluss an Europa suchten.» Nun verlangt er praktisches Entgegenkommen, das langfristig

Wirkung zeigen könnte. Ein solcher Schritt, so Ryschkow, wäre die Aufhebung des Visaregimes, damit junge Russen leichter ins Ausland reisen können, um sich dort umzuschauen.

Im Frühjahr 2007 fanden in vierzehn Regionen des Landes Wahlen zu den örtlichen Parlamenten statt. Fast ein Drittel der russischen Wählerschaft war zur Stimmabgabe aufgerufen. Diese Abstimmung wurde allgemein als Test für die Wahlen im Dezember 2007 betrachtet. Für Grigorij Jawlinski und sein Partei Jabloko begann dieser Probelauf mit einem administrativ verordneten Schiffbruch. Ausgerechnet in St. Petersburg, wo diese Partei im liberalen und intellektuellen Teil der Bevölkerung tief verankert ist, scheiterte sie am Zulassungsverfahren. Die lokale Wahlkommission ließ die Unterschriftenlisten, die zur Wahl vorgelegt werden müssen, nicht gelten. Sie hatte von fast 40 000 Unterschriften rund 8000 überprüft und behauptet, zwölf Prozent seien gefälscht. Die Partei bot an, die Listen rechtskräftig überprüfen zu lassen. Doch der Einspruch wurde abgelehnt.

Mit dem Ergebnis der Provinzwahlen konnte der Kreml zufrieden sein. Die Partei der Macht «Einiges Russland» erhielt insgesamt etwa 46 Prozent der Stimmen. Und ihr linker Ableger «Gerechtes Russland» immerhin fast zwölf Prozent. So ergibt sich für die Dumawahlen eine beruhigende Perspektive. Daneben konnten sich nur noch die Kommunisten und Schirinowskis Rechtspartei LDPR eine Chance ausrechnen, mit einer kleinen Fraktion ins Parlament zu kommen. Doch nach Putins Coup vom Herbst 2007, sich an die Spitze der Liste von «Einiges Russland» stellen zu lassen, waren auch solche Prognosen überholt.

Die Frühjahrswahlen 2007 hatten noch ein Nachspiel, das wiederum als Prolog für die Duma- und Präsidentschaftswahlen gelten kann. Zwei Tage nach dem Urnengang überraschte

Putin die Öffentlichkeit mit einer Personalrochade – der Präsident verweigerte dem Chef der Wahlkommission Alexander Weschnjakow die Zustimmung zur Weiterführung des Amtes. Dabei schien dieser seine Aufgabe stets zur Zufriedenheit des Kreml ausgeführt zu haben. Das jedenfalls konnte man aus den Kommentaren seiner Kritiker schließen. Ryschkow bescheinigte ihm, er sei direkt verantwortlich für den Niedergang der Demokratie im Land. Jawlinski kommentierte: «In Weschnjakows Amtszeit haben Wahlen aufgehört, Wahlen zu sein.»

Gemäß der neuen Tradition im jungen Russland sind die Chefs der Nationalen Wahlkommission stets Vertraute des Präsidenten. Letztlich sind sie es, in deren Hände die politische Führung ihr Schicksal legt. Sie werden für das Ergebnis verantwortlich gemacht. Der scheidende Chef hatte stets das Vertrauen des Präsidenten gerechtfertigt. Nur angesichts eines fragwürdigen Wahlergebnisses in Tschetschenien 2005 und bei der letzten Etappe der Wahlrechtsreform hatte er vorsichtig Bedenken angemeldet. Das genügte, um höchsten Zorn zu erwecken. Für die Dumawahlen erschien Weschnjakow nicht mehr verlässlich genug.

Der Wechsel an der Spitze der Wahlkommission zeigt die Weitsicht, die der Präsident in Personalfragen walten lässt. Die Entlassung Weschnjakows war offensichtlich schon länger geplant. Im Januar 2007 hatte die Duma, unbemerkt von der Öffentlichkeit, das Gesetz über die Zusammensetzung der Wahlkommission geändert. Demnach müssen ihre Mitglieder nicht mehr Juristen sein. Weschnjakows Nachfolger Wladimir Tschurow zeichnet sich durch andere Qualitäten aus, mit denen es der studierte Physiker und alte Freund Putins bald sogar zu Weltruhm brachte. Denn kaum eine Zeitung im Ausland versäumte es, die bizarren Worte nachzudrucken, mit denen der neue Chef der Wahlkommission in einem Interview in Moskau seine tief empfundene Loyalität zum Präsidenten zum Ausdruck brachte. Der Interviewer der Zeitung «Kommersant» griff ein Zitat auf, mit dem Tschurow in Russland schon vor Jahren Aufsehen erregt hatte. Ob Putin tatsächlich immer recht habe, fragte der Reporter. Der neue Chef der Wahlkommission antwortete in stoischer Gelassenheit: «Das ist für Tschurow das Gesetz Nr. 1.» Der Reporter insistierte: Was denn geschehe, wenn sich der Präsident in einer Sache geirrt habe. Tschurow erwiderte fassungslos: «Wie kann Putin unrecht haben?» Mehr Ergebenheit kann ein Präsident von einem Staatsbeamten, der die Unabhängigkeit der Wahlen kontrollieren soll, nicht erwarten.

Erst im Herbst 2007, als Putin erste Einblicke in seine Zukunftspläne gewährte, konnte man ermessen, wie groß die Verantwortung war, die der Präsident in die Hände seines neuen Chefs der Wahlkommission legte. Putin hatte sich in den vorangegangenen Monaten als Meister des politischen Ränkespiels erwiesen.

Anfang September berief er Viktor Subkow, einen alten Vertrauten aus St. Petersburg, der schon im Rentenalter war, zum neuen Ministerpräsidenten. Vier Wochen später versammelte sich die Partei «Einiges Russland» zu ihrem Wahlparteitag. Unter donnerndem Applaus der Delegierten nahm Putin dankend die Nominierung als Kandidat 1 auf der Parteiliste entgegen. Alle anderen prominenten Kandidaten sollen nur die regionalen Listen anführen dürfen. Er sei auch bereit, das Amt des Ministerpräsidenten zu übernehmen, erklärte Putin. Als Voraussetzung nannte er die Wahl eines verdienstvollen Mannes zum Präsidenten und ein siegreiches Abschneiden der Partei bei den Dumawahlen. Als Nachfolger stand nun Ministerpräsident Subkow in den Startlöchern, dessen nüchterne, sachbezogene Arbeit Putin selbst in höchsten Tönen gepriesen hatte. Bei den

Dumawahlen im Dezember 2007 wurden die Oppositionsparteien Jabloko und die Union Rechter Kräfte endgültig marginalisiert. Nicht einmal als vereinigte Partei wäre ihnen der Sprung über die Sieben-Prozent-Hürde gelungen. Der Kreml aber baute seine Macht aus. «Einiges Russland» erreichte eine gediegene Zweidrittelmehrheit in der Duma – stark genug, um die Verfassung zu ändern. Die Kommunisten, mit fast 12 Prozent der Stimmen einzige Oppositionspartei, muss der Kreml nicht fürchten. Die beiden anderen Parteien, die im Parlament vertreten sind, Schirinowskis LDPR (8,4 %) und die «linke» Kreml-Partei «Gerechtes Russland» (8,0 %), verstehen sich ohnehin als Partner Putins und nicht als parlamentarische Opposition. Der Parteitag erlebte einen weiteren Höhepunkt, als der Vorsitzende Gryslow vorschlug, die Rede Putins als Programm der Partei zu übernehmen. Unter großem Jubel nahmen die Delegierten den Vorschlag an.

Gewiss kann man keinem Politiker zum Vorwurf machen, dass er seine Popularität für eigene Zwecke einsetzt. Aber die Vorgänge im Herbst 2007 illustrieren, wie weit demokratische Prinzipien ad absurdum geführt werden. «Einiges Russland» hat mit dem Modell einer herkömmlichen Partei nur noch wenig gemein. Sie gleicht einer Versammlung von Claqueuren, wie man sie aus der Sowjetzeit kennt. Doch nicht einmal damals war das Parteiprogramm die Sache eines Einzelnen. Und damit die «Partei der Macht» heute umso glänzender erscheinen kann, musste der Staat alles unternehmen, um die zarte Pflanze Opposition auszumerzen.

7. Kapitel

Wo bleibt die Opposition?

Zu den Orten in Moskau, die den Muff der späten Sowjetunion am getreuesten konservieren, gehört der Hotelkomplex Ismailowo. Ein klobiges Gebirge aus Beton erhebt sich in den blauen Herbsthimmel. Vor dem Eingang haben sich ein paar hundert Jugendliche zu einer Protestdemonstration versammelt. «Mak Rascha» steht auf einem Transparent – sie wollen mit dieser orthographisch verfremdeten Anspielung auf eine amerikanische Fast-Food-Kette vor einem Ausverkauf russischer Werte warnen. Damit kein Zweifel über ihre Ansichten aufkommt, haben sie auf dem Plakat das Bild von Garri Kasparow zwischen die beiden Hälften eines McDonald's-Brötchens gezwängt. Die jungen Leute gehören zur patriotischen, dem Kreml ergebenen Jugendbewegung. In den Bildern der Nachrichten erscheint die organisierte Aufwallung als ein Aufstand der sauberen Optimisten, der sich von dem trüben Schauspiel abhebt, das im Konzertsaal des Hotelkomplexes seinen Anfang nimmt.

Vor dem grauen Vorhang haben sich an diesem Tag im Oktober 2007 auf der Bühne die Protagonisten der Oppositionsbewegung «Das andere Russland» versammelt. Garri Kasparow, der ehemalige Schachweltmeister, und Eduard Limonow, Schriftsteller und Chef der «Nationalbolschewistischen Partei», sind die Bekanntesten im Führungsteam, das vor dem Auftakt des Wahlkongresses über die Tagesordnung streitet. Die erste Bilanz ist nicht sehr ermutigend. Von den siebenhundertfünfzig Delegierten, die aus ganz Russland erwartet werden, sind nur fünfhundert gekommen. Also beschließt man zu warten, ob sich der Saal nicht doch noch füllen wird.

Schließlich nimmt alles seinen geordneten Lauf. Garri Kasparow wird mit großer Mehrheit zum Präsidentschaftskandidaten gewählt. Man beschließt auch, für die Dumawahlen in jedem Wahlkreis einen Kandidaten aufzustellen – eine leere Geste, denn «Das andere Russland» ist als Partei nicht registriert und deswegen nicht berechtigt, an den Wahlen teilzunehmen. Noch bevor der Tag vorüber ist, dringt auch das wenig aufbauende Echo der übrigen Oppositionsparteien in den dämmerigen Versammlungssaal. Sie bringen ihr Führungspersonal in Stellung und bestreiten Kasparows Anspruch, der Spitzenkandidat der Opposition zu sein. So kommt es, wie es immer kam: Das Lager der Putin-Gegner zeigt sich zersplittert, schon früh ermüdet von streitbarer Rivalität.

Die Standardfrage scheint berechtigt, ohne die keine Debatte über Putins Politik ausgetragen wird: Welche Alternative gibt es denn zu ihm und seiner Partei «Einiges Russland»? Und wie ist es möglich, dass bei den Dumawahlen 2007 von den kremlkritischen Parteien allein die Kommunisten in die Duma einziehen konnten? Die Antwort zumindest auf die letzte Frage ist schlicht: Die Nachfahren der KPdSU sind stets die Lieblingsgegner des Kreml gewesen. Sie musste man pflegen. Und ihre Fraktion im Parlament erwies sich meist auch als pflegeleicht.

Als Feindbild waren die Kommunisten zu allen Zeiten für den Kreml unverzichtbar. Gegen die Kommunisten zu sein, galt schon als hinlänglicher Beleg demokratischen Bewusstseins, der im Westen honoriert wurde. Mit dem Hinweis auf den immer drohenden Rückfall in sowjetische Zeiten hat Jelzin in Washington und anderswo Unterstützung reklamiert. Selbst heute noch wird auf dieses bewährte Argument zurückgegriffen. Auf einer Veranstaltung im Frühjahr 2007, mit der im Berliner Hotel Adlon um Zustimmung für Putin geworben wurde, sangen Altbundeskanzler Schröder und Putins enger Mitarbeiter Igor Schuwalow vor geladenen Gästen das Hohe Lied auf den russischen Präsidenten, der auch deswegen so viel Macht brauche, weil immer noch die «rote Gefahr» drohe.

Tatsächlich ist das an die Wand gemalte große Gespenst nur noch ein ärmlicher Schatten seiner selbst. Mitgefühl erregen die Demonstranten, die an den Ehrentagen des untergegangenen Reiches durch die Straßen ziehen. Meist sind es Rentner, die über ihren Köpfen in wirrem Nebeneinander die Ikonen der Orthodoxie und Stalinporträts schwenken. Die Parolen sind gegen die USA gerichtet. Aber diesen Teil des Geschäftes besorgt der Kreml selbst viel subtiler. Und auch in der antidemokratischen Grundhaltung kann sich diese Opposition den Machthabern verbunden fühlen. Zwar verfügt die Partei noch über eine landesweite Organisation, aber der nationalistische Teil ihrer Ideologie ist längst vom Kreml absorbiert worden.

Ob es schicksalhafte Notwendigkeit war oder die Begrenztheit des Blickes – dem langjährigen Vorsitzenden Gennadi Sjuganow gelang es nie, aus der Rolle des politischen Kinderschrecks herauszutreten, die dem Kreml so nützlich war. Als Gegenkandidat bei den Präsidentschaftswahlen 1996 verhalf er Jelzin zum Sieg, weil er, stilisiert zum einzigen gefährlichen Gegenspieler, das Land hinter Jelzin vereinte – die Mehrheit wollte nicht wieder unter die Fuchtel der Kommunisten geraten. Auf Empfängen in westlichen Botschaften und auch auf Auslandsreisen zeigte sich Sjuganow so flexibel und verbindlich, wie es wohl auch seinem Wesen entspricht. Doch daheim auf der Tribüne packte ihn stets der radikal antikapitalistische Furor. Im Konflikt zwischen Kreml-Kritik und der Erwartungshaltung der von der Wirklichkeit enttäuschten Parteigenossen verpasste die Partei den Wechsel vom rückwärtsgewandten Bollwerk zu einer modernen linken Partei, für die ein sozialdemokratisches Programm nicht gleich das Tor zur Hölle bedeutet. Die inszenierte Polarisierung zwischen den Kommunisten und dem Präsidenten zerrieb die demokratische Opposition.

Manche ihrer Protagonisten wirken heute wie Helden eines Dramas, für das der letzte Vorhang längst gefallen ist. Grigorij Jawlinski war von Anfang an dabei. Sein Stern stieg auf in Zeiten, die von heute betrachtet im fernen Dunkel der Vergangenheit liegen. Meistens recht zu behalten, gleichwohl über zwei Jahrzehnte Niederlage um Niederlage hinnehmen zu müssen und dabei zugleich Zeuge des immer wieder prognostizierten Niedergangs zu sein – das ist mehr, als ein Politiker aushalten kann. Jawlinskis Weg in die Gasse der ewigen Verlierer begann schon in Zeiten der Sowjetunion.

Für Gorbatschow entwickelte der studierte Ökonom ein Reformprogramm, das die Umwandlung der sowjetischen Wirtschaft in eine Marktwirtschaft initiieren sollte. Der sowjetische Präsident berief ihn sogar als Vize-Premier in die Regierung. Doch bevor Jawlinski mit der Umsetzung seines Programms beginnen konnte, entschied sich Gorbatschow für die konservativen Kräfte in der Partei. Jawlinski reichte seinen Rücktritt ein.

Auch in der Ära Jelzin konnte der große Wurf nicht gelingen. Seine Partei Jabloko war die Partei der Studenten und städtischen Intellektuellen. Dass er die Masse der Wähler schließlich doch nicht erreichte, kann man ihm kaum anlasten. Denn schon das Ziel, für das seine Partei eintrat, nämlich Reformen, wurde durch Jelzins Reden und Taten diskreditiert. Da half es auch nicht, dass Jawlinski im Oktober 1993 die gewaltsame Zerschlagung des Parlaments missbilligte, ebenso wie 1994 den Krieg in Tschetschenien. Für Jelzins Privatisierungspolitik fand er nur Worte der Verachtung, weshalb ihn mit jenem Teil junger Politiker, deren Rat Jelzin damals folgte, bis in die Gegenwart eine intime Abneigung verbindet.

Der Weg russischer Politik durch die Geschichte ist gepflastert mit Beispielen des Scheiterns. Aber dieses vielleicht melancholisch stimmende Bild lässt auch ahnen, dass es hätte anders kommen können, dass Alternativen vorhanden waren. In jener Zeit, als Jelzins wechselnde Entourage ihre Bubenstücke in Szene setzte, galten Politiker vom Schlage Jawlinskis als besonders gefährlich, weil sie tatsächlich eine demokratische Alternative darstellten. In den neunziger Jahren war Jawlinski der einzige Spitzenpolitiker, der in den Provinzen Wahlkampf an der Basis betrieb. Er bedurfte keiner «administrativen Ressourcen», um die Säle zu füllen. An den Universiäten war er ein Idol. Und selbst in den verrotteten Bergwerken des Kusbass führten die Kumpel seinen Namen im Mund, wenn man sie nach ihren politischen Hoffnungen befragte. Doch die entscheidenden Schlachten wurden im Fernsehen geschlagen. Dort bestimmten die Oligarchen und der Kreml das Programm.

Dem Auftritt Putins auf der politischen Bühne begegnete er mit prinzipieller Skepsis. Leute aus dem Geheimdienst dürften nicht Ministerpräsident werden, hatte er bei dessen Ernennung im August 1999 erklärt. Wie sehr diese Geheimdienstaffinität das Land verändern würde, überschritt wohl zunächst auch Jawlinskis Vorstellungsvermögen. Die patriotische Erregung, die in den zweiten Tschetschenienkrieg führte, war ihm ebenso zuwider wie der Krieg selbst. Die vom Fernsehen inszenierte Stimmung im Land besiegelte den Niedergang seiner Partei: 2003 scheiterte sie an der Fünf-Prozent-Hürde. Dennoch trat die Partei 2007 wieder an, zur Niederlage verdammt. Unverdrossen verkündete Jawlinski nach einem Delegiertentreffen im Sommer 2007 die Parole: «Wir müssen klar und bestimmt sagen: Wir sind gegen Putin, gegen seine Innenpolitik und gegen seine Außenpolitik.»

Der Entscheidung in den Parteigremien waren hitzige Debatten vorausgegangen. Denn der Beschluss zerstörte den Traum von einer geeinten demokratischen Opposition, die 2008 mit einem gemeinsamen Kandidaten bei den Präsidentschaftswahlen antritt. Auch in diesem Fall wäre ihr unter keinen Umständen ein Sieg beschieden, aber ein gemeinsamer Präsidentschaftskandidat wäre jedenfalls eine ernsthafte Herausforderung. Vielleicht wird später einmal ein Historiker in der Lage sein, die Ursachen für dieses Scheitern herauszufinden: gegenseitige Animositäten, Eitelkeiten, nie vergebene politische Sünden – viele Emotionen stehen im Raum, begleitet von Gerüchten, der eine oder andere habe Geheimabsprachen mit dem Kreml getroffen. Wenn die demokratische Opposition heute marginalisiert ist, dann liegt ein Teil der Verantwortung auch bei ihr selbst.

In die politische Szene Moskaus, wo sich alle kennen und sich seit jeher in prinzipieller Feindschaft gegenüberstehen, stürzte sich im Frühjahr 2004 ein neuer Held. Die vernichtende Wahlniederlage der Demokraten und die Verfestigung des Regimes von Präsident Putin provozierten Garri Kasparow, seine Gaben als weltbester Schachspieler auf dem Feld der Politik einzusetzen. Mit Blick auf die nächste Präsidentenwahl gründete er das «Komitee 2008». Damals standen die Reporter vor dem kleinen Saal eines Luxushotels im Zentrum und warteten auf das Erscheinen des Wunderkinds. Im schachbegeisterten Russland trug Kasparow den Nimbus eines Unbesiegbaren. Nach seinen taktischen Schritten befragt, antwortete er, die kenne er nur in seinem Sport, denn dort würden für alle die gleichen Regeln gelten. Das aber sei in Russlands Politik nicht der Fall. Naiv war er also offenbar nicht, als er den Kampf aufnahm. Wie die Herrschenden, die gerne auf Chile verwiesen, wo unter Diktator Pinochet der wirtschaftliche Aufstieg begann, so verwies auch Kasparow auf das lateinamerikanische Land. Er hatte freilich als Vorbild die Ablösung Pinochets im Auge: Achtzehn Gruppierungen hatten sich dort zusammengeschlossen und den Diktator 1989 aus dem Amt gejagt.

Kasparow gründete das Oppositionsbündnis «Das andere Russland». Unermüdlich und mit geradezu masochistisch anmutender Leidenschaft verfolgte er sein Ziel. Er reiste durch die Provinzen. Doch auch dort blieb er im Visier des Kreml. Anna Politkowskaja schrieb: «Überall werden er und seine Mannschaft abgewiesen, man lässt sie nicht in Hotels wohnen, nicht in Restaurants speisen, stellt ihnen keine Säle für ihre Veranstaltungen zur Verfügung.» Als Bundeskanzlerin Merkel im Mai 2007 zu einem Treffen mit Putin an die Wolga aufbrach, ließ sie schon im Vorfeld erklären, dass sie von einem in Samara verhängten Demonstrationsverbot wenig halte. Sie bewies, dass westliche Politiker die Gepflogenheiten im Land nicht zwangsläufig akzeptieren müssen. Das Demonstrationsverbot wurde aufgehoben, der Wunsch der Kanzlerin gleichwohl unterlaufen. Die Perfidie des Vorgangs verdient festgehalten zu werden.

Garri Kasparow erreichte morgens um acht Uhr den Flughafen Scheremetjewo I. Sein Flugzeug nach Samara sollte eine Stunde später starten. Beim Einchecken wurde ihm und zwanzig anderen Passagieren erklärt, es gebe ein Problem mit den Billetts, aber eine Etage höher werde alles geklärt. Dort eröffneten ihnen Polizisten in Zivil, es bestehe der Verdacht, dass einige Tickets gefälscht seien. Die Untersuchung dauerte so lange, bis die letzte Maschine nach Samara abgeflogen war. Die

Prüfung der Dokumente durch die Polizei hatte ergeben, dass die Flugscheine echt waren. Aber das spielte schon keine Rolle mehr; an der genehmigten Demonstration in Samara konnte Kasparow jedenfalls nicht teilnehmen.

Kasparows Mitstreiter Denis Bilunow erging es nicht besser, obwohl er für die Anreise den Zug gewählt hatte. Über sein Geschick sind wir unterrichtet, weil sich Boris Reitschuster, Korrespondent des Magazins «Focus», in Bilunows Begleitung befand. Gleich bei der Ankunft in Samara wurden beide festgenommen, unter dem Verdacht, das Geld, welches Bilunow bei sich führte, sei gefälscht. Zwar wurden sie freigelassen, aber am nächsten Tag, kurz vor der Demonstration, erneut verhaftet. Als sie – nach der Demonstration – aus dem Polizeigewahrsam entlassen wurden, nannte ein Polizeioffizier als Begründung für die Aktion: «Nehmen wir einfach mal an, Sie weisen Ähnlichkeiten mit einem Fahndungsfoto auf.» In Russland kann man nur siegen, wenn der Kreml es will.

Kasparows politische Niederlage ist gewiss. Aber sein Verdienst ist unbestritten: Er hat mit den von ihm angestoßenen Demonstrationen in den großen Städten das pseudodemokratische Verhalten der Behörden demaskiert: Jeweils standen ein paar hundert Demonstranten tausende schwerbewaffnete Polizisten gegenüber. Weltweites Aufsehen erregte eine Demonstration in St. Petersburg, wo mit den Demonstranten gleich auch ausländische Journalisten unter die Knüppel der Polizei gerieten. In Russland hielt sich die öffentliche Erregung in Grenzen. Denn das Fernsehen zeigte nur kurze Sequenzen von der Begebenheit, ohne auf Polizeigewalt zu verweisen.

Von Anfang an hatte der Staat deutlich gemacht, dass er die Aktionen der Opposition als «Zusammenrottung gefährlicher Elemente» betrachtet. Der erste «Marsch der Nichteinverstandenen», so das eher harmlose Motto Kasparows, sollte im Dezember 2006 in Moskau stattfinden. Schon ein paar Tage zuvor erschien ein fünfzehnköpfiges Polizeikommando in Kasparows Büro – «eine vorbeugende Überprüfung». Die Stadtverwaltung untersagte einen Marsch durchs Zentrum, damit die Bürger nicht zu sehr behelligt würden. Immerhin durfte eine öffentliche Versammlung zu Füßen des Majakowski-Denkmals stattfinden. Einen Tag nach der Kundgebung Kasparows spielte das vermutliche Bürgerwohl schon keine Rolle mehr: Siebzigtausend in Bussen herangekarrte Mitglieder der patriotischen Jugendorganisation «Naschi» überfluteten die Straßen, um an die siegreiche Verteidigung Moskaus im Zweiten Weltkrieg zu erinnern. Auf Flugblättern der Kreml-Jugend wurden Kasparow und seine Mitstreiter als «Feinde Russlands» bezeichnet. Zeitungen erhoben den Vorwurf, mit solchen – von den USA gesteuerten – Aktionen solle das Land destabilisiert werden, was nach offizieller Lesart ausreichen würde, die Demonstrationen als feindlichen Akt zu qualifizieren. Entsprechend wurden die Demonstranten auch behandelt, als der Konflikt in den folgenden Monaten eskalierte.

In St. Petersburg hatte die Stadtverwaltung nur einen entlegenen Platz als Versammlungsort genehmigt. Die Stimmung in der Stadt war ohnehin aufgeheizt, weil die Partei Jabloko kurz zuvor von den Regionalwahlen ausgeschlossen worden war. Also zogen die rund 3000 Demonstranten ohne Genehmigung über die prächtige Magistrale, den Newski-Prospekt. Da schlug die Polizei zu und knüppelte die Oppositionellen auseinander. Der ehemalige Premierminister Kasjanow hatte sich unter die Demonstranten gemischt – ihn führte der Wechsel der Perspektive zu klarer Erkenntnis: «Die Obrigkeit zerstört den Geist der Verfassung, die Rechte und die Freiheiten», rief er der Menge zu. Ende März 2007 bewies der Staat seine Überlegenheit in Nischni Nowgorod, wo laut Zeugenberichten 20000 Polizisten und

Angehörige von Sondertruppen zusammengezogen worden waren, um ein paar hundert Demonstranten unter Kontrolle zu bringen – fünfundzwanzig Journalisten wurden festgenommen. Mitte April wiederholte sich das Schauspiel in Moskau und St. Petersburg.

Wenn Kasparow allerdings glaubte, die Unterstützung einer Mehrheit der Bevölkerung gewinnen zu können, war das ein Irrtum. Und auch seine Idee eines Oppositionsbündnisses entwickelte sich nicht wie erhofft, denn das alte russische Teilungsvirus ging wieder um.

Jawlinski hatte sich den Einigungsbestrebungen von Anfang an widersetzt, weil er nicht mit der «Nationalbolschewistischen Partei» des Schriftstellers Eduard Limonow in einem Boot sitzen wollte. Im Sommer 2007 zog sich auch Michail Kasjanow mit seiner «Volksdemokratischen Union» aus dem Bündnis zurück und ließ sich von dieser Splitterpartei zum Präsidentschaftskandidaten küren. Kasjanows politische Karriere hatte in den neunziger Jahren im Finanzministerium begonnen und trug ihn unter Putin sogar ins Amt des Premierministers. Der Volksmund nannte ihn «Mischa-Zwei-Prozent» – es gab den Verdacht, dass der stets über die Maßen korrekt wirkende Mann bei geglückten Transaktionen nicht unbeteiligt geblieben sei.

Auf dem Wahlkongress seiner Partei entdeckte der kühle Rechner die Sozialpolitik: Er versprach die Wiederherstellung des kostenlosen Gesundheitswesens und neue Wohnungen für ein Viertel der Bevölkerung. Kasjanow, den alle nur im gedeckten Anzug erlebt hatten, mischte sich wie erwähnt sogar unter Demonstranten. Aber im Sommer war er das wilde Treiben leid. Seine Entscheidung, Kasparows Bündnis den Rücken zu kehren, heizte sofort die Gerüchteküche der Hauptstadt an: Er habe dies auf Empfehlung des Kreml getan, in dessen Hand er sich befinde, weil ihn sein Vorleben erpressbar gemacht habe; er könne der Joker sein, den Putin plötzlich aus dem Ärmel ziehe. Was Kasjanow wirklich bewog, sich in das politische Getümmel zu stürzen, mit einer obskuren Zwergpartei als Plattform, blieb sein Geheimnis.

Der Kreml konnte diese Entwicklung mit Wohlgefallen betrachten. Im Herbst 2007 boten die zersplitterten und verfeindeten Oppositionsparteien nicht einmal den Schimmer einer Hoffnung, dem Kreml erfolgreich entgegentreten zu können. Der einzige Gedanke, der sie einte, war die Gegnerschaft zu Putin. Das reichte aber nicht aus, um auch die Parteiprogramme kompatibel zu machen und vor allem das Sendungsbewusstsein der rivalisierenden Spitzenkandidaten zu bremsen. Eine größere Öffentlichkeit erreichten sie ohnehin nicht. Auftritte im Fernsehen blieben ihnen verwehrt. Zum Teil hatten die Oppositionsgruppen schon vorher durch die Anwendung des neuen Parteiengesetzes ihren Status als Partei verloren. Was sie aber am schlimmsten traf: keine der Organisationen verfügte über ausreichende finanzielle Mittel. Während es den Reichen im Land schon aus Gründen geschäftlicher Opportunität geboten erschien, als Gönner für die «Partei der Macht» in Erscheinung zu treten – böse Zungen behaupten, auch die Staatskasse habe ihr Scherflein beigetragen –, konnten die kleinen Parteien auf solche Spender nicht hoffen. Die Großzügigkeit hätte sich paaren müssen mit dem Mut, dem Präsidenten zu widersprechen. Das aber hatte nur einer gewagt. Und das Exempel, das an ihm statuiert wurde, ist unvergessen. Auch wenn Michail Chodorkowski am Ausgang der Wahlen nichts hätte ändern können – Putin hätte seine Ziele nicht so leicht erreicht. Der Sturz des Milliardärs traf die kleinen Oppositionsparteien mit der Wucht eines Erdbebens.

Erst aus der Rückschau wird verständlich, weshalb Putin und seine Männer ihn im Gefängnis oder – wenn er denn freiwillig gegangen wäre – im Ausland sehen wollten. Der reichste Mann Russlands, Chef des erfolgreichsten Ölkonzerns Jukos, vom Oligarchen zum Vorkämpfer von Demokratie und Zivilgesellschaft mutiert, hätte die politischen Machtverhältnisse verändert. Die demokratischen Parteien wären nicht völlig mittellos, weil wenigstens einer den Mut gehabt hätte, sie finanziell zu unterstützen. Michail Chodorkowski hatte im Jahr 2002 die Stiftung «Offenes Russland» gegründet, die unter anderem nichtstaatliche Organisationen unterstützte. Aber die Stiftung half auch Jabloko und gab sogar den Kommunisten Geld. Chodorkowski investierte in Bildungseinrichtungen und gründete politikwissenschaftliche Forschungsinstitute. Olga Kryschtanowskaja beschreibt die wachsende Beunruhigung, die damals im Apparat umging: «Das große Geld des Erdölgiganten Jukos konnte erreichen, was anderen bisher nicht gelingen wollte – politische Parteien, eine Vielzahl kleiner gesellschaftlicher Organisationen, kurz, alle demokratischen Kräfte der Gesellschaft zu konsolidieren.» Doch gegen Jukos wurde ein Komplott inszeniert, und die Wissenschaftlerin glaubt, die Urheber identifizieren zu können: Igor Setschin, stellvertretender Leiter des Kreml-Stabs, und Viktor Iwanow, Berater des Präsidenten mit langer Geheimdienstkarriere. Man kann die Entwicklung im gegenwärtigen Russland kaum verstehen, ohne sich das Drama um Michail Chodorkowski vor Augen zu führen – es ist ein Lehrstück, wie der Kreml mit seinen Gegnern umgeht.

Das Drama begann im Februar 2003 mit einer duellgleichen Szene. Präsident Putin hatte die Spitzenunternehmer des Landes zu einem Treffen geladen; man wollte gemeinsam das Thema Korruption erörtern. Ein Ausschnitt der Sitzung wurde im Fernsehen übertragen – unvergessliche Bilder. Putin lobte sogar Jukos, weil der Konzern kürzlich seine Steuern bezahlt habe. Chodorkowski aber monierte, es gebe Korruption im staatlichen Bereich. Der Präsident entgegnete mit der Frage, auf welche Weise Jukos denn seine Ölreserven erworben habe, und warf ihm einen Blick zu, so bohrend und kalt, dass nichts Gutes zu erwarten war. Im Sommer 2003 wurde deutlich, dass der Kreml zum Jagen geblasen hatte.

Jukos-Mitarbeiter, die als Zeugen zur Vernehmung geladen wurden, kamen als Beschuldigte in Haft. Der Erste, dem dieses Schicksal widerfuhr, war der Chef des konzerneigenen Sicherheitsdienstes Alexej Pitschugin, selbst ein Ex-Geheimdienstmann. Seine früheren Kollegen brachten ihn nicht in ein gewöhnliches Untersuchungsgefängnis, sondern nach Lefortowo, wo noch immer der FSB regiert. Man warf ihm Mord und Mordversuch vor. Viel hat die Öffentlichkeit von diesem Prozess nicht erfahren: Die Anklageschrift, die Gerichtsverhandlung, sogar das Urteil – bis auf das Strafmaß – wurden zur Geheimsache erklärt. Öffentlich wurden allerdings die Vorwürfe des Beschuldigten, er sei in Lefortowo unter Drogen gesetzt worden und habe zeitweilig das Bewusstsein verloren. Trotz der Anträge der Verteidiger kam es nicht zu einer gerichtsmedizinischen Untersuchung, die diese Frage hätte rechtzeitig klären können. Im August 2006 wurde Pitschugin zu 24 Jahren Gefängnis verurteilt. Auf Antrag der Staatsanwaltschaft wurde das Verfahren wieder aufgerollt und die Anklage erweitert. Im August 2007 lautete das Urteil auf lebenslänglich.

Im Sommer 2003 begannen auch die Vernehmungen von Chodorkowski. Gleichzeitig wurde ein weiteres Mitglied der Jukos-Spitze in Haft genommen. Obwohl erkennbar war, dass der Kreml es ernst meinte, trotz fortwährender Durchsuchungen von Büros, von Firmenarchiven und Beschlagnahmungen von Computern, wollte Chodorkowski nicht fliehen: «Ich glaube nicht», erklärte er damals nach einer Vernehmung gegenüber Reportern, «dass es fünfzehn Jahre nach der Perestroika einen

Rückfall in alte Zeiten geben kann.» Das war ein tragischer Irrtum. Es gab nur einen Unterschied: Was in der Sowjetunion im Verborgenen geschah, inszenierte Putin als großes Spektakel.

In den frühen Morgenstunden des 25. Oktober 2003 wurde Chodorkowski auf dem Flughafen von Nowosibirsk festgenommen. Die Flugüberwachung hatte sein gechartertes Flugzeug dorthin dirigiert, wo schon ein schwer bewaffnetes Sonderkommando auf ihn wartete. Die Spezialtruppe stürmte die Maschine, als gelte die Jagd einem Mafiaboss. Dabei war der vorgeschobene Grund für die dramatische Aktion banal: Chodorkowski sei zu einer vom Generalstaatsanwalt anberaumten Vernehmung nicht erschienen. Die Begründung war unzutreffend – Chodorkowski war auf Reisen und hatte sich durch seinen Anwalt entschuldigen lassen. Aber von allen Finessen, mit denen ihm Staatsanwaltschaft und Gericht fortan begegneten, war dies noch die harmloseste. Schon wenige Tage nach der Verhaftung wagte der stellvertretende Generalstaatsanwalt eine Prognose für das Urteil. Als fühlte er sich wie Robin Hood, rechnete er publikumswirksam vor, wie viel mehr Lohn und Rente der Staat zahlen könnte, wenn Chodorkowskis Vermögen umverteilt würde. Der Staatsanwalt lag mit seiner Prognose nicht falsch. Am 31. Mai 2005 verurteilte das Gericht Chodorkowski und den Mitangeklagten Lebedew zu jeweils acht Jahren Freiheitsentzug wegen Betruges, Steuerhinterziehung und Vollstreckungsvereitelung.

Die Verhaftung und ihre dramatischen Umstände setzten Moskau unter Schock. Kaum einer vermochte zu glauben, dass das Drama bis zum letzten Akt exekutiert werden würde. Aber wie schon in anderen Fällen war das Prozedere Teil des Urteils. Und das Signal war deutlich: So wie mit dem reichsten Mann des Landes würde der Kreml mit jedem umgehen, wenn es die Lage erforderte. Auch Lilia Schewzowa, die zu vorschnellen Urteilen nicht neigt, war erschüttert. Wir trafen sie an ihrem Arbeitsplatz in der Moskauer Carnegie-Stiftung. «Sie haben überall nach belastendem Material gesucht, sogar in der Schule seiner Tochter. Man konnte den Eindruck bekommen, dass die Machtorgane alles zu tun bereit waren, um Chodorkowski ins Gefängnis zu bringen», erklärte sie. «Alle im Land sind sicher, dass der Präsident die Hunde von der Leine gelassen hat.»

Nach langen Monaten der Untersuchungshaft, begleitet von Schikanen der Staatsanwaltschaft gegenüber den Vertretern der Verteidigung, folgte ein einjähriges Gerichtsverfahren. In seinem Schlusswort sagte der von der Haft gezeichnete, schmale Mann: «Über ein großes Vermögen verfüge ich nicht mehr, ich habe aufgehört ein Geschäftsmann zu sein, ich zähle nicht mehr zu den Superreichen. Alles, was ich besitze, ist das Bewusstsein meiner Schuldlosigkeit und meinen Freiheitswillen.»

Sein Leidensweg führte ihn in das Gefängnis von Kamenogorsk, einem Uran-Bergbaugebiet im südöstlichen Sibirien. Als im Sommer 2007, nach der Hälfte der verbüßten Strafe, die Möglichkeit zur Entlassung auf Bewährung bestand, ordnete die Staatsanwaltschaft die Verlegung des Gefangenen in die Bezirkshauptstadt Tschita an – nicht etwa, um eine Entlassung vorzubereiten, sondern weil sie ein weiteres Verfahren wegen Geldwäsche vorbereitete. In Tschita fanden die Gefängnisbehörden dann einen Grund, der eine vorzeitige Freilassung Chodorkowskis ausschloss. Das Gesetz räumt diese Möglichkeit nur ein, wenn die Führung des Gefangenen keinen Anlass zum Tadel gegeben hat. Doch Chodorkowski hatte in Tschita einen Verweis bekommen – weil er nach dem Hofgang die Hände nicht korrekt auf dem Rücken gefaltet hatte. Damit war sichergestellt, dass er im Wahlherbst 2007 auf dem politischen Tableau Moskaus nicht als Störfaktor erscheinen konnte.

Deutsche Politiker kommentierten das damalige Vorgehen

gegen Chodorkowski mit dem Hinweis, auch in anderen Ländern würden Wirtschaftskriminelle verfolgt. Sie wollten nicht verstehen, dass Chodorkowski allein deshalb vor Gericht kam, weil er sich der Gleichschaltung des Landes durch Präsident Putin widersetzte und einen Teil seiner finanziellen Mittel in den Aufbau der Zivilgesellschaft investierte. Leichtfertig gestatteten sich die Deutschen auch den Luxus der Selbsttäuschung, jene Verfahren seien den Regeln eines Rechtsstaates gefolgt. Juristische Fachleute kamen zu einem ganz anderen Ergebnis.

Otto Luchterhand, Jurist an der Universität Hamburg, nennt den Prozess einen Justizskandal, der in die Geschichte Russlands des 21. Jahrhunderts eingehen werde: «Das Verfahren hat – wie zu rechtsnihilistischen Sowjetzeiten – so gut wie alle Grundprinzipien des Strafprozessrechts verletzt ... Solchem Ungeist entspricht das Urteil selbst: Es missachtet die elementaren Grundsätze des Strafrechts, von Recht und Gerechtigkeit.» Luchterhand ist jedem Anklagepunkt akribisch nachgegangen. Er hat auch die unwürdigen Schikanen registriert, mit denen die Verteidiger zu leben hatten. Seine Bilanz: «Man muss schon nach Beispielen suchen, in denen ein Strafgericht unter Geltung einer rechtsstaatlichen Verfassung ein so jammervolles Bild von Inkompetenz, Unfähigkeit und Charakterlosigkeit, von Würdelosigkeit und Ergebenheit gegenüber einer ungehemmt agierenden Präsidialexekutive und ihres Büttels, der Staatsanwaltschaft, geboten hat.» Luchterhand nennt den Prozess eine «in die äußerlichen Formen des Gerichtsverfahrens gekleidete Willkür».

Die neue, im Sommer 2007 erhobene Anklage zielt auf Geldwäsche; es droht eine Strafe von weiteren zwanzig Jahren Gefängnis. Die Behörde aber, die für Fälle von Geldwäsche zuständig ist, wurde bis zum September 2007 von Viktor Subkow geleitet, den Putin in einer Überraschungsaktion zum neuen

Ministerpräsidenten ernannte. Ist das ein Beweis für dankbare Anerkennung?

Die Entrüstung über das Vorgehen gegen Chodorkowski beschränkte sich keineswegs nur auf einen kleinen Kreis juristischer Experten. Umso schockierender erscheint die Naivität westlicher Politiker, die es sich mit ihrem Urteil einfach machen und damit Institutionen desavouieren, auf die Europa allen Grund hat stolz zu sein. Die Parlamentarische Versammlung des Europarates entsandte die ehemalige Bundesjustizministerin Sabine Leutheusser-Schnarrenberger zur Berichterstattung über den Prozess nach Moskau. Danach fasste das Gremium einen Beschluss zur Bewertung des Verfahrens. In allen Punkten wird die auch von Juristen geäußerte Kritik bestätigt, und es folgt eine lange Liste von Verletzungen rechtsstaatlicher Prinzipien: Behinderung der Verteidigung, Druck auf die Verteidigung, Ausschluss der Öffentlichkeit im Prozess gegen Pitschugin («Seine Anwälte erhielten strikte Instruktionen, das Verfahren nicht in der Öffentlichkeit zu erörtern»), die politische Instrumentalisierung des Verfahrens und vieles mehr.

Der Fall erfuhr eine weitere juristische Bewertung von ganz anderer Seite, die andeutet, wie das Urteil der Richter beim Europäischen Gerichtshof für Menschenrechte ausfallen könnte, wo auf Antrag der Rechtsanwälte Chodorkowskis noch ein Verfahren ansteht. Die russischen Behörden hatten die Schweizer Justiz um Amtshilfe gebeten, weil sie sich der Schweizer Bankkonten von Jukos bemächtigen wollten. Das Bundesgericht in Lausanne erteilte eine harsche Abfuhr. Nach Überprüfung der vorgelegten Dokumente kam es zu dem Schluss, die gerichtliche Verfolgung Chodorkowskis sei von «politischem und diskriminierendem Charakter ... was durch die Verletzung von Menschenrechten und des Rechts auf Verteidigung unterstrichen werde.» Selbst die Schweizer Generalstaatsanwältin, die im Verfahren die russische Sache zu vertreten hatte, kommentierte das Urteil mit den Worten, es sei «ziemlich akzeptabel».

Seit dem Prozess gegen Chodorkowski weiß jeder im Land, was ihm bevorstehen kann, wenn er in das Visier des Kreml gerät. Denn darin sind sich Beobachter, die nicht im Sold des Kreml stehen, einig: Es ging nicht darum, einen Geschäftsmann für illegale Transaktionen zu bestrafen, sondern darum, einen politischen Gegner auszuschalten. Olga Kryschtanowskaja schreibt: «Sämtliche gesellschaftlichen und wohltätigen Aktivitäten Chodorkowskis werden als Einmischung in die Angelegenheiten des Staates bewertet.» Im Übrigen habe Putin eine «so energische, erfolgreiche und beeindruckende Persönlichkeit nicht neben sich dulden können».

Die Ausschaltung Chodorkowskis hatte nicht nur Folgen für das politische Spektrum. Wer als Ausländer in den vergangenen zwei Jahrzehnten den Zustand der Oppositionsparteien beklagte, fand oft seinen Trost bei den Organisationen der Zivilgesellschaft, den *Non Governmental Organisations*, kurz NGOs genannt. Manche wurden getragen von westlichen Muttergesellschaften, unter deren Obhut sich russische Sektionen gründeten. Aber manche setzen auch ein Beispiel für russische Initiative, russische Empathie und russisches Verantwortungsgefühl. Sie zur politischen Opposition zu rechnen, würde ihnen nicht gerecht, obgleich das feindliche Verhalten der Staatsbehörden sie sehr wohl Partei ergreifen lässt. In ihnen hat die russische Gesellschaft etwas geschaffen, was alle Ausländer beschämen muss, die sich entweder an die Seite Putins schmiegen oder die angebliche Demokratieunfähigkeit der russischen Bevölkerung bemängeln.

«Memorial» wurde 1988 von Andrej Sacharow gegründet, um gegen das Vergessen zu kämpfen. In Perm unterhält die Organisation das einzige Museum, das an die Schrecken des Gulag erinnert. In vielen Städten Russlands haben sich Mitglieder gefunden, um die Verbrechen der sowjetischen Zeit aufzudecken und Listen von Ermordeten zu erstellen. Es ist nur folgerichtig, dass nach der Beschäftigung mit der Vergangenheit sich der Blick schärfte für die Gegenwart. «Memorial» wurde zu einer aktiven Menschenrechtsorganisation, die Verfolgten beisteht, in dem sie ihnen etwa hilft, ihre Klagen vor dem Europäischen Gerichtshof für Menschenrechte vorzutragen. Seit der Verurteilung von Chodorkowski ist die Arbeit schwieriger geworden, nicht nur weil seine Spenden ausbleiben – es traut sich niemand mehr als Spender aufzutreten. Dies kommt dem Kreml entgegen, der gleichzeitig durch neue Gesetze die Tätigkeit und Finanzierung der NGOs strenger – in den Augen der Betroffenen schikanöser – staatlicher Kontrolle unterwirft.

Dieses Schicksal trifft auch das «Komitee der Soldatenmütter», eine der mutigsten Organisationen im Land, weil sie eine feste Säule des Staates herausfordert: die Streitkräfte. Meine erste Begegnung mit ihnen war unvergesslich.

Am 26. November 1994 rollte eine Gruppe von zwanzig Panzern durch Grosny, damals die Hauptstadt eines Landes, das seine Unabhängigkeit von Russland proklamiert hatte. Am gleichen Tag erklärte Moskau, die tschetschenische Opposition rücke vor, um den in seinem Land angeblich verhassten tschetschenischen Präsidenten Dudajew zu stürzen. Doch in den Panzern saßen keine Tschetschenen, sondern russische Soldaten und Offiziere. Man hatte sie für diese Aktion geworben und ihnen Geld versprochen. Man hatte ihnen erklärt – so habe ich es selbst vernommen von jenen, die den Tag überlebten –, die Bürger Grosnys würden den einfahrenden Panzern zujubeln und Blumensträuße werfen.

Die Bürger jubelten nicht. Statt durch Blumen wurden die russischen Soldaten durch schweres Abwehrfeuer begrüßt. Man hatte sich nicht einmal die Mühe gemacht, sie mit den Örtlichkeiten vertraut zu machen. Die Panzer verirrten sich im Netz der Straßen. Sie wurden ein leichtes Opfer der Tschetschenen, fast die Hälfte der russischen Soldaten kam um. Die anderen gerieten in Gefangenschaft und berichteten von einem ungeheuerlichen Betrugsmanöver: Betrug an den Soldaten, Betrug an der Öffentlichkeit in Russland und im Rest der Welt, wenngleich die von den Vorgängen im Kaukasus leider ohnehin wenig Notiz nahm.

Jelzin und einige seiner Kumpane hatten beschlossen, einen Krieg im Kaukasus zu führen, um dem Präsidenten zu neuer Popularität zu verhelfen. Ein kurzer, erfolgreicher Krieg und ein glänzender Sieg, so lautete der Plan. Wenige Tage nach diesem 26. November kam Sergej Kowaljow nach Grosny. Er und einige andere Parlamentarier aus Moskau versuchten noch zu vermitteln, um den Krieg abzuwenden. Aber die russischen Truppen rückten schon vor.

Da stand der zarte, schmale Mann, der in sowjetischer Zeit schon einmal acht Jahre in einem Straflager verbringen musste, weil sein Gewissen ihm teurer war als ein bequemes Leben. Da stand dieser Mann mit dem vom Leben gezeichneten Gesicht und sagte: «Dieser Krieg wird großes Unglück über die Tschetschenen bringen, die von Russland nur Unglück erfahren haben. Aber dieser Krieg wird auch großes Unglück über Russland bringen.» Das klang wie die Stimme des Sehers aus einer griechischen Tragödie – und der Ablauf des Dramas folgte seiner Prophezeiung bis heute.

Noch ein Wort gehört zu jenen Tagen. Es stammt von Jelzins Verteidigungsminister Gratschow, der, wie erwähnt, im Volksmund «Mercedes-Pascha» genannt wurde. Die russischen Einheiten hatten im Januar Grosny erreicht. Es folgte ein Häuserkampf, auf den sie niemand vorbereitet hatte. Die Straßen Grosnys waren mit Toten übersäht. Da hob Verteidigungsminister Gratschow an, den Ruhm Russlands zu verkünden: «Meine 18-jährigen Rekruten», erklärte er mit strahlendem Gesicht, «sterben mit einem Lächeln auf den Lippen.»

An einem solchen grauen, kalten Wintertag habe ich die Soldatenmütter getroffen. An einem Tag, an dem alle – die russischen Soldaten, die Tschetschenen und auch die Journalisten – in Deckung verharrten. Da tat sich Wunderliches in der Stadt, die zum Gefechtsfeld geworden war. Ein Bus holperte über die zerschossene Straße. Er hielt an. Die Tür öffnete sich und Frauen stiegen aus. Sie zeigten keine Angst vor den Gewehren. Es trieb sie eine andere Angst. Sie waren auf der Suche nach ihren Söhnen. Sie sahen die Toten, sie suchten nach Verwundeten. Sie fuhren ins Hauptquartier der Tschetschenen, die – so überrascht – Gefangene freigaben. Anna Politkowskaja, die einsame Journalistin, die sich immer wieder aufmachte, um von dem Grauen am Kaukasus zu berichten, notierte später in ihrem Tagebuch zu den Soldatenmüttern: «Auf unserem Planeten hat es bisher nichts Vergleichbares gegeben.»

Dieser einzigartige Ausdruck ziviler Verantwortung hat sein bescheidenes Zuhause in einer kleinen Gasse im Zentrum Moskaus. Das Büro ist schlicht, aber die schmalen Gänge des alten Hauses sind täglich überfüllt. Mütter, die Rat suchen, weil ihre Söhne gequält werden bei den Streitkräften, Mütter, die ihre Söhne vor diesen Qualen bewahren wollen, Mütter, deren Söhne in Angst und Verzweiflung desertierten. Siebentausend oder mehr Hilfesuchende in jedem Jahr.

Gegründet wurde das Komitee der Soldatenmütter 1989. Das Erbe der Sowjetunion lastete noch schwer, doch es war eine Zeit der Hoffnung, auch für die Soldatenmütter. Damals, zur Zeit von Glasnost und Perestroika, durfte man über das, was lange tabuisiert war, zum ersten Mal sprechen und schreiben. So wurde auch offenbar, dass sich hinter der Fassade der ruhmreichen sowjetischen Armee Szenen des Schreckens abspielten – die «Dedowschtschina», die brutalen Verbrechen, die ältere Rekrutenjahrgänge an den neuen Rekruten begehen, mit Billigung der Offiziere, die Lügen über den Krieg in Afghanistan, die Geheimhaltung der Verluste. Damals sorgte Michail Gorbatschow für die vorzeitige Entlassung von 176 000 Soldaten, wie es das Komitee der Soldatenmütter verlangt hatte. Es traten Erlasse in Kraft, die auf Vorschlägen der Soldatenmütter beruhten. Auch Jelzin folgte in seiner Anfangzeit als Präsident Forderungen der Soldatenmütter und erklärte eine Amnestie für alle Desertierten. Sogar noch 1998 setzte er auf Verlangen der Soldatenmütter staatliche Gelder ein, um die Gräber von in Tschetschenien umgekommenen Soldaten aufzuspüren. Das war ja keine Selbstverständlichkeit in dieser Armee – die Toten wurden üblicherweise verscharrt, wo sie gefallen waren. Ein paar Stöcke und ein Helm, so verloren fand man die Gräber überall im Kriegsgebiet am Kaukasus.

Aber die politische Entwicklung Russlands kam dem Komitee der Soldatenmütter nicht entgegen. Sie fuhren zwar fort in ihrer Arbeit, Missstände zu dokumentieren: die schlechte medizinische Versorgung, die primitiven Wohnverhältnisse der Rekruten, die mangelhafte Ernährung, das obrigkeitsstaatliche Gehabe der Führung der Streitkräfte. Als Putin Ministerpräsident wurde und sein Aufstieg zum Präsidenten absehbar war, begann jedoch der zweite tschetschenische Krieg. Die Bombenattentate in Moskau, deren Urheberschaft nie überzeugend geklärt, aber gleichwohl den Tschetschenen untergeschoben wurde, versetzten das Land in einen kriegerischen Taumel.

Das Kriegsgebiet war abgeriegelt, und Journalisten, die nicht regierungsfromm waren, gelangten nur unter dem Einsatz von Freiheit und Leben dorthin, um wie Anna Politkowskaja von dem entsetzlichen Geschehen zu berichten. Keine Soldatenmutter konnte mit dem Bus über die Schlachtfelder fahren. Gespräche mit Tschetschenen wären als ein «Verbrechen gegen den Staat» geahndet worden. Die Öffentlichkeit stumpfte wieder ab gegenüber dem Sterben und dem Leid, betäubt von den patriotischen Parolen des Fernsehens. Heute rechnen manche Leute im Kreml die Soldatenmütter zur «fünften Kolonne», zu den angeblich fremdgesteuerten Feinden Russlands.

Man hätte annehmen können, dass die Modernisierungsbestrebungen für Russland, die der junge Präsident so forsch verkündete, auch die Streitkräfte betreffen würden. Aber die Reform ist stecken geblieben. Die Vorstellung vom «Bürger in Uniform», die in der Bundesrepublik dem unseligen deutschen Militarismus einen Riegel vorschub, scheint für russische Generäle undenkbar. Weder wurde der Plan einer Berufsarmee verwirklicht, noch gibt es eine akzeptierte Regelung für den Wehrersatzdienst. Und auch der Stil der Führung ändert sich nicht. Immer noch denken viele Mütter, denen ein Sohn geboren wird, in Sorge daran, wie es gelingen könnte, ihm das Schicksal des Wehrdienstes zu ersparen. Laut der Erhebung eines unabhängigen russischen Meinungsforschungsinstituts bekunden 70 Prozent der Befragten, dass sie nicht wollen, dass ihre Söhne, Brüder, Ehemänner bei den Streitkräften dienen.

2005 desertierte eine ganze Kompanie von Soldaten und marschierte geschlossen zum nächstgelegenen Büro der Soldatenmütter in Wolgograd, weil die Verhältnisse in der Garnison unerträglich geworden waren. Jedes Jahr verlieren Rekruten während ihrer Dienstzeit ihr Leben. Das Verteidigungsministerium nennt die Zahl von fünfhundert Fällen. Von dreitausend Todesfällen im Jahr wissen die Soldatenmütter – es sind keine

Opfer eines Krieges, sondern Opfer des Militärsystems. Es wird von Rekruten berichtet, die auf der Reise zu ihrer Garnison stundenlang in Eiseskälte auf einem sibirischen Flughafen verharren müssen und fast daran zugrunde gehen. Da wird ein Soldat so sehr gequält, dass ihm Beine und Genitalien amputiert werden müssen. Und der Verteidigungsminister behauptet, es sei nichts geschehen.

Von dem neuen Gesetz über die Organisationen der Zivilgesellschaft sind auch die Soldatenmütter bedroht. Ihre Tätigkeit kann unterbunden werden, wenn sie die «Souveränität Russlands, die Unabhängigkeit, die territoriale Integrität, die nationale Einheit oder die nationalen Interessen» verletzt. Valentina Melnikowa, die Vorsitzende des Komitees, konstatierte knapp, das Gesetzesvorhaben ermögliche es, alle nicht regierungstreuen oder regierungskritischen NGOs zu zerstören. Als bei den Dumawahlen 2003 nach manipuliertem Wahlkampf die demokratischen Oppositionsparteien nicht mehr ins Parlament einzogen, sondern nur noch durch eine Handvoll direkt gewählter Kandidaten vertreten waren, zog Valentina Melnikowa, die seit 1989 dabei war, eine politische Konsequenz. Schon im Januar 2004 beschloss sie mit einigen Mitstreiterinnen die Gründung einer Partei: die Partei der Soldatenmütter.

Im November 2004 kamen Frauen aus ganz Russland zum Gründungsparteitag in Moskau zusammen. Ihr Programm enthielt die Forderung, den Wehrdienst abzuschaffen. Sie hofften auf einen Einzug in die Duma im Dezember 2007. Aber die Kreml-Administration baute vor. Sie verschärfte die Regelungen für die Registrierung von Parteien, sie änderte das Wahlgesetz. Der Partei der Soldatenmütter wurde die Registrierung versagt. Der Einspruch bei Gericht blieb ohne Erfolg. «Die Träume von einem demokratischen Russland, die wir zu Gorbatschows Zeiten hegten», sagte Valentina Melnikowa, «haben sich nicht verwirklicht.» Und noch etwas anderes hat die Arbeit der Soldatenmütter nicht einfacher gemacht: Einer ihrer Unterstützer sitzt nunmehr im Gefängnis.

Die Ausschaltung Chodorkowskis aus dem politischen Kräftespiel hatte übrigens auch eine merkantile Seite, die sich für das Kreml-Team als ungemein profitabel erwies. Der Konzern Jukos, an dem er die meisten Anteile hielt, fiel zum größten Teil dem Staat in die Hände. Das Unternehmen mit seinen Tochterfirmen, von den Erdölfeldern bis zu den Kesselwaggons, wurde in den folgenden Jahren durch offenbar fingierte Auktionen aufgeteilt. Am meisten profitierten die beiden Staatskonzerne Gasprom und Rosneft – dort hatten inzwischen zwei Männer aus der Kreml-Mannschaft das Ruder übernommen. Dimitrij Medwedjew, stellvertretender Premierminister, war Aufsichtsratschef bei Gasprom. Igor Setschin, stellvertretender Chef des Kreml-Stabs, übernahm den gleichen Posten bei der Ölgesellschaft Rosneft. Putin und seine Vertrauten haben die Opposition entwaffnet – nun kontrollieren sie nicht nur die Politik im Land, sondern auch seine Reichtümer.

8. Kapitel

Die Reichen und die Macht

Einen guten Ruf hatten sie nie. Sie erhoben sich in den neunziger Jahren des vergangenen Jahrhunderts aus den Trümmern der Planwirtschaft, die die Sowjetunion hinterließ. Für das Volk waren die neuen Reichen nichts als die Protagonisten des «Räuberkapitalismus». Geschäftsleute aus dem Westen wahrten Distanz. Sie hatten sich in Zeiten des Ost-West-Handels an einen Geschäftsstil gewöhnt, in dem der Handschlag galt und schriftliche Verträge fast zur Nebensache wurden. Man kannte sich und hatte Vertrauen zueinander. Und dann erschienen die jungen Virtuosen der Selbstbereicherung auf der Bildfläche – als kämen sie von einem anderen Stern. Von Russlands genialischen Geigen- oder Klaviersolisten schwärmt die ganze Welt. Dass nun auch die Sparte Kapitalismus große Künstler hervorbringen sollte, an diesen Gedanken musste sich die Wirtschaftswelt erst noch gewöhnen.

Es schien unvorstellbar, dass aus dem Schoß der bürokratischen Sowjetwirtschaft solcher Nachwuchs entspringen konnte. Dort gab es keine Muster für Karrieren dieser Art. Auch wer den Blick nach Amerika richtet, findet kein vergleichbares Vorbild. Die Gründungsväter amerikanischer Industrieimperien, denen Nobilität auch erst in nachfolgenden Generationen zuwuchs, hatten sich wenigstens der Mühe unterzogen, den Kontinent zu erschließen. Die Vanderbilts begannen mit Schifffahrtslinien und stiegen dann ins Eisenbahngeschäft ein. Das Ölimperium der Rockefellers nahm seinen Anfang in einer kleinen Raffinerie. Die Wunderknaben der russischen Marktwirtschaft hingegen fanden ihren wundersamen Reichtum eher nach der Art des Sterntalermädchens, freilich ohne – wie in Grimms Märchen – zuvor Barmherzigkeit gezeigt zu haben. Die Sitten waren eher rau, Geschäftsfelder wurden zuweilen mit Waffengewalt abgesteckt. Manch einer wurde mit Kugeln niedergestreckt, weil der Gläubiger die Geduld verlor.

Es war also nicht verwunderlich, dass sich die Akteure in einer Halbwelt von Politik und Wirtschaft bewegten, deren Konturen sich dem Normalbürger kaum erschlossen. Der stand am Straßenrand und verkaufte von einem Hocker die letzten Habseligkeiten der Familie, um Frau und Kinder mit dem Notwendigsten zu versorgen. Oder er fuhr mit dem Vorortzug an den Stadtrand, um auf ein paar Quadratmetern Boden Kartoffeln anzupflanzen, die er bei fortgeschrittenem Reifeprozess auch noch des Nachts gegen Diebe verteidigen musste, um im nächsten Winter gegen Hunger gefeit zu sein. Dem Normalbürger fiel nicht auf, dass in der maroden Stadtlandschaft einige Palais in frischen Farben erstrahlten, die jeweils ein glänzendes Messingschild als Bank kenntlich machte. Dem Russen, der sein Leben lang gewohnt war, das Ersparte zur staatlichen Sparkasse zu tragen, konnte sich auch die Funktion dieser neuen Institute kaum erschließen. Denn zumindest in den frühen Jahren legten diese Banken auf Kundschaft von der Straße keinen Wert – bewaffnete Sicherheitsposten vor der Tür wirkten auch nicht gerade einladend.

Zum ersten Mal trat die neue Kaste der Superreichen aus dem Dämmerlicht der Diskretion, als sie im Frühjahr 1996 beschloss, Präsident Jelzin vor einer drohenden Niederlage bei den Präsidentschaftswahlen zu bewahren. Dem schienen die politischen Zügel zu entgleiten, weil plötzlich zu viele Bürger feststellten, dass die Wirtschaftsreformen sie zu Verlierern gemacht hatten. Zugleich wurde offenbar, dass im Meer von Elend und Armut einige wenige zu Reichtum gekommen waren. Die Zustimmungsrate für Jelzin lag unter zehn Prozent. Es drohte ein Sieg der Kommunisten. Aber auch ein Triumph demokratischer Reformpolitiker konnte auf die «Oligarchen», wie sie damals genannt wurden, nicht sehr einladend wirken, weil jedenfalls einige von ihnen entschiedene Kritiker des Privatisierungsprozesses waren. Also schlossen sich dessen Profiteure zusammen, um die Wiederwahl Jelzins abzusichern. Sie gaben vor, das Land vor den Klauen des angeblich wiedererstarkten Kommunismus bewahren zu wollen, und manipulierten mit dem Einsatz ihres frisch erworbenen Vermögens den Wahlkampf. In einer gezielten Kampagne reduzierten die Fernsehsender die Alternativen auf die Formel: Jelzin oder die Auferstehung des Gulag.

Die großen Zeitungen entwarfen Bilder des Schreckens, falls sich die Wähler in ihrer Mehrheit für KP-Chef Gennadij Sjuganow entscheiden sollten. So sprach kaum noch jemand von den demokratischen Kandidaten. Das Wunder der Wiederwahl gelang und markiert den Höhepunkt der politischen Machtausübung der Oligarchen als handelndes Kollektiv. In der Folgezeit überwarfen sie sich im Streit um das restliche Volksvermögen. Erst unter Putin kamen sie wieder in einer Runde zusammen. Schon im Mai 2000, kurz nach seiner Amtseinführung, lud Putin die großen Unternehmer zu einer Grillparty ein, die eine Wende in den Beziehungen zwischen politischer Führung und dem Großkapital einleitete. Der Präsident bot seinen Gästen einen Nichtangriffspakt an: Wenn sie sich fernhielten von der Politik, würde er an ihrem Besitzstand nicht rütteln. Von den dreien, die sich später dieser Regel nicht beugen wollten, flohen zwei ins Exil, der Dritte büßt für seine Unbotmäßigkeit in Sibirien. Denn der Präsident verlangte mehr als Nichteinmischung in die Politik, er forderte Loyalität. Am Beispiel Chodorkowskis hat Putin demonstriert, was jene zu erwarten haben, die sich seinen Spielregeln nicht unterwerfen.

Aus der verengten Sicht des Auslands erschienen die politischen Kabalen der Jelzin-Zeit als Nebensache. Auch westliche Staatsmänner zogen die Wiederwahl Jelzins allen anderen Szenarien vor. Wenn außerhalb Russlands Kritik am Gebaren der Reichen geäußert wurde, dann kam sie selten vonseiten der politischen Klasse, die Jelzin als Vaterfigur des neuen Russland betrachtete, dessen Reformkurs schon deshalb zu preisen war. Es waren im Westen eher die einfachen Bürger, die Zeitungsleser, die die Berichte über die krassen Gegensätze zwischen Arm und Reich mit Befremden zur Kenntnis nahmen – zumal Russlands Milliardäre begannen, ihren Lebensstil zu exportieren.

Plötzlich waren sie da – an all den Orten, wo sich bislang nur die westliche Geldaristokratie getroffen hatte: an der französischen Riviera oder in Baden-Baden. Wie auch in Russland selbst, wo sie spöttisch die «neuen Russen» genannt wurden, galten sie bald als Parvenüs – obwohl sie doch nur an vorrevolutionäre Traditionen anknüpften, als der russische Adel zum Stammpublikum gehörte und jedenfalls auf Thomas Manns «Zauberberg» wohlgelitten war. Diskretes Auftreten war ihre Sache damals so wenig wie heute, was sie nun zum willkommenen Opfer der Zeitungen macht – in der Rubrik «Vermischtes». So wurde der aufmerksame Zeitungsleser mit dem Freizeitgebaren eines russischen Unternehmers in einem Wintersportdorf in den französischen Alpen vertraut.

Erst waren nur wenige Gäste aus Moskau und St. Petersburg in den exklusiven Skiort Courchevel gekommen. Daheim schwärmten sie vom Blick auf den Mont Blanc und den vielfältigen Pisten. Bald kamen mehr und kauften rasch fast alle Chateaus am Ort. Im Januar 2007 kam auch die Gendarmerie. Sie vermutete bei den rauschenden Festen, zu denen die Wintersportler des Abends zusammenfanden, das Mitwirken eines Callgirl-Ringes. Sechsundzwanzig Personen nahm die Polizei in Gewahrsam, darunter auch den Veranstalter der abendlichen Zusammenkunft, Michail Prochorow, einen der reichsten Männer Russlands. Westliche Zeitungsleser schüttelten die Köpfe: So sind sie eben, die Russen, maßlos in allem, was sie tun. Der Gastgeber konnte die Aufregung um seine Party nicht verstehen und warb daheim in Zeitungen um Verständnis: «Nach Jahren der Erniedrigung und Tragödien haben die Russen ein Anrecht auf ein schönes und fröhliches Leben», erfuhren die russischen Leser.

Auf Sympathie kann wohl auch der Reichste im Club der Reichen nicht rechnen, dessen Vermögen auf zwanzig Milliarden Dollar geschätzt wird: Roman Abramowitsch scheut die Öffentlichkeit und sorgt doch immer wieder für Schlagzeilen. Von dem schlaksigen jungen Mann wird berichtet, der Grundstock für seine Oligarchenkarriere sei ein Güterzug mit Ölwaggons gewesen, den er ins Ausland verschoben habe. Später nahm ihn der kundige Boris Beresowski unter seine Fittiche. Sie erwarben gemeinsam einen Ölkonzern und Anteile am einflussreichen Fernsehkanal ORT. Als Beresowski bei Putin in Ungnade fiel, wurde er zum Verkauf seiner Vermögenswerte gezwungen. Nutznießer des Handels war Roman Abramowitsch.

Bald ging begreiflicherweise auch die alte Freundschaft in die Brüche. Davon hätte die westliche Öffentlichkeit kaum Notiz genommen, hätten sich beide nicht London als Mittelpunkt ihres Lebens gewählt – Beresowski, weil er auf der Flucht vor Putin dort politisches Asyl genießt; Abramowitsch, weil es unter seinesgleichen ohnehin als schick gilt, eine Herberge im noblen Stadtteil Kensington zu unterhalten. In einer Londoner Filiale der Luxusfirma Hermès trafen die Partner von einst im Oktober 2007 aufeinander. Britische Reporter hätten wohl kaum davon Wind bekommen, wäre nicht eine Rangelei der jeweiligen Bodyguards vorausgegangen. Roman Abramowitsch war an diesem Treffen durchaus nicht gelegen. Denn Beresowski präsentierte seinem einstigen Schützling die Verfügung eines Londoner Gerichtes, der zufolge Beresowski Anspruch auf zehn Milliarden Dollar hat, weil er bei dem Zwangsverkauf seine Anteile weit unter Wert habe veräußern müssen. Die Geschichte der Oligarchen ist noch nicht abgeschlossen – weder in Russland noch im Westen.

Roman Abramowitsch sorgt nicht nur in der Geschäftswelt für Aufsehen. Fußballfans in aller Welt merkten auf, als er sich den Londoner Traditionsclub FC Chelsea zulegte. Und als der Patron die Trennung von seiner blonden Frau Irina bekanntgab, spekulierten die Boulevardblätter über «die teuerste Scheidung aller Zeiten». Dass der vermutliche Rosenkrieg friedlich beigelegt wurde, verdient Beachtung. Denn der Präsident selbst, so schrieb die «Moscow Times», habe sich eingemischt. Weil er sich als väterlicher Freund empfand oder weil die Interessen Russlands dies verlangten?

Die Oligarchen boten Stoff für unterhaltsame Geschichten, solange sich ihr Geschäftssinn auf das heimische Territorium beschränkte und sie im Ausland nur durch den Ankauf von Luxusvillen, Gelage und generöse Trinkgelder auffielen. Doch als sie Anstalten machten, ihr in Russland gewonnenes Kapital in westlichen Firmen zu investieren, löste dies Irritationen aus. Nach Schätzung der Beratungsfirma M & A Intelligence stiegen russische Unternehmer allein im Jahr 2006 mit fünfunddreißig Milliarden Dollar in westliche Konzerne ein. Im gleichen Zeitraum allerdings scheiterten Transaktionen im Wert von fünfzig Milliarden Dollar, weil die potenziellen Teilhaber aus Moskau im Westen auf Vorbehalte stießen. So versuchte die russische Gruppe Sistema, bei der Deutschen Telekom einzusteigen. Der deutsche Finanzminister Peer Steinbrück, sonst eher für seinen Erwerbssinn bekannt, zeigte sich zurückhaltend gegenüber der Delegation aus Moskau, die bei ihm vorsprach. Immerhin ist Sistema-Chef Wladimir Jewtuschenko der Einzige unter den russischen Großunternehmern, der sein Geld nicht durch den Abbau und die Verarbeitung von Bodenschätzen gemacht hat, sondern mit dem Aufbau eines Technikkonzerns im Mobilfunkbereich. Dennoch: die Vorstellung, sich mit russischem Kapital auch russischen Einfluss in einem Kernbereich der Gesellschaft einzuhandeln, hat den deutschen Minister geschreckt. Im Herbst 2007 zog die Bundesregierung Konsequenzen aus solcher Besorgnis. Sie bereitete ein Gesetz vor, das ihr ein Vetorecht bei allen Auslandsinvestitionen einräumt, sofern sie dadurch die «nationale Sicherheit» bedroht sieht.

Erfolgreicher war die Einkaufstour von Oleg Deripaska. Er gehört zur zweiten Generation der Milliardäre, die den Gipfel ihres Reichtums der Putin-Zeit verdanken. Mit seinem fast jugendlichen Alter von neununddreißig Jahren gilt er heute als zweitreichster Mann Russlands und herrscht über den weltgrößten Aluminiumkonzern. Inzwischen hält sein Imperium Anteile am deutschen Bauunternehmen Hochtief, der österreichischen Strabag und am kanadischen Autozulieferer Magna. In US-Unternehmen zu investieren ist ihm einstweilen nicht möglich, weil ihm dort die Einreise verwehrt wird, wegen Verdachts unsauberer Geschäftspraktiken. Deripaska, in den heißen Kriegen um Aluminiumhütten gehärtet, setzt im Inland seine Gewinne auch ganz patriotisch ein. Er erwarb sich die Gunst des Kreml, als er den am Boden liegenden Autohersteller

Gas in Nischni Nowgorod übernahm und versprach, endlich ein russisches Auto bauen zu wollen, das diese Bezeichnung verdient. Er mehrte umsichtig nicht nur Vermögen, sondern auch Reputation: In den Aufsichtsrat seiner Firmen berief er den Vorsitzenden des Ostausschusses der deutschen Wirtschaft Klaus Mangold und den ehemaligen Präsidenten der Weltbank James Wolfensohn.

Putin unterstützt den Expansionskurs seiner Unternehmer. Im Inland fordert er sie auf, sich jenseits der Grenzen zu engagieren. Im Ausland preist er ihre Strategie mit dem Hinweis, es sei schließlich nicht die Rote Armee, die nach Westen vordringe, sondern nur russische Geschäftsleute, die ihr Kapital einsetzen wollten. Der Hinweis ist aufschlussreich. Zum einen verrät er, dass die alte imperiale Denkweise keineswegs überwunden ist. Zudem ist bekannt, über welche gewaltigen Reserven die potenziellen Einkäufer verfügen, Reserven, die angesichts der ständig steigenden Weltmarktpreise für Bodenschätze weiter wachsen werden. Die entscheidende Frage aber ist, wie unabhängig die Moskauer Jungunternehmer tatsächlich sind – werden ihre Entscheidungen in Zukunft immer mehr den Richtlinien des Kreml folgen?

Hier sei eine Zwischenbemerkung erlaubt. Zum ersten Mal in seiner Geschichte ist Russland ein wirtschaftlich reiches Land. In zaristischer Zeit wegen seiner Rückständigkeit bespöttelt, in Sowjetzeiten gefürchtet allein wegen seiner militärischen Macht, tritt nun ein Russland auf, das wegen seines Reichtums an Bodenschätzen allen anderen Staaten der Welt den Rang abläuft. Der Westen sollte Abschied nehmen von alten Stereotypen, die am Bild von Iwan dem Dummen und Armen festhalten. Man mag das System der Herrschaft beklagen – an der wirtschaftlichen Macht des Landes ist nicht zu rütteln. Auch kann man Klage führen über den raschen Aufstieg der neuen Milliardäre aus undurchsichtigen Verhältnissen. Aber sind westliche Unternehmen stets ein Hort der Rechtschaffenheit? Und auch der Zustand deutscher Unternehmenskultur ist nicht immer vorbildlich. Da wird von Betriebsbelustigungen berichtet, die den rauschhaften Partys in Courchevel gewiss nicht nachstanden. Und ein anderes Unternehmen, das sich stets als vorbildlich gefeiert hatte, wird von Korruptionsaffären geschüttelt. Ob ein Investor, nur weil er aus östlicher Himmelsrichtung anreist, geringeres Vertrauen verdient, sei also dahingestellt. In jedem Fall haben Geschäftsleute aus dem Osten ein großes Maß an Findigkeit an den Tag gelegt auf ihrem Weg zum «Master of the Universe», wie Thomas Wolfe das Selbstbild des Erfolgsmenschen an der Wallstreet beschreibt. Wer diesen Weg geschafft hat, verfügt auch über beträchtliches Selbstbewusstsein.

Fast alle russischen Unternehmer, die heute auf westliche Märkte drängen, sind buchstäblich Kinder des «Tauwetters». Sie wurden in der ersten Hälfte der sechziger Jahre geboren, der Ära Chruschtschow, als das Land aus den Stalin'schen Albträumen erwachte. Sie waren dreißig oder jünger, als das sowjetische Imperium in die Knie ging. Das traf damals nur verblendete Ideologen überraschend. Anders als beispielsweise in der DDR war der politische und wirtschaftliche Verfall gängiges Gesprächsthema – sogar schon vor Glasnost und Perestroika. Anatoli Tschubais, der Motor der Privatisierungskampagne unter Jelzin, schildert, wie er und andere junge Leute, die später in Politik und Wirtschaft Karriere machten, schon vor Gorbatschows Machtantritt die kommende Zeit bedachten. «Wir studierten die Geschichte von Reformen, die Neue Ökonomische Politik von Lenin, die Reformen in Jugoslawien. Und wir lasen Werke westlicher Ökonomen, die damals verboten waren», erinnert sich Tschubais in einem «Spiegel»-Interview.

Die jungen Leute waren vorbereitet auf einen Umbruch, der

die Sowjetunion zum Beben bringen würde. Die meisten hatten ihr Studium an einem renommierten Institut absolviert. Eine Schlüsselrolle in fast allen Biographien spielt die kommunistische Jugendorganisation. Dort fanden die «Komsomolzen» ihre Kontakte für die späteren Jahre. Sie schlugen nicht, wie es in einem unvergesslichen DDR-Lied heißt, «auf den Bolzen», sondern nutzten in der Zeit der Perestroika mit Geschäftssinn den neuen Handlungsspielraum. Sie gründeten «Kooperativen», die in begrenztem Rahmen produzieren oder Handel treiben durften.

Im nächsten Schritt beherzigten sie – wohl unwissentlich – einen Rat von Bertolt Brecht, der wusste, dass es klüger ist, eine Bank zu besitzen, als eine Bank auszurauben. Die nach 1991 gegründeten Geldhäuser zielten nicht auf den Kleinsparer, sondern verstanden sich als Investment-Banken. Hilfreich war es, wenn das junge Geldinstitut, gesteuert von Freunden in der Administration, öffentliche Gelder auf seine Konten lenken konnte, etwa aus den Pensionsfonds oder aus der Stadtverwaltung. Wenn diese Gelder mit Verzögerung weitergereicht wurden, funktionierten sie praktisch wie Gründungskapital.

Den nächsten Zug machte der neue Staat beziehungsweise die Altersgenossen, die Politiker geworden waren und Jelzins Privatisierungspolitik steuerten. Es begann mit dem Anschein größtmöglicher Gerechtigkeit. Jeder Bürger im Land erhielt einen «Voucher», der ihm einen Anteil am staatlichen Industrievermögen versprach. Weil es Zeiten bitterer Not waren, tauschten die meisten diesen Gutschein für eine Flasche Wodka oder Geringeres. Besonnenere steckten ihren Anteil in einen von insgesamt vierhundert Fonds, die versprachen, das bescheidene Vermögen ihrer Klienten zu mehren. Diese Gesellschaften waren lizenziert und flößten den in den wirren Zeiten verunsicherten Bürgern Vertrauen ein. Doch alle Fonds gingen pleite. Dabei verloren vierzig Millionen Voucher-Besitzer ihre Anteile.

Tschubais räumt heute ein, dass man damals schwere Fehler gemacht habe. Doch im Prinzip sei das Manöver gelungen. «Dass Oligarchen heute Milliarden besitzen, das ist mir wurscht.»

Die Gleichgültigkeit des einstigen Privatisierungsbeauftragten kann nur überraschen. Denn sein Wirken belastete Russland mit einer folgenreichen politischen Hypothek. Am Ende der Jelzin-Zeit bewerteten fünfundachtzig Prozent der Bevölkerung den Prozess der Privatisierung als negativ. Sechzig Prozent stellt den gesamten Reformweg in Frage. Die Befürworter der «Schocktherapie» mögen heute aus wirtschaftlicher Sicht eine befriedigende Bilanz ziehen – der politischen Entwicklung Russlands haben sie nachhaltigen Schaden zugefügt, weil sie das Vertrauen in demokratische Prozesse zerstörten.

Nutznießer jenes frühen Bürgerbetrugs waren die Banken, die Anteile billig erwerben konnten. Im großen Stil stiegen sie in Unternehmen ein. Und auch der entscheidende Schritt, der unter dem Begriff *Loans for Shares* in die russische Finanzgeschichte einging, konnte nur mit dem Einverständnis des Staates vollzogen werden. Der war, schlicht gesagt, stets am Rande des Bankrotts. Die Banken boten ihm Kredite und erhielten dafür als Sicherheit Aktienanteile an lukrativen Unternehmen. Da die Regierung die Kredite nie tilgen konnte, wechselten die Aktien in den Besitz der Bank. Diese Aktienpakete, die der Staat als Sicherheit geboten hatte, wurden versteigert. Aber die Auktionen waren zumeist manipuliert. Das Bankhaus, das mit der Versteigerung beauftragt war, ging deshalb bei der Auktion meist auch als Gewinner hervor. So wurden sie Mehrheitseigentümer großer Industrieimperien, meist im Bereich der Bodenschätze. Die Erdölfelder waren marode, ebenso die Bergwerke für Kohle, Kupfer, Nickel und Silber. Die Banken setzten hundert oder zweihundert Millionen Dollar ein und erwarben Anteile im Wert von vielen Milliarden. Natürlich waren diese

Geschäfte begleitet vom Wohlwollen der politischen Führung. Einer der angehenden Milliardäre, Wladimir Potanin, dem heute Russlands Schatzkammer, die Berg- und Hüttenwerke in Norilsk, gehören, war zeitweilig stellvertretender Premierminister und half in dieser Rolle sich selbst ebenso wie seinen Kollegen durch die Senkung der Steuerlast.

Das erste Warnsignal war der Rubelsturz im August 1998. Doch waren nur jene bedroht, die nicht von guten Freunden vorgewarnt worden waren. Die zweite Gefahr drohte mit dem Amtsantritt Putins. An jenem Maiabend im Jahr 2000, als man sich zur «Grillparty» traf, war schnell klar, dass die von Putin verkündete Amnestie für die Jelzin-Familie nur den Clan des ehemaligen Präsidenten schützte, nicht aber all diejenigen, die in den neunziger Jahren zu einem Vermögen gekommen waren. Olga Kryschtanowskaja nannte die Vereinbarung über die gegenseitige Nichteinmischung ein «Neutralitätsabkommen». Aber dabei blieb es nicht.

Zu dem Zeitpunkt waren schon zwei aus dem Kreis der Reichen in Putins Visier geraten. Am Beispiel Beresowskis und Gussinskis, der zur Grillparty gar nicht erst erschienen war, führte der Präsident den anderen vor, wie konsequent er gegen jene vorgehen würde, die sich nicht beugen wollten. Spätestens als Putins Mannschaft über Chodorkowski und seinen Jukos-Konzern herfiel, war völlig klar, dass aus der Gruppe der Wirtschaftsmächtigen niemand mehr Widerspruch wagen konnte. Denn nach den Wirren der neunziger Jahre konnte man bei jedem von ihnen fündig werden – wenn Staatsanwaltschaft und Geheimdienst nur tief genug gruben. Die Verfolgung Chodorkowskis und seiner Mitarbeiter, die der einstige Zentralbankchef Viktor Gerassimow eine «Vendetta» nannte, hatte die Machtverhältnisse klargestellt.

Es empfahl sich nicht nur, den Mund zu halten. Den meisten

schien es geraten, durch gute Taten Ergebenheit zu zeigen. Der Ölmagnat Roman Abramowitsch ließ sich im fernen, elenden Osten, in Tschukotka, zum Gouverneur wählen. Zwar zogen dann, um Steuern zu sparen, auch Tochtergesellschaften seiner Ölfirma Sibneft dorthin, aber Abramowitsch legte stets Wert auf die Feststellung, dass die Beträge, die seine Firma für den Bau von Schulen und Krankenhäusern gespendet hätten, höher seien als die der ersparten Steuergelder. Eine andere Gelegenheit, um Loyalität zu demonstrieren, bot der Wiederaufbau der Ruine des Konstantin-Palais in St. Petersburg, der Putin zur prunkvollen Gestaltung der 300-Jahr-Feier der Stadt besonders am Herzen lag. Keine Kopeke Staatsgeld sei in den historischen Komplex geflossen, beteuerte damals der Bauleiter. Die Baukosten in Höhe von vierhundert Millionen Dollar seien gespendet worden. Seitdem dient die Schlossanlage mit weitläufigem Park als prächtige Kulisse für internationale Konferenzen, etwa die Treffen der G 8-Staaten. Für die Unterbringung der illustren Gäste wurde gleich noch eine Reihe von Villen errichtet. Kein Land der Welt verfügt über ein so prächtiges Konferenzzentrum. Dem Ensemble wurde im Herbst 2007 noch ein weiteres Geschenk zuteil. Für weit mehr als vierzig Millionen Dollar, so das Auktionshaus, ersteigerte der Milliardär Alischer Usmanow die Kunstsammlung des verstorbenen Cellisten Mstislaw Rostropowitsch und vermachte sie nicht etwa einem Museum, sondern der Putin-Residenz.

Die in Jelzins Jahren so selbstherrlich agierenden neuen Reichen haben ihre patriotische Ader entdeckt und damit wohl auch die Gunst ihres Präsidenten. Viktor Wekselberg, der sein Geld mit Öl und Aluminium machte, kaufte 2003 eine Sammlung von Fabergé-Eiern für hundertundfünfzig Millionen Dollar und schenkte sie dem Staat. Das ist Mäzenatentum, wie es sich der Kreml wünscht.

Die Oligarchen haben verstanden, was man von ihnen erwartet. So verlief auch im Februar 2007 das alljährliche Treffen mit dem Präsidenten kühl, aber harmonisch. Kurz darauf demonstrierte er sein spezielles Verständnis von Hierarchie. In London sollte wie jedes Jahr das Russische Wirtschaftsforum stattfinden, eine hochrangiges Treffen einflussreicher Wirtschaftsleute aus Ost und West. Der Kreml hatte nicht nur dem zuständigen Minister die Reise untersagt, sondern auch den Unternehmenschefs. Man war wegen der Affäre um die Ermordung Litwinenkos auf die Briten nicht gut zu sprechen.

Oft hatte Putin beklagt, russische Investoren würden im Ausland auf Misstrauen stoßen. Nun bot er selbst den Beleg dafür, wie angebracht solche Zurückhaltung ist. Wenn Unternehmen schon in einer so peripheren Angelegenheit der Weisung des Kremls zu folgen haben, welcher Gehorsam ist dann bei gravierenden Problemen zu erwarten? Nicht der überbordende Reichtum der russischen Kapitalisten oder Zweifel an ihrer Charakterstärke lösen Hemmungen aus, sondern die Vorstellung, dass der Unternehmer in seinem Handeln nicht frei ist. Denn, so muss man im Westen folgern, es könnte bei jeder Vorstands- oder Aufsichtsratssitzung ein unsichtbarer Gast mit am Tisch sitzen, der die politischen Interessen des Kreml vertritt oder auch nur die Eigeninteressen eines Zirkels von Geheimdienstleuten. Wie kann sich eine gesunde Unternehmenskultur entwickeln, wenn sie überschattet ist von undurchsichtigen Machtstrukturen in der Hauptstadt? Kann man sich der Unabhängigkeit eines russischen Partners sicher sein, solange dieser durch ein System der Willkür zu Wohlverhalten gezwungen ist?

Es geht nicht darum, kleinlich festzustellen, ob das politische System in Russland den Minimalanforderungen eines erprobten demokratischen Regelwerkes genügt. Es geht um Transparenz und Verlässlichkeit. Schon jeder Stimmungswechsel, noch viel mehr aber ein Machtwechsel in der Kreml-Führung kann zu einer Veränderung der Geschäftsgrundlage führen. Es ist wohl ein aufrichtiges Anliegen Putins, die russische Wirtschaft durch Verflechtung mit der Weltwirtschaft zu modernisieren. Aber wer garantiert, dass nicht ein Wechsel in der russischen Interessenlage oder ein möglicher Nachfolger von Präsident Putin die Machtfülle nutzt, um sinistre Ziele zu verfolgen? Die «Neue Zürcher Zeitung» stellte im Sommer 2007 fest: «Europäische Ängste richten sich weniger gegen die Integration privaten russischen Kapitals in die Weltwirtschaft als gegen eine erneute Politisierung ...»

Eine kritische Diskussion unter Wirtschaftsleuten, die im Juni 2007 in Moskau Aufsehen erregte, schien zunächst den Befund, die Wirtschaft sei politisiert, zu widerlegen. Denn dort fielen freimütige Worte. Ihr Inhalt allerdings war alarmierend. Wladimir Potanin hatte sich zu Wort gemeldet. Er hatte bei seinem Aufstieg in den kalten Himmel der Oligarchen hinlänglich Beweise seiner Willens- und Nervenstärke geboten. Doch wenn man ihn damals in der Gründerzeit in seinem Büro traf, dann konnte man an der dunklen hölzernen Täfelung, den gediegenen grünen Ledersesseln und der englischen Standuhr ablesen, welches Modell eines Geschäftsmannes ihn geprägt hatte. Sein Reich wurde einst von Gulag-Häftlingen geschaffen. Sie bauten die Stadt Norilsk und trieben die ersten Bergwerksstollen in die Tiefe. Heute wird dort im modernisierten Untertagebau alles geborgen, was gut und teuer ist: Kupfer, Palladium, Platin, Silber, Nickel und Gold. Norilsk wurde der weltgrößte Produzent an Buntmetallen.

Einmal schon war Potanin mit der Staatsmacht in Konflikt geraten. Im Juli 2000, zwei Monate nach dem erwähnten Grillabend mit dem Präsidenten, und während schon die Jagd auf Gussinski eröffnet worden war, erhielt Potanin Post vom Generalstaatsanwalt. Der warf ihm vor, bei den Auktionen, mit denen er die Anteile von Norilsk erwarb, gemogelt zu haben. Wollte der Präsident ein weiteres Mal demonstrieren, wer Herr im Hause ist? Potanin hatte Glück. Weil sein Geschäft aus devisenträchtigen Rohstoffen bestand und nicht – wie im Fall von Gussinski – aus kremlkritischen Fernsehsendungen, kam er glimpflich davon. Nicht 140 Millionen, wie damals gezahlt, sondern 310 Millionen Dollar hätte er dem Staat für den Erwerb der Anteile an Norilsk Nikl überweisen sollen. Wenn er die Differenz nachzahle, würden die Ermittlungen eingestellt, lautete die Ansage – für ein Milliardenunternehmen eine zu vernachlässigende Summe. Dennoch will auch diese Vorgeschichte bedacht sein, um einschätzen zu können, was es heißt, wenn im Sommer 2007 ein Oligarch laut zu sagen wagt, was die anderen nur denken.

In der Diskussion wehrte sich Potanin gegen die Praxis des Staates, Beamte in Aufsichtsräte und Vorstände privater Firmen zu entsenden: «Die Ebene der Effektivität des Entscheidungsprozesses, die Ebene von ‹*corporate governance*›, die Aufmerksamkeit gegenüber Details, die Fähigkeit, Beschlüsse des Vorstandes effektiv auszuführen – all das leidet in solchen Fällen.» Das Problem des Staatseinflusses auf Konzernvorstände betreffe keineswegs nur die so genannten «nationalen Champions», sondern «jede private Firma mit Vorstandsmitgliedern, die ihre Entscheidung auf Anweisung des Staates treffen». Die Vorstandsentscheidungen würden politisiert, und die Minderheiteneigner fühlten sich verunsichert. In den Gängen vor dem Konferenzsaal habe die Philippika Potanins viel Zustimmung gefunden, berichteten Zeitungen. Aber keiner der Angesprochenen habe sich dazu zitieren lassen wollen. Wladimir Potanin hatte sich gegen einen Trend gestemmt, den die Soziologin Kryschtanowskaja als Verschmelzung von Politik und Geschäft beschreibt.

Die Gefahr liegt nicht nur im möglichen Zusammenspiel von nationalen und privatwirtschaftlichen Ambitionen. Das Räderwerk der russischen Bürokratie übt einen unheilvollen Einfluss aus. In einer Rangliste der Weltbank fällt Russland 2007 um zehn Punkte zurück, weil sich das Tempo der Reformen verlangsamt habe. Ermittelt wurden Zeitaufwand, Kosten und bürokratische Hemmnisse für die Wirtschaft. China verbesserte sich um zehn Plätze auf Rang 83, Russland stieg ab auf Platz 106. Auf der von der Organisation «Transparency International» veröffentlichten Rangliste für Korruption stürzte Russland wie erwähnt auf Platz 143 ab.

Auch wenn ausländische Investoren in Russland sich von solchen Nachrichten nicht beirren lassen, weil sie den Verlockungen des großen Marktes erliegen, dem Ansehen der Geschäftswelt stellt dies kein gutes Zeugnis aus – auch nicht dem Präsidenten, der acht Jahre lang nicht müde wurde, immer wieder neue Kreuzzüge gegen die Korruption zu verkünden. Vielleicht war dies der vergebliche Versuch einer Quadratur des Kreises: in einem Land, in dem die Säulen des demokratischen Staates demontiert wurden, die Medien gegängelt, das Parlament um seine Rolle und die Justiz in Abhängigkeit gebracht, dem Gesetz Geltung zu verschaffen.

Präsident Putin hat Wirtschaft und Politik im heutigen Russland entscheidend geprägt. Anfangs mochte er sich angesichts des sagenhaften Reichtums der Oligarchen gefürchtet haben vor jenem Schicksal, das «König Johann ohne Land» widerfuhr: Der ging auf unfreiwillige Weise ruhmreich in die englische Geschichte ein – nur durch eigenes Missgeschick. Nach glücklosen Kriegen trotzten ihm seine Barone die «Magna Charta» ab, die die Rechte des Königs beschnitt und als eines der ersten Zeugnisse auf dem Weg zur Demokratie in England gilt. Solche Zwänge wollte sich Putin von seinen Baronen nicht gefallen lassen, schon gar nicht von denen, die tatsächlich auf demokratische Rechte pochten. Der Präsident hätte seinerseits den Weg des Rechts wählen können, gleiches Recht für alle Oligarchen. Stattdessen machte er Loyalität und Botmäßigkeit zum Maßstab. Die einen durften unbeschadet ihr Vermögen mehren. Die anderen wurden von Haus und Hof gejagt. Die Bataillone jedoch, die er gegen die Missliebigen in Stellung brachte, seine Kollegen vom Geheimdienst, sind ihrerseits zu einer bestimmenden politischen und wirtschaftlichen Kraft geworden. Bis jetzt kennt die Geschichte kein Beispiel dafür, dass ein solcher Weg zu guten Zielen führt.

9. Kapitel

Energie als Waffe

Unvergesslich bleibt jene Stunde in Berlin, als sich Präsident Putin bei seinem Antrittsbesuch im Juni 2000 auch den Repräsentanten der deutschen Industrie vorstellte und die Versammlung in einen Freudentaumel versetzte. Er, der neue, jugendliche Präsident Russlands, erzählte davon, welch schikanöse Niedertracht Behörden daheim entwickeln können, um einer Firma das Leben zu erschweren. Feuerschutz, Hygienepolizei, Bausicherheit und natürlich die Finanzbehörden mit ihrer Steuerpolizei – sie alle seien kundig im Entwickeln neuer Verordnungen und Ausführungsbestimmungen, die die Bürokratie gegen missliebige Unternehmen einsetzen kann. Da saßen die deutschen Unternehmer, angetreten, um den «großen russischen Markt» zu erobern, und der Präsident gab ihnen das Gefühl, einer von ihnen zu sein, weil er offen ausplauderte, was sie meist nur hinter vorgehaltener Hand verfluchten. Offiziell bekunden sie bis heute ihr Vertrauen in Putin. Doch manchmal durchdringen Geschichten aus der Wirtschaft den Mantel der Diskretion.

«Mit dem Bär tanzen» – so überschreibt der englische «Economist» einen Artikel über westliche Investoren in Russland, in dem von Missständen berichtet wird, von Beutezügen des russischen Zolls und von Korruption. Der Artikel zitiert den Repräsentanten des schwedischen Möbelhauses Ikea, das im Land inzwischen mit acht Häusern vertreten ist: «Russland ist ein bisschen wie eine Achterbahn», sagt er, «Sie wissen nie genau, was morgen geschieht.» Dabei begann die russische Erfolgsgeschichte der Schweden als Martyrium, man schrieb Verluste in Höhe von mehreren hundert Millionen Dollar allein in Moskau, weil das Unternehmen mit den städtischen Behörden im Streit lag. Kein Mittelständler hätte das durchgehalten. Aber die Verlockung des unabsehbar großen Marktes war stärker als der Verdruss.

Das größte Aufsehen erregte die Zerschlagung des Jukos-Konzerns. Als das Drama in den Jahren 2003 und 2004 über die Bühne ging, beruhigten sich westliche Unternehmer in Russland mit dem Hinweis, dies sei ein Einzelfall, erwachsen aus den Ränkespielen der Macht. Solange sie sich heraushielten, könne ihnen nichts geschehen. Das war ein Irrtum.

Zuerst traf es das weltweit größte Erdöl- und Erdgasprojekt bei Sachalin. Dort war ein Inspektor aus dem Ministerium für Umweltschutz der Vorbote für drohendes Unheil. Der Konzern Shell und zwei japanische Unternehmen hatten sich zu dem Projekt zusammengeschlossen, das nach seiner Vollendung 2008 den asiatischen und nordamerikanischen Markt mit Flüssiggas und Erdöl versorgen sollte. In diesem Fall bot die staatliche Sorge um die leidende Natur den Vorwand, die Ausländer in die Flucht zu schlagen.

Keiner möge Einwände erheben, wenn der Staat dort, wo Rohstoffe gefördert oder verarbeitet werden, endlich Verantwortung für den Schutz der Umwelt zeigt. Allzu oft kann sich der Reisende vom Gegenteil überzeugen, sei es in der von giftigen Gasen eingehüllten Stadt Norilsk oder an Erdölquellen, wo der braune Saft in die Tundra suppt. Es gibt wenige Förderfelder, bei denen die Umwelt nicht schwer belastet wird. Deshalb wurden auch in Sachalin die Beschwerden zu Recht vorgebracht. Am Ende drohten den drei ausländischen Unternehmen Strafzahlungen in Höhe von zehn Milliarden Dollar.

Die Ausländer verzichteten auf den Gang zum Gericht – jede Verzögerung kurz vor dem Betriebsstart hätte unabsehbare Verluste bedeutet. Und ein Gerichtsverfahren hätte wohl auch keine Rettung gebracht. Im Dezember 2006 kam es in Anwesenheit von Präsident Putin zu einer Einigung: Gasprom wurde Mehrheitseigner des Projektes, und Putin erklärte in knappen Worten die ökologischen Probleme für beigelegt. Das Ziel war erreicht.

Die ausländischen Partner dürfen dankbar sein, dass sie an dem großen Spiel überhaupt noch beteiligt sind. Die «New York Times» schrieb: «Der Kreml diktiert seine Bedingungen mit größerer Bestimmtheit als zu irgendeiner Zeit seit dem Zusammenbruch der Sowjetunion.» Was hier als Makel dargestellt wird, hat Methode. Am Rande sei vermerkt, dass sich an den vorhandenen ökologischen Problemen auf Sachalin wenig geändert hat – jedenfalls wenn man den Vertretern von örtlichen Umweltorganisationen folgt, die das Projekt beobachten. «Ich kann nicht sagen, dass jetzt alles okay ist», erklärte einer ihrer Vertreter im Sommer 2007 der «Moscow Times», «alles ist wahrscheinlich schlimmer, als es vorher war.»

Hintergrund dieses dreisten Coups ist die Tatsache, dass die ausländischen Unternehmen aus heutiger Sicht ihre Lizenzen in den neunziger Jahren für ein Spottgeld erwarben, weil das Öl damals nur knapp über zehn Dollar pro Barrel kostete. Auch war Jelzins Russland dankbar für jeden Ausländer, der überhaupt bereit war zu investieren. Auch «British Petroleum» ging damals das Risiko der unsicheren politischen Lage ein – um sich am Ende um die Früchte frühen Engagements betrogen zu sehen, als die Lage im Land gefestigt war. Denn in der Ära Putin weckte die Rolle der Ausländer im Ölgeschäft nicht nur wegen der greifbaren Profite eigene Begehrlichkeiten. Das neue Selbstverständnis Russlands macht daraus eine prinzipielle Frage. Dort, wo die Schätze geborgen werden, auf denen Russlands Zukunft beruht, will man selbst Herr der Lage sein.

Dieses Interesse ist nachvollziehbar. Doch die Art und Weise, wie das Programm einer Renationalisierung durchgeführt wurde, zeigt Putins Auffassung von der «Diktatur des Gesetzes». Der BP-Chef versuchte das Schicksal noch in letzter Minute durch eine Geste der Ergebenheit abzuwenden. Auf einem Wirtschaftsforum in St. Petersburg warb er – ganz im Sinne der russischen Regierung – für die Öffnung der westlichen Märkte für russische Investoren, «so wie Russland seine Grenzen geöffnet hat». Es nützte nichts.

Lange Zeit war das russisch-britische Joint Venture TNK-BP ein Vorzeigeobjekt, an dem sich zögerliche West-Investoren ein Beispiel nehmen sollten. Jetzt ist es eher ein Beleg dafür, wie konsequent das Recht des Stärkeren zählt, wenn der Staat seine Interessen entdeckt. Über eine russische Tochtergesellschaft, an der TNK-BP die Mehrheit hielt, hatte die Gesellschaft die Förderlizenzen am Gasfeld Kovykta erworben, eine Bonanza mit mehr als zwei Billionen Kubikmetern Reserven nördlich des Baikalsees. Nach Schätzungen von Experten könnte sie den Weltbedarf eines ganzen Jahres decken. Teil der Voraussetzung für die Lizenz war die Zusicherung, ab dem Jahr 2006 jährlich neun Milliarden Kubikmeter Gas zu fördern. Das konnte nicht gelingen, weil der Staatsmonopolist Gasprom sich weigerte, den Bau einer Leitung zu genehmigen, die das Erdgas aus der Mitte Sibiriens auf den chinesischen Markt hätte befördern können. Kühl kommentierte der Präsident selbst die Sachlage: Die Investoren hätten ja Anfang der neunziger Jahre gewusst, worauf sie sich einließen.

Ein Gericht in Irkutsk, von dem sich das Unternehmen ein

Urteil zu seinen Gunsten erhoffte, erklärte sich im Mai 2007 für nicht zuständig. Zu dem Zeitpunkt hatte das Ringen mit den Behörden schon eine zweijährige Vorgeschichte, in deren Verlauf Gasprom immer wieder beteuert hatte, an dem Gasfeld nicht interessiert zu sein. Am Ende übernahm der russische Staatskonzern für die geschätzte Summe von 700 bis 800 Millionen Dollar die Kontrollmehrheit. Der Wert des Gasfeldes nach seiner Erschließung wird auf zwanzig Milliarden Dollar geschätzt. Versüßt wurde die Niederlage durch ein partnerschaftliches Investitionsprogramm, zu dem BP von Gasprom eingeladen wurde. Experten vermuten, dass Gasprom diesen Vertragsrahmen nutzen wird, um Zugang zum britischen Vertriebssystem zu erlangen. Das Ministerium für Bodenschätze in Moskau zeigte sich jedenfalls zufrieden: «Nachdem die Besitzverhältnisse am Feld sich änderten, sind wir bereit, die Bedingungen für die Lizenz zu verändern.» Wenn es um das Wohl von Gasprom geht, zeigt sich der Staat flexibel.

Die Chancen für ein Unternehmen, bei einem russischen Gericht auch tatsächlich recht zu bekommen, hängen von der Art des Konflikts und dem jeweiligen Prozessgegner ab. Handelt es sich um den Streit zweier privater Firmen, so haben sich nach Erkenntnissen des Petersburger Wissenschaftlers Vadim Volkow die Gepflogenheiten geändert. Anstatt wie in den neunziger Jahren die hauseigenen Armeen zu mobilisieren, um Schulden einzutreiben oder Felder des Marktes abzustecken, würde man sich zunehmend an die Gerichte wenden, um Streitfälle zu klären. «Der einzige Bereich jedoch», schreibt er, «in dem die Unternehmer es nicht für möglich halten, ihre Rechte vor Gericht zu verteidigen, sind Auseinandersetzungen mit dem Staat.» Wenn staatliche Stellen sich des Gerichtssystems bedienten, gelte «weiterhin das Recht des Stärkeren». Die «Diktatur des Gesetzes» dient in solchen Fällen nicht dem Zivilisierungsprozess in der Beilegung von Konflikten in der Gesellschaft, sondern der Durchsetzung staatlicher Interessen.

Der Präsident hingegen gefällt sich in der Rolle des Wirtschaftsliberalen. So wie er sich für seine Unternehmer die Öffnung westlicher Märkte wünscht, so wirbt er auch für westliche Investitionen in Russland. Sie sollen Betriebe sanieren oder neue aufbauen. Doch in einer ganzen Reihe von Bereichen, die in Moskau gemeinhin «strategisch» genannt werden, sind Ausländer nicht erwünscht oder dürfen nur mit kleiner Minderheitsbeteiligung einsteigen. Die Duma erstellte im Herbst 2007 eine Liste mit über zwanzig Titeln, die den Bereichen Rüstung, Spezialtechnik, Flugzeugbau, Weltraumindustrie, Atomtechnik und Energiequellen zugerechnet werden. Ausländische Investitionen in diesem Sektor der Volkswirtschaft, die eine Minderheitenbeteiligung ohnehin nicht übersteigen dürfen, benötigen eine Genehmigung durch die Regierung und die Zustimmung des Geheimdienstes FSB. Die Klage über die Zurückhaltung gegenüber Investitionen russischer Unternehmen im Westen entbehrt also nicht der Scheinheiligkeit. In besonders wichtigen Sparten sollen nicht einmal russische Unternehmer das Sagen haben. Was schon einmal privatisiert wurde, holt sich der Staat Stück um Stück zurück. Der wichtigste aller Bereiche ist der Energiesektor. Und hier wiederum steht im Mittelpunkt der Konzern Gasprom, die Beatmungsmaschine des russischen Staates.

Viele Jahrzehnte nahm kaum ein Verbraucher im Westen zur Kenntnis, aus welchen Quellen das Gas stammt, das sein Heim heizt und das Teewasser zum Kochen bringt. Dann sprach es sich herum, dass die Quellen in der Nordsee sich erschöpfen. Der Preis auf dem Weltmarkt stieg beständig. Doch spätestens als Gasprom die Ukraine und Weißrussland unter Druck setzte, weil der Konzern zeitweilig die Lieferung einstellte, spürte auch der deutsche Normalbürger die gefährliche Abhängigkeit vom russischen Lieferanten. Kann Erdgas als politische Waffe dienen? Das Unternehmen beteuerte natürlich, der Konflikt mit den Nachbarn beruhe allein auf Meinungsverschiedenheiten über die Preisgestaltung und habe keinen politischen Hintergrund. Es sei nie die Absicht von Gasprom gewesen, den Verbraucher im Westen zu treffen. Um sich volkstümlich zu zeigen, half der Konzern einem traditionsreichen Fußballverein im Ruhrgebiet aus der finanziellen Patsche. Doch empfindsame Gemüter betrachteten diese gönnerhafte Geste schon als Drohgebärde. Das Gespenst der Angst geht um, weil Gasprom seine Macht demonstriert. Und die wird noch weiter wachsen.

Der Konzern hat heute einen Marktwert von weit über 200 Milliarden Dollar. Nach den Vorstellungen der Unternehmensleitung soll Gasprom in zehn Jahren das größte Unternehmen der Welt sein. Sein Produkt ist ein Stoff, der zum Lebenselixier der modernen Welt geworden ist. Der Bedarf soll bis zum Jahr 2030 weltweit um zwei Drittel wachsen. Allein China wird schon 2010 doppelt so viel Gas benötigen wie 2006 – und wartet darauf, mit den sibirischen Gasfeldern verbunden zu werden. Auch die Bundesrepublik, wo man sich noch bis vor wenigen Jahren damit trösten konnte, dass es keine Abhängigkeit von Russland gab, weil nur ein Drittel des Erdgases von dort bezogen wurde, wird mehr und mehr am Tropf des russischen Konzerns hängen. Schon heute ist der russische Anteil auf über vierzig Prozent gestiegen. Die Prognosen über das Ausmaß des wachsenden Bedarfs in den nächsten zwanzig Jahren gehen weit auseinander, je nachdem wie andere Energiequellen in die Kalkulation mit einbezogen werden. Auch könnte der Verweis auf afrikanische und arabische Quellen die Sorge mindern, in die völlige Abhängigkeit von Gasprom zu geraten. Aber auch dort drohen politische Unwägbarkeiten.

Es bedarf keines besonderen strategischen Augenmaßes, um zu erkennen, dass Russland mit Gasprom eine überkontinentale Schlüsselrolle einnimmt. Das allein ist kein Grund, Angst zu schüren oder einen Vorwurf zu konstruieren. Jedes andere Land der Welt würde es ebenfalls begrüßen, auf solch einem komfortablen Polster in die Zukunft reisen zu können. Gerade weil das Land in seiner Geschichte so oft verspottet und belächelt wurde, soweit man es nicht zu fürchten hatte, weiß man in Moskau diese Annehmlichkeit besonders zu schätzen. Natürlich ist eine solche Monopolstellung verführerisch: für das Unternehmen, das seine Rolle auf dem Markt über alle Grenzen hinweg ausdehnen möchte; für den Staat, weil das Geschenk der Natur nicht nur Reichtümer verspricht, sondern auch politisches Gewicht. Gasprom ist ein Instrument des Staates. Manche behaupten sogar, es sei umgekehrt. Aber das ist ganz sicher eine Übertreibung.

Es bleibt die Frage, die auch in Fachkreisen diskutiert wird: Überhebt sich der Konzern mit seinen Weltmachtvisionen? Die bisher erschlossenen Lager haben ihren Kulminationspunkt erreicht oder bereits überschritten. Dort, wo neue Reserven erschlossen werden können, sind die Förderbedingungen noch schwieriger, als sie es jetzt schon sind. Die neuen Felder auf der Halbinsel Jamal liegen weit nördlich des Polarkreises. Dort wird mit einem Fördervolumen von zweihundertfünfzig Milliarden Kubikmetern pro Jahr gerechnet. Doch die Arbeit im Gebiet des Permafrosts wird immer komplizierter, weil durch die Klimaerwärmung der Boden auch im Untergrund auftaut. Bohrstellen, Kompressorstationen und Leitungen können im Morast versinken, wenn sie nicht aufwendig abgestützt werden. Was manchen wie ein Segen für Sibirien erscheinen mag, nämlich wärmere Temperaturen, wird in Wahrheit zum Fluch.

Noch viel komplizierter wird die Erschließung des Schtokman-Reviers inmitten der Barentssee. Im Winter bedrohen polare Stürme und Packeis die Bohrinseln und auch die Leitungen, die das Gas zum Festland befördern sollen. Schon jetzt kauft Gasprom in Kasachstan und Turkmenien zusätzlich Gas, um die Versorgung des innerrussischen Marktes abzusichern. Längst hat die Frage, ob Gasprom seinen Kunden zu viel verspricht, zu einem Streit unter den Experten geführt. Roland Götz, Energiefachmann der Berliner Stiftung Wissenschaft und Politik (SWP), ist zuversichtlich, wenngleich er hinzufügt, «dass die Zukunft der Gasförderung des Unternehmens und ganz Russlands wesentlich vom Tempo der Erschließung der Gasfelder auf der Jamal-Halbinsel und auch des Schtokman-Feldes in der Barentssee abhängen wird.» Manche russischen Experten sind skeptischer. Der Moskauer Fachmann Wiktor Gawrilow fürchtet ab 2010 eine immer größer werdende Lücke zwischen vorhandenem Gas und dem Bedarf im In- und Ausland. Das Defizit könnte nach seiner Rechnung schon 2015 etwa fünfzig Milliarden Kubikmeter Erdgas betragen – etwas mehr als die Menge, die Deutschland gegenwärtig pro Jahr aus Russland importiert.

Angesichts der unruhigen Zeiten, in denen wir leben, erscheinen alle Prognosen im Energiebereich als Spekulation. Alarmierend ist jedoch die Wortmeldung eines Insiders. Wirtschaftsminister German Gref, als Aufsichtsratsmitglied unmittelbar betroffen, störte im Sommer 2007 auf einer Kabinettssitzung die optimistische Eintracht der Runde. Gasprom, mahnte er, müsse umgehend seinen Plan für die Gasförderung nach 2011 vorlegen. Der Mangel an Planung könne die Wirtschaft des Landes gefährden. Man dürfe die Planung nicht weiter verschleppen. Vielleicht war Gref in der Regierungsrunde, die seine Mahnung keineswegs begrüßte, ein zu penibler Rechner. Doch auch Experten innerhalb des Konzerns befürchten, dass es zu Engpässen kommen könnte. Welche Kunden dies zu spüren bekämen, bleibt abzuwarten. Doch wenn aus der Verteilung des Reichtums eine Verwaltung des Mangels werden sollte, sind politische Krisen unausweichlich, ganz unabhängig davon, wohin das Gas strömt, ins russische Inland, nach Westeuropa oder nach China.

Die Ungewissheit über künftige Risiken des Unternehmens steht jedenfalls im krassen Gegensatz zur gegenwärtigen Expansionslust des Konzerns. Putin geht es nicht zuletzt auch um die Kontrolle über das transkontinentale System der Leitungen und damit über den Zugang zu den Reserven in Zentralasien. «The Great Game», das große Spiel des 19. Jahrhunderts, in dem das russische und das englische Imperium ihre Grenzen absteckten, erlebt eine Neuauflage. Neben der Regierung in Moskau, die die Region ohnehin als eigenen Hinterhof zu betrachten gelernt hat, kämpfen die EU, die USA und China dort für ihre Interessen. Doch im Gegensatz zu den kolonialen Machtspielen früherer Zeiten haben sich in den Steppen- und Wüstenregionen Staaten etabliert, deren politische Eliten ebenfalls vom Wert ihrer Bodenschätze profitieren wollen.

Seit Anfang des Jahres 2007 führt eine Erdgasleitung von Aserbeidschan in die Türkei. Das Ziel der EU, direkten Zugang zu den Lagerstätten im Norden und Osten des Kaspischen Meeres zu bekommen, schien näher gerückt. Aus Turkmenistan sollte Erdgas über eine Leitung mit dem schönen Namen «Nabucco» bis vor die Tore Wiens gelangen. Das wäre, so die Vorstellung in Brüssel, für Westeuropa ein Schritt gewesen, der die Abhängigkeit von Russland jedenfalls vermindert hätte. Im Mai 2007 zog Putin kalt einen Strich durch die Brüsseler Rechnung. Er verabredete mit dem turkmenischen Präsidenten den Bau einer neuen Erdgasleitung, die nach Russland und nicht nach Westeuropa führt, und versprach dafür eine Anhebung der bisher üblichen Knebelpreise. Ob das Bündnis von Dauer ist, bleibt angesichts des Werbens der Europäer und besonders der Chinesen offen.

Als der neue Herrscher in Turkmenistan, der Nachfolger des bizarren Despoten Nijasow, sich im Herbst 2007 in New York der Weltöffentlichkeit vorstellte, deutete er an, er sei bereit, auch über Alternativen im Erdgasexport nachzudenken. Die alte Hinwendung zu Moskau gilt nicht mehr, stattdessen wird nüchtern gerechnet. Abnehmer Gasprom bezahlt an Turkmenistan pro tausend Kubikmeter Gas einhundert Dollar und verkauft es an Westeuropa für inzwischen mehr als zweihundertfünfzig. So mag es in Moskau wie eine Warnung geklungen haben, als der neue Autokrat aus Aschgabat in Amerika verkündete, er unterstütze das transkaukasische Pipeline-Projekt und wünsche Diversifizierung. Vielleicht wird man sich den imposanten Namen des neuen Staatschefs Gurbanguli Berdymuchammedow merken müssen, weil er Moskau die Stirn bietet.

Doch zunächst hatte Gasproms Sendbote Putin gewonnen. Er verfolgt weiter sein Ziel, nicht nur über die Ressourcen zu verfügen, sondern auch über die Leitungssysteme, die den kostbaren Stoff nach Europa bringen. Geschickt nutzt er dabei Einzelinteressen, im Juni vereinbarte der russische Monopolist mit Italiens Energiekonzern Eni den Bau einer Pipeline durchs Schwarze Meer. Mit deren Fertigstellung würde das «Nabucco»-Projekt völlig obsolet. Wenn es darum geht, die eigene Energieversorgung zu sichern, zeigen die Europäer, wie der Bau der Leitung «North Stream» durch die Ostsee beweist, wenig Solidarität. So legt sich das System der Gasröhren wie ein fesselndes Netz über den Kontinent. Unter diesen Umständen wirkt der Wunsch Gasproms, auch in die lokalen Verteilernetze einsteigen zu wollen, noch irritierender. Im Herbst 2007 legte die Europäische Kommission einen Plan vor, welcher der asymmetrischen Ausdehnung des Einflusses entgegenwirken soll. Danach dürfe eine nichteuropäische Gesellschaft nur Mehrheitseigentümer von Leitungen werden, wenn das Heimatland ausländischen Investoren das gleiche Recht einräumt. Dafür aber gibt es in Russland nicht das geringste Anzeichen. Im Gegenteil.

In Russland gelten Gesetze, die ausländischen Einfluss auf Leitungssysteme für Erdöl und Erdgas verbieten. Das hinderte den Chef des russischen Unternehmerverbandes Alexander Schochin nicht, in geradezu absurder Weise gegen den EU-Vorschlag zu wettern: Solche Einschränkungen, so Schochin, verstießen gegen den Geist der freien Marktwirtschaft in der Europäischen Union und liefen auf staatlichen Protektionismus hinaus. Was in Russland als vaterländisch gilt, betrachten die Russen aufseiten der EU als Verrat an der Marktwirtschaft. Dabei könnte nur eine solche Verflechtung, die beiden Seiten gleiche Rechte einräumt, eine Brücke des Vertrauens bilden. Die aber erscheint umso wichtiger, weil die künftigen Verhältnisse auf dem Energiemarkt im Ungewissen bleiben. Der international renommierte Experte Daniel Yergin beschreibt das Dilemma: «Vierzig Jahre lang gab es stabile Beziehungen. Die Frage ist, ob eine Krisis im Vertrauen zu einer Krisis in der Versorgung führen wird.»

Zum gegenwärtigen Zeitpunkt beunruhigt am meisten die Haltung der Kunden, die, um des eigenen vermeintlichen Vorteils willen, sich auf bilaterale Geschäfte einlassen. Diese Projekte könnten sich als politische Sprengsätze erweisen. Die Emotionen, die das deutsch-russische Projekt einer Ostsee-Pipeline bei den Nachbarn auslöste, sind nur ein Vorgeschmack. Im Hinblick auf Polen erscheint der deutsche Alleingang als besonders fragwürdig. Kaum vorstellbar, dass die Bundesrepublik es gewagt hätte, ein westliches Nachbarland in dieser Weise zu isolieren und dem Wohlwollen Moskaus auszuliefern – das bekanntermaßen gegenüber Polen nicht sehr ausgeprägt ist. Das historische Bewusstsein der Deutschen ist nicht gering entwickelt. Dennoch entzieht sich ihm immer noch, in welche Abgründe der Hitler-Stalin-Pakt den östlichen Nachbarn stürzte. Es war nicht nur die eigene, die deutsche Vernichtungswut, die sich in Polen austobte. Hitler-Deutschland räumte Stalin das Recht ein, sich seinen Teil der Beute zu nehmen.

Die Lust an der Unterjochung Polens, für die es selbst während der Weimarer Republik in militärischen und politischen Kreisen stets prominente Fürsprecher gegeben hatte, die darüber mit Vertretern der Sowjetunion verhandelten, erlebt aus der Sicht Warschaus eine Wiedergeburt auf merkantiler Ebene. In Polen lebt das Trauma fort, die Erinnerung an den Überfall im September 1939, als die Armeen Hitlers und Stalins gemeinsam über das Land herfielen. Zu viele Opfer, zu viele, die im Gulag oder KZ verschwanden, erschossen entweder von Gestapo oder NKWD. In Moskau erinnert man sich ungern an diese deutsch-russische Partnerschaft der beiden Tyrannen und findet für die eigene Rolle während der Okkupation kein Wort der Entschuldigung. Die nach dem Krieg erfolgte Einverleibung Polens in das sowjetische Imperium und die damit einhergehende Unterdrückung wird als Folge des glorreich gewonnenen Zweiten Weltkriegs betrachtet. Der offiziell geschürte Nationalismus in Russland ignoriert, dass Polen niemals stolz darauf war, zum sowjetischen Imperium gehört zu haben.

Beim Abkommen über die Ostseeleitung ignorierten auch die Deutschen die Erfahrungen der Geschichte. Des eigenen Vorteils wegen duldete die Bundesregierung, dass Polen isoliert wurde. Im Januar 2007 erhöhte Gasprom den Druck auf das Land, um mehr Einfluss auf das Transitgeschäft nehmen zu können. Zwar gibt es in Moskau auch nüchterne Überlegungen, dass Gasprom eben Gewinne brauche, um das Land zu modernisieren. Doch es sind auch andere Stimmen zu vernehmen.

Bemerkenswerterweise findet man manche Überlegungen aus Akademikerkreisen in jüngerer Zeit schon politisch umgesetzt. Der Direktor des Moskauer Instituts für Probleme der Modernisierung, Michail Deljagin, der als durchaus gemäßigt gilt, verlangte 2006 für Russland eine «Energiesouveränität» – zu diesem Zeitpunkt war die Regierung längst im Begriff, das Engagement von Shell und BP zurechtzustutzen. Ausländische Firmen, so Deljagin, sollten bei der Förderung allenfalls technischen Beistand leisten dürfen. Zu seinem Konzept gehört auch, dem Westen den direkten Zugang zu turkmenischen und kasachischen Quellen zu verbauen. Das ist Putin im Mai 2007 nach seiner Reise in diese Länder gelungen. Außerdem müsse es das Ziel sein, wird weiter ausgeführt, Einfluss auf die Verteilungsnetze der EU zu gewinnen. Gasprom hat in Ungarn, Bulgarien und Italien bereits den Fuß in der Tür. Die Antwort auf die militärische Macht der USA, so Deljagin, sei die «Energiemacht». Der in Moskau lebende Politikexperte Falk Bomsdorf nennt dies den «Ausdruck einer Haltung, mit der viele Angehörige der russischen politischen Klasse in ihrer vor allem geopolitischen Denkweise die Nutzung von Öl und Gas zu politischen Zwecken befürworten».

Vor diesem Hintergrund muss fast naiv erscheinen, was die Europäer in den neunziger Jahren als Rahmen für den Energieaustausch ersannen. Sie nannten es «Energie-Charta» – von einundfünfzig Ländern Europas und Asiens wurde das Vertragswerk unterzeichnet. Es sollte die Investitionsbedingungen und den Transfer für den Energiebereich regeln. Russland hat 1994 unterschrieben. Doch nie wurde das Dokument vom russischen Parlament ratifiziert. Auch Putin lehnt dies ab. Russland duldet keine Einmischung in die inneren Angelegenheiten und will Herr der eigenen Schätze bleiben. Doch dieses verständliche Interesse gerät ins Zwielicht, wenn einer seiner engsten Mitarbeiter, der stellvertretende Chef der Kreml-Administration, es so interpretiert: Es sei einfacher, so Wladislaw Surkow, einen Staat zu besetzen, indem man ihn verschulde, als Truppen dorthin zu schicken. Solche Worte können nur als Drohung an die Staaten Ost- und Mitteleuropas gewertet werden, die nach dem Ende der sowjetischen Herrschaft fürchten müssen, in neue Abhängigkeit zu geraten.

Das erste Land, das dem Druck Moskaus gnadenlos ausgeliefert ist, erntet im Westen nicht viel Mitgefühl, weil sein Präsident ein bizarrer und rücksichtsloser Diktator ist. Weißrussland hatte sich jahrelang von Moskau durch billiges Öl und Gas subventionieren lassen. Der Machthaber in Minsk, Präsident Lukaschenko, mochte darin kein Übel sehen. Er selbst war mit Jelzins Russland eine Union eingegangen und hatte sich zeitweilig sogar Hoffnung gemacht, nach einer Vereinigung beider Länder deren erster gemeinsamer Staatschef werden zu können. Ende der neunziger Jahre sah man ihn durch Russland reisen, als sei er auf Wahlkampftournee. Jetzt drohe, so warnte er kürzlich selbst, eine Vereinigung unter anderen Vorzeichen, ein erzwungener Anschluss, weil das Land an den Rand der Zahlungsfähigkeit gedrängt werde. Bis zum Dezember 2006 hatte Weißrussland knapp fünfzig Dollar für tausend Kubikmeter Gas bezahlt. Ab dem 1. Januar 2007 stieg der Preis auf das Doppelte. Auch das war noch ein Freundschaftspreis, die Hälfte des Weltmarktpreises.

Als der Streit eskalierte, drehte Russland den Ölhahn zu – mit dem Ergebnis, dass auch in der deutschen Raffinerie Schwedt kein Tropfen ankam. Am Ende blieb Lukaschenko nichts anderes übrig, als die neue Rechnung für Erdgas und Erdöl zu akzeptieren. Zunächst war er gezwungen, seine Liquidität dadurch zu sichern, dass er fünfzig Prozent des weißrussischen Pipeline-Betreibers Beltransgas an Gasprom verkaufte. Doch schon ein halbes Jahr später geriet der Präsident wieder in finanzielle Schwierigkeiten: Weißrussland war im energiepolitischen Zangengriff. Im Juli blieb Minsk die Zahlung von 450 Millionen Dollar schuldig. Es bat um Aufschub und einen zusätzlichen Kredit von 1,5 Milliarden Dollar. Gasprom hingegen forderte ein Bußgeld für die nicht erfolgte Zahlung. Die weißrussische Regierung eilte nach Moskau, doch die Verhandlungen führten zu keinem Ergebnis. Minsk ließ empört erklären, Gasprom habe verlangt, an weißrussischen Privatisierungsprojekten beteiligt zu werden. Im August wurde die Schraube weiter angezogen, Gasprom reduzierte die Gaslieferung an Weißrussland um fünfundvierzig Prozent.

Die Westeuropäer mussten den Konflikt aus der Ferne als teilnehmende Beobachter verfolgen. Ihnen war klar, dass auch sie als Endabnehmer von den Turbulenzen betroffen sein würden. Doch bei aller verständlichen Besorgnis um das eigene Wohlergehen – es geht um mehr als um einen Preisdisput zwischen Produzenten und Kunden. Es ist in der Tat denkbar, dass es effektiver sein könnte, einen Staat in Schulden zu stürzen, als ihn militärisch zu besetzen. Bislang schützten Weißrussland und Polen die Tatsache, dass sie Transitländer sind und die Leitung nur zu sperren wäre um den Preis großer Empörung im Westen. Die Ostsee-Pipeline «North Stream» zielt darauf ab, diese Hürde zu umgehen.

Vielleicht stehen wir am Anfang einer Epoche, in der gerade jenes Regelwerk, das aus den Schreckenserfahrungen des 20. Jahrhunderts erwuchs, ausgehebelt wird zugunsten eines Rechts des Stärkeren, das dieser nicht mit Gewehren, sondern mit der Energiewaffe durchsetzt. Dann wäre Gasprom die mächtigste Waffe, die Russland in seiner Geschichte je in die Hände fiel.

An Selbstbewusstsein mangelt es dem Unternehmen schon heute nicht. Die in dreihundert Jahren gewachsene festliche Pracht von St. Petersburg will der Konzern mit einem Glaspalast übertrumpfen, über dem sich ein fast vierhundert Meter hoher Turm erheben soll. Mit entsprechender Beleuchtung wird die Turmspitze nach dem Wunsch des Bauherrn einer Fackel gleichen – dem Symbol des Konzerns. Außerdem schlägt der Kreml vor, Gasprom mit einer eigenen Streitmacht auszustatten. Das ist in einem Land, in dem schon sechzehn andere nichtmilitärische Institutionen über eigene Truppeneinheiten verfügen, nichts Ungewöhnliches. Doch zum ersten Mal wird auch ein Konzern das Kommando über paramilitärische Einheiten erhalten. Um seine Macht zu vervollständigen, hält sich das Unternehmen auch noch eine Mediensparte, in die es jene Fernsehsender und Zeitungen übernommen hat, deren Eigner wegen Unbotmäßigkeit abgestraft wurden. Wenn die Annahme mancher Kreml-Astrologen zutrifft, dass sich auf den oberen Etagen der Macht zwei Gruppierungen mit Argwohn betrachten, dann steht Gasprom für das eine Lager, das charakteristischerweise ohne Spitzenpersonal aus dem Geheimdienst auskommt.

Auch das andere Lager verfügt über einen Hebel, um wirtschaftliche Macht in politischen Druck umzuwandeln. Leidtragende waren als Erste die baltischen Staaten. Weil in Litauen eine Raffinerie nicht wie gewünscht unter russischen Einfluss geriet, wurde sie nicht mehr aus Russland beliefert. Als Estland im Frühjahr 2007 wegen der Umsetzung eines Denkmals und der Umbettung von Soldatengräbern in Moskau einen Sturm der Empörung auslöste, drosselte Russland zeitgleich das Exportvolumen von Erdöl über estnische Häfen. Dies wurde mit dringenden Reparaturen am russischen Schienennetz begründet. Die Reparaturarbeiten dauerten an. Im August fielen die Ausfuhren auf den niedrigsten Stand seit 1996. Eine Wiederbelebung des auch für Estland profitablen Exports war auch im September nicht in Sicht.

Erdöl ist die zweite Säule der Macht. Auch dieser Energiesektor gilt gemeinhin als langfristiges Geschäft. Die großen Investitionen, die nötig sind, um Erdölfelder zu erschließen; die langwierigen technischen Vorbreitungen; die Förderung, die sich über Jahrzehnte erstreckt – all dies lässt sprunghafte Veränderungen auf der Anbieterseite kaum erwarten. In Russland jedoch gelang einem Unternehmen der ganz große Sprung. Auf der Liste der erdölfördernden Unternehmen des Jahres 2003 rangierte Jukos, der Konzern von Michail Chodorkowski, ganz oben an der Spitze. Er galt als Musterbetrieb, was moderne Fördertechnik und Transparenz der Geschäftsführung anging. Die Buchhaltung folgte westlichen Regeln. Als der amerikanische Konzern Exxon Anstalten machte, Anteile bei Jukos zu erwerben, und dabei zunächst nicht auf Einspruch des Kreml stieß, schien ein goldenes Zeitalter anzubrechen: für Jukos, aber auch für die globalen Verflechtungen auf dem Energiemarkt insgesamt. Doch zu jenem Zeitpunkt hatte die politische Führung längst anderes im Sinn. Im Jahr 2007 taucht Jukos auf der Produzentenliste nicht mehr auf. Stattdessen belegt die staatliche Firma Rosneft die Spitzenposition – Rosneft stand 2003 noch an achter Stelle. Der wundersame Aufstieg des Unternehmens ist eng verbunden mit dem Niedergang von Jukos.

Der Konzern wurde nach der Verhaftung von Chodorkowski für bankrott erklärt, weil er die plötzlich vom Staat geforderten Steuernachzahlungen von dreißig Milliarden Dollar nicht leisten konnte. Die Konten des Konzerns waren eingefroren. Im Juli 2004 entschied die Regierung, dass Jukos zur Begleichung seiner Schuld zunächst die produktivste Tochtergesellschaft Juganskneftegas verkaufen sollte. Sie war mit sechzig Prozent Anteil an der Gesamtfördermenge das Herzstück des Jukos-Konzerns. Im gleichen Monat entsandte Putin seinen Vertrauten Igor Setschin in den Aufsichtsrat von Rosneft. Seine offizielle Biographie verzeichnet keine Lehrjahre beim KGB. Doch seine Dienste während der achtziger Jahre in Angola und Mosambik veranlassen Experten, die mit den Gewohnheiten des sowjetischen KGB noch vertraut sind, ihn ebenfalls dem Lager der Geheimdienstler zuzurechnen. Seit 1991 folgte Setschin Putin auf dem Weg nach oben. Formal bekleidet er heute das Amt des stellvertretenden Leiters der Kreml-Administration. Im Dezember 2002 ernannte ihn Putin zum Generalleutnant, was andeutet, dass es im Kreml neben der bürokratischen Hierarchie noch eine andere Rangordnung gibt.

Mit Setschins Berufung begann der steile Aufstieg von Rosneft. Zwar wurden Besitztümer von Jukos, die der Staat zum Eintreiben angeblicher Schulden veräußerte, auf Auktionen versteigert. Aber direkt oder indirekt, über Mittelsmänner, ging fast alles in den Besitz von Rosneft über. Experten bescheinigen dem Staatskonzern nunmehr, dass er mit den Anteilen von Jukos auch die Leistungsfähigkeit des einstigen Musterbetriebes übernommen habe. Ein Teil des alten Managements wurde weiter beschäftigt, und auch die Bohr- und Fördertechnik wird noch immer durch westliche Firmen verfeinert. Eine intelligente Übernahme, die zur Folge hat, dass der Kreml – oder eine Gruppierung – über ein Unternehmen verfügt, dessen Erdölreserven größer sind als die irgendeines westlichen Konzerns. Das bedeutet viel Macht für eine Staatsführung, die sich jeder demokratischen Kontrolle entzieht.

Der Prozess der Straffung des russischen Erdölmarkts, wenn man es so nennen will, ist noch nicht abgeschlossen. Im Sommer 2007 geriet die Ölfirma Russneft in Bedrängnis. Sie hält den siebten Platz auf der Rangliste der größten Ölunternehmen. Wie einst Jukos wurde auch ihr Steuerhinterziehung vorgeworfen. Das Innenministerium beantragte bei zwei Gerichten in Moskau die Beschlagnahmung des Vermögens. Ein Gericht lehnte ab, aber das andere stimmte zu. Der Mehrheitseigner Michail Gutserijew hatte schon zuvor erklärt, er werde vom Kreml unter Druck gesetzt. Andere Quellen berichten, er habe den Zorn der Obrigkeit auf sich gezogen, weil er sich eigenmächtig in eine Auktion des Jukos-Nachlasses einmischte. Im Kampf um die Neuverteilung herrschen strenge Regeln.

Im Herbst 2007 meldete sich eine Stimme zu Wort, die bislang durch Zurückhaltung aufgefallen war. Vagit Alekperow, der Chef von LUKoil, nach der Selbstbereicherung des staatlichen Konzerns Rosneft nunmehr die zweitgrößte Ölgesellschaft im Land (Marktwert über sechzig Milliarden Dollar), hatte sich bisher auf traditionell gute Beziehungen zum Kreml verlassen. Nun warnte er vor einer Übermacht des Staates im Ölsektor: Die Übernahme der Ölfirma Sibneft durch Gasprom im Wert von 13,5 Milliarden Dollar und die Aufrüstung von Rosneft durch das Jukos-Imperium, für das der Staatskonzern 26 Milliarden Dollar bezahlte, seien besorgniserregend. Mit solchen Aktionen drängt der Staat, so fürchtet Alekperow, private Unternehmen ins Abseits. Dabei war es das revolutionäre Verdienst seines Unternehmens LUKoil, das Land mit einem modernen Tankstellennetz beglückt zu haben. Noch in sowjetischen Zeiten forderte das Tanken von Autofahrern Demut und vor allem Geduld. Häufig war die Kasse in einem schmucklosen Container untergebracht, das Geld für die Tankfüllung war im Voraus zu entrichten. Und wehe dem, der das Volumen seines Tanks überschätzt hatte.

Heute säumen kleine Glaspaläste die Straßen, und grün gekleidetes Personal säubert Scheiben und bietet weitere Dienstleistungen an. Doch diese Pioniertat ist längst vergessen. Denn in der Hauptstadt gingen Gerüchte um, der Kreml wolle seine Vormachtstellung noch weiter ausbauen. Auch zu Alekperow hatte das Ministerium für Bodenschätze schon seine Sendboten geschickt, weil auf einem seiner Fördergebiete «ernsthafte Vergehen gegen die Lizenzbedingungen» festgestellt worden waren. Das Ministerium droht mit dem Entzug der Lizenz.

Ohnehin befindet sich ein zentrales Steuerungsinstrument in der Hand des Staates: das Netz der Ölleitungen. Transneft hält das Monopol für das Transportsystem. Dort übernahm ebenfalls im Herbst 2007 ein bislang unbekannter Mann den Chefsessel. Warum Nikolai Tokarew so rasch aufgestiegen war, erklärte ein Moskauer Institut: Putin und er sind gute Bekannte – noch aus jener Zeit, als beide in der DDR als KGB-Offiziere dienten. Putin will alle wichtigen Posten mit Vertrauensleuten besetzen. So baute er in der Endphase der zweiten Amtszeit seine Macht aus. Gleichzeitig verstärkte er die Kontrolle über jene Teile der Wirtschaft, die über Russlands Zukunft entscheiden, vor allem den Energiesektor – um ihn für globale Verteilungskämpfe zu wappnen.

10. Kapitel

Demokratie mit Adjektiven

Damals, als Moskau seinen letzten sowjetischen Winter erlebte, wurde in Kreisen der Ausländer hoch geschätzt, wer mit einem bislang unbekannten Rezept für Rote Beete oder Weißkohl aufwarten konnte. Denn anderes Gemüse gab es nicht in den Geschäften. Mürrisch war der Ton aufseiten der Verkäufer und muffig der Kunde, der sich, ohne nach kulinarischem Genuss zu streben, selbst mit minimalen Ansprüchen allein gelassen fühlte. In der Luft lag ein säuerlicher Geruch von Fäulnis, der vermutlich von der Fischtheke stammte, wo sich hinter stumpfem Glas geräucherte Zander krümmten wie in ewigem Schmerz. Auch die Romantik der damals an den Kassen noch allgegenwärtigen traditionellen russischen Rechenschieber vermochte nicht zu verhindern, dass im Dämmerlicht der Läden Endzeitstimmung herrschte.

Daran änderte sich für die meisten Menschen wenig, als sich im Januar 1991 über Nacht die Regale füllten. Plötzlich tauchten Früchte auf, von denen der russische Betrachter nicht einmal die Namen wusste, weil auch die Schriftsteller des 19. Jahrhunderts, deren Werke den einzigen Weg zu den Tafelfreuden gewiesen hatten, von Avocados und Artischocken noch nichts ahnten. Aber das war auch unwichtig. Denn als Käufer exotischer Waren kam der einfache Bürger ohnehin nicht infrage. Er war schon glücklich, wenn seine Familie nicht hungern musste. Für neue Kleidung, die plötzlich auf riesigen Märkten mit Waren aus aller Welt angeboten wurde, reichte das Budget nicht. Rentner mussten sich an eine erbärmliche Diät gewöhnen, die sich tagein, tagaus in Milch, Brot und Kartoffeln erschöpfte, weil alles andere unerschwinglich war. Um die Finanzen des Staates stand es, wie bereits erwähnt, nicht besser. Die Weltmacht von gestern befand sich scheinbar im freien Fall. So zerbrach auch der Glaube an die Zukunft des Landes. Diese Tristesse der frühen Jahre muss man sich vor Augen halten, wenn man das Lebensgefühl im heutigen Russland verstehen will.

In den Supermärkten klimpern heute elektronische Kassen, und der Besucher aus dem Westen denkt angesichts des überwältigenden Warenangebots bekümmert an die kärglich-provinzielle Auswahl, der er daheim beim Einkaufen begegnet. Längst profitiert nicht mehr allein die exklusive Klasse der Privatisierungsgewinner von der wirtschaftlichen Entwicklung. Über dem Land, in das die Deutschen im Hungerwinter vor gut fünfzehn Jahren noch Hilfstransporte sandten, hat sich ein Füllhorn geöffnet, das dem Staat Reichtum und einem wachsenden Teil der Bevölkerung Wohlstand bescherte. Die Wende zum Besseren stellte sich ein, als Wladimir Putin Präsident wurde.

Der wirtschaftliche Aufwärtstrend – das sei noch einmal in Erinnerung gerufen – war nicht das Verdienst des jungen Präsidenten. Als Putin sein Amt antrat, lag der Ölpreis unter zwanzig Dollar pro Barrel. Dann stieg er über die Jahre und erreichte Ende 2007 fast die Hundert-Dollar-Grenze. Russland hing in den neunziger Jahren «am Tropf der Weltbank», wie es Putin selbst plastisch im Rückblick formulierte – um den Erfolg seiner Politik herauszustreichen. Für 2003, als die Tilgung eines Teils der Auslandsschulden anstand, war schon nach dem Rubelsturz 1998 die nächste Finanzkrise prognostiziert worden. Doch als der kritische Termin näher rückte, konnte sich das Land mühelos von der Schuldenlast befreien. Der wachsende Reichtum ging mindestens in den frühen Putin-Jahren einher mit Reformen in der Wirtschafts- und Finanzpolitik. Die in den neunziger Jahren katastrophale Kapitalflucht nahm ein Ende. Der kleine Inselstaat Zypern wurde Großinvestor, weil reiche Russen ihr dort gebunkertes Geld zurückholten und in der Heimat investierten – 2006 flossen insgesamt einundvierzig Milliarden Dollar nach Russland, 2007 waren es allein im ersten Halbjahr fast siebzig Milliarden. Wenn die Vertrauensbeweise der Investoren als Maßstab für die Gesundung des Landes gelten sollen, dann zeigte sich Putin als glänzender Sieger.

Der Aufschwung durch die steigenden Gas- und Erdölpreise beflügelte auch andere Bereiche der Wirtschaft. Jahr um Jahr wuchs das Bruttosozialprodukt um sechs bis acht Prozent, wobei sich die Regierung zugute hält, dass die Inflationsrate sich nominell in Grenzen hielt. Die «gefühlte» Inflation hingegen, so war vielen Klagen zu entnehmen, lag wesentlich höher. Tatsächlich gestand die Regierung Ende 2007 ein, dass die Inflationsrate auf über zehn Prozent anwachsen könnte. Besonders bei Nahrungsmitteln waren die Preise signifikant gestiegen: bei Milch um 16,5 Prozent, bei Pflanzenöl um 17,1 Prozent, bei Butter um 20,3 Prozent. Das schlägt in einem Arbeiterhaushalt zu Buche. Für Rentner in Moskau, der teuersten Stadt der Welt, reichen die umgerechnet hundert oder hundertzwanzig Euro im Monat auch heute nur für eine kümmerliche Existenz.

Das ist eine Gemengelage, die auch die heutige Regierung noch zu fürchten hat. Schon in den neunziger Jahren hatte es Zeiten gegeben, in denen im angeblich so geduldigen russischen Volk soziale Protestbewegungen die selbstherrliche Hauptstadt bedrohten, etwa streikende Bergarbeiter, die den Zugverkehr auf der Transsibirischen Eisenbahn blockierten. Stets bestand die Furcht, dass sich lokales Aufbegehren wie eine Lawine zu einem landesweiten Aufstand formieren könnte. In einem Staat, in dem die demokratischen Regulative nur eine dekorative Rolle spielen und der öffentliche Diskurs sich auf einen Monolog der Herrschenden beschränkt, sind soziale Spannungen an der Basis eine Bedrohung, weil sie sich nicht im Rahmen eines gesellschaftlich akzeptierten Regelwerks entladen können. Wohl deshalb ging die Staatsmacht im Frühjahr 2007 so resolut gegen den politischen Protest der Oppositionsbewegung vor. Sie fürchtete, die Märsche der «Nichteinverstandenen» könnten bei Arbeitern auf Sympathien stoßen. Auch die patriotischen Parolen vom Wiedererstarken Russland sind geeignet, sozialen Unfrieden abzufedern – als brotlose Vergoldung bescheidener Lebensverhältnisse.

In der Debatte über die Reformpolitik der neunziger Jahre war viel davon die Rede, dass mit der Einführung der Marktwirtschaft eine mündige Mittelschicht entstehen würde, die ökonomisch wie politisch das neue Fundament der Gesellschaft bilden könnte. Eine im Auftrag der Friedrich-Ebert-Stiftung durchgeführte Untersuchung russischer Soziologen kommt allerdings zu wenig ermutigenden Ergebnissen – demnach rechneten sich 2003 fünfundzwanzig Prozent der Bevölkerung zur Mittelschicht. Sie verfügten mit einem durchschnittlichen Monatseinkommen von damals 400 Dollar über deutlich weniger finanziellen Rückhalt als die wachsende Klasse der Wohlhabenden. Eine erneute Umfrage 2006 zeigte einen signifikanten Trend. Noch im Jahr 2003 entstammte die Mehrheit der Angehörigen dieser Mittelschicht dem Bereich der Privatwirtschaft; 2006 gaben die meisten Befragten an, im Staatssektor tätig zu sein. Dort liegt das Monatseinkommen inzwischen deutlich über dem allgemeinen Durchschnitt. Die Statistik für 2007 verrät, dass der Staatsbeamte im Schnitt umgerechnet 824 Dollar im Monat nach Hause trägt. Staatsdiener werden zur tragenden Säule des Mittelstands. Ganz offensichtlich ist es verlockender, unter den Fittichen des Staates Schutz zu suchen, als sich dem Risiko privaten Unternehmertums auszusetzen. 2003 hatten noch zwanzig Prozent der Befragten erklärt, sich selbständig machen zu wollen; 2006 waren es gerade vier Prozent.

Was wohl damit zu tun hat, das der Staat den Weg in die Selbständigkeit mit vielen Hindernissen pflastert – Tendenz steigend. Die schon erwähnte Studie der Weltbank konstatiert ein weiteres Anwachsen der Bürokratie. Wer je die enzyklopädisch anmutende Liste von Dokumenten sah, derer es bedarf, um in Moskau eine Firma zu eröffnen, versteht, dass die Beamten den angehenden Unternehmer nicht mit offenen Armen empfangen. Und auch nach der Firmeneröffnung bleiben sie einem Gestus treu, der kaum anders als feindlich zu verstehen ist.

So geben die Staatsdiener dem Mittelstand ein ganz anderes Profil, als man es sich ursprünglich von einem wachsenden Bürgertum erträumte. Auch das politische Interesse hat abgenommen. Die Untersuchung konstatiert, dass 2006 nur noch 25 Prozent der Mittelschichtler das politische Geschehen im Land aufmerksam verfolgen. Die Hälfte der Befragten aber wünscht, dass Russland nur ein Staat für Russen sein sollte – zumindest sollten die ethnischen Russen mehr Rechte haben als die anderen Bürger. Eine klare Mehrheit ist der Ansicht, Russland bilde eine «eigene Zivilisation», und nur eine Minderheit glaubt, Russland solle sich den Moralvorstellungen und Regeln des Westens anpassen. Die politische Erziehung der Putin-Zeit zeigt ihre Wirkung.

Von der einstigen Vorstellung, der Mittelstand könne ein starkes Fundament der Gesellschaft bilden, entfernt sich das

Land zusehends. Stattdessen bilden, wie in Zeiten der Sowjetunion, Heerscharen von Staatsangestellten das Rückgrat des Staates. Der Staat verspricht Sicherheit. Soziologen entdecken ein wachsendes Interesse junger Leute an einer Karriere beim Zoll oder im Finanzwesen. Die Leiterin der russischen Sektion von «Transparency International» schätzt im Jahr 2007 die Zahl der Staatsbediensteten auf 3,5 Millionen. Rechnet man die Mitarbeiter staatlicher Betriebe dazu, so summiert sich das vom Staat abhängige Personal auf zehn Millionen Menschen. Dies entspricht nicht nur zehn Prozent der Wählerschaft, sondern auch einem verlässlichen Rückhalt, wenn es darum geht, die «Vertikale der Macht» zu stärken. In der Machtpyramide der Bürokratie hängt das Wohlergehen der Staatsdiener von der Gunst der jeweils ranghöheren Amtsträger ab. Anpassung oder jedenfalls weise Selbstbescheidung ist der Preis für eine solche Existenz.

Der zweite Transmissionsriemen, der die politische Ausrichtung der Bürger bis in die fernsten Provinzen steuert, ist die Partei «Einiges Russland». Anstelle eines Programms ist sie auf das Idol Putin eingeschworen, wie sie auf dem «Krönungsparteitag» im Oktober 2007 eindrucksvoll bewies. Da hatten sich die fünfhundert Delegierten aus dem ganzen Land im prächtigen Innenhof des alten Moskauer Handelszentrums «Gostini Dwor» versammelt und nahmen in unmittelbarer Nachbarschaft des Roten Platzes Putins Bereitschaft, als Spitzenkandidat für die Dumawahlen zu kandidieren, mit donnerndem Applaus entgegen. Der Präsident hatte damit zum ersten Mal erkennen lassen, dass er auch weiterhin eine Rolle in der Politik zu spielen gedenke. Er hatte an jenem Tag auch nicht ausgeschlossen, das Amt des Ministerpräsidenten zu übernehmen. Über die Details seiner Pläne ließ er die Delegierten jedoch im Unklaren. Die Begeisterung über Putins Erklärung war gewiss echt. Nicht nur erteilte er damit der anderen Kreml-Partei «Gerechtes Russland» eine Abfuhr. Vor allem versprach Putins Ankündigung auch für die Karriere jedes einzelnen Provinzdelegierten Kontinuität. In der zweiten Amtsperiode Putins gab es keine Stadt, in der sich nicht die Machtelite aus Politik und Wirtschaft unter dem Dach der Partei vereinte. Sie sorgten vor Ort für die Loyalität der Wähler zu Putin. Er garantiert ihr im Gegenzug Besitzstandswahrung und Fortkommen. Jede prinzipielle Veränderung der Machtverhältnisse in Moskau würde sich bis in die Provinzen auswirken.

Hat Russland einen politischen Sonderweg eingeschlagen? Dem Besucher in Moskau will es nicht so erscheinen. Wer im Straßencafé seinen Cappuccino trinkt, des Abends das wundervolle Konservatorium oder die Privatoper «Helion» besucht, fühlt sich zu Hause in einer Metropole, deren Vitalität ungebrochen scheint. Die jungen Leute in den Bistros und Weinrestaurants unterscheidet nichts von ihren Altersgenossen in Berlin, Paris oder London. Und nirgendwo ereilt den Besucher das Gefühl, er sei nicht erwünscht. Zu den neuen Orten, die einen Zeitenwandel zu belegen scheinen, gehören die Flughäfen. Sie sind zu allen Stunden des Tages überfüllt. An den Abfertigungsschaltern stehen lange Schlangen von Reisenden, die nach Ägypten, in die Türkei oder nach Berlin fliegen wollen.

In Wahrheit sind es insgesamt nur sieben Prozent der Bevölkerung, die ins Ausland reisen. Die anderen formen ihre Vorstellung vom Leben im Westen durch das Fernsehen und akzeptieren Zerrbilder als Wirklichkeit.

Putins Russland setzte neue Prioritäten im Umgang mit seinen Bürgern. Das konnte man nicht nur im fernen Kaukasus, sondern auch in Moskau erkennen. Im Oktober 2002 erreichte der tschetschenische Krieg die Hauptstadt. Ein Kommando von 42 Geiselnehmern besetzte ein Musical-Theater, in dem mehr als achthundert Zuschauer versammelt waren. Der Präsident setzte auf Staatsräson – es gab während der dreitägigen Belagerung des Theaters keine ernsthaften Gespräche über die Freilassung der Opfer, unter denen sich auch zahlreiche Kinder befanden. Politiker wie der liberale Duma-Abgeordnete Boris Nemzow und die Journalistin Anna Politkowskaja, die schon Gespräche mit den Tschetschenen begonnen hatten, wurden zurückgepfiffen. Der Staat wollte Stärke zeigen.

Fünf Jahre danach erinnert sich Boris Nemzow, noch immer verstört, an die Situation, als ihm die Verhandlungen zur Befreiung der Geiseln untersagt wurden. Wenige Tage nach den katastrophalen Ereignissen habe der damalige Chef der Kreml-Administration Woloschin das Geheimnis gelüftet, weshalb Putin an einer Verhandlungslösung nicht gelegen war. Woloschin habe freimütig erklärt: «Wenn Sie oder der Bürgermeister Luschkow die Geiseln gerettet hätten, dann wären Sie starke Kandidaten für die Präsidentschaft geworden.» Putin wollte seine eigene Rolle im Krisenmanagement betonen, um jeden Preis.

Die Frage, wie Staatsmänner in anderen Ländern in einer solchen Zwangslage entschieden hätten, bleibt offen. Auch die Regierung der Bundesrepublik sah sich im Herbst 1977 mit einer Geiselnahme durch Terroristen konfrontiert und hat der Erpressung nicht nachgegeben. Im Moskau jener Tage verstörte neben der Angst um die unglücklichen Opfer aber vor allem das Vorgehen der Behörden. Das Geschehen war umwölkt von Lügen, Halbwahrheiten und Geheimnistuerei. Um nur ein Beispiel dieser Taktik zu nennen: Das Fernsehen zeigte ein Interview mit dem tschetschenischen Präsidenten Maschadow, in dem dessen Äußerungen wie eine Verteidigung der Geiselnahme wirkten. Später stellte sich heraus, dass es sich um eine alte Aufnahme gehandelt hatte, die mit den Vorgängen im Theater nicht im Zusammenhang stand. Das war der Versuch schändlicher Stimmungsmache durch Manipulation.

Natürlich wurde als Auslöser für die Erstürmung durch Sondertruppen die beginnende Erschießung von Geiseln im Theater genannt. Überlebende berichteten später, dass nichts dergleichen stattgefunden habe. Im Gegenteil: Die Tschetschenen hätten ihnen in der Nacht vor dem Sturm erklärt, am folgenden Morgen würde ein Teil der Geiseln, darunter die Ausländer, freigelassen. Dazu kam es nicht mehr. Die 42 Männer und Frauen des Geiselnehmerkommandos wurden ausnahmslos erschossen, auch die, die – betäubt vom eingesetzten Gas – wehrlos am Boden lagen. Somit konnte es nie zu einer Aufklärung durch ein Gerichtsverfahren kommen. Das Gas aber, das zur Befreiung der Geiseln eingesetzt wurde, war auch für viele von ihnen tödlich. Die medizinische Versorgung vor Ort gestaltete sich chaotisch; die bewusstlosen Opfer wurden in Bussen abtransportiert, zum Teil starben Überlebende unter der Last der Toten, die auf ihnen lagen. In den Krankenhäusern ging es nicht besser zu – die Ärzte informierte man nicht über die Konsistenz des chemischen Kampfstoffes, der eingesetzt worden war. Tage später, auf einer Pressekonferenz des Geheimdienstes, begnügte sich ein Sprecher mit dem Hinweis, man habe die Zusammensetzung des Gases nicht nennen dürfen; im Antiterrorgesetz sei festgeschrieben, dass Einsatzmittel und Taktik geheim gehalten werden müssen. «So steht es im Gesetz», sagte er, «sehen Sie es sich selbst an.» Im Klartext: Der Staat nahm billigend den Tod von Männern, Frauen und Kindern in Kauf, um das Geheimnis eines Kampfstoffes zu wahren. Eine befremdliche Staatsräson, der 129 Menschen zum Opfer fielen.

Natürlich verlangten die Angehörigen eine Untersuchung der Ereignisse. Vergeblich. Im Sommer 2007 wurde das Verfahren von der Generalstaatsanwaltschaft endgültig eingestellt.

Eine Institution wie der Geheimdienst FSB lässt ihr Vorgehen nicht von einem Gericht überprüfen. In einer «souveränen Demokratie» verzichtet auch das Parlament auf die gebotene Klärung durch einen Untersuchungsausschuss. Erst die medizinische Untersuchung von ehemaligen Geiseln im Ausland zeigte, dass es sich bei dem eingesetzten chemischen Kampfstoff um eine opiumähnliche Substanz handelte, die als Aerosol über die Klimaanlage des Theaters versprüht wurde. Sie stamme, so die Ärzte, offensichtlich aus einem geheimen Laboratorium des Geheimdienstes und sei in ihrer Wirkung so stark, dass bereits ein einziger Tropfen einen Elefanten außer Gefecht setzen könne.

Die liberale Duma-Fraktion der «Union der Rechten Kräfte» unter Boris Nemzow verlangte nach der katastrophalen Befreiungsaktion, einen parlamentarischen Untersuchungsausschuss einzusetzen. Sie scheiterte an der kremlhörigen Mehrheit im Parlament. Daraufhin stellte sie eigene Recherchen an und kam im Hinblick auf die medizinische Versorgung der befreiten Geiseln zu erschreckenden Ergebnissen. Nemzow schildert, wie er Putin mit den bestürzenden Erkenntnissen über die Missachtung elementarer Regeln bei der Behandlung von ohnmächtigen Geiseln konfrontiert und die Bestrafung der Verantwortlichen gefordert habe. Doch Putin habe sich diesem Ansinnen widersetzt – er wollte die Aufmerksamkeit nicht noch einmal auf die traumatischen Ereignisse lenken. Auch Nemzows Forderung, man müsse Zeichen setzen, falls sich ein solcher Fall wiederhole, damit Rettungskräfte in Zukunft umsichtiger handelten, vermochte den Präsidenten nicht zu überzeugen.

Am 1. September 2004 war es so weit. Kaukasische Geiselnehmer besetzten die Schule von Beslan, in der sich zum Auftakt des Schuljahres mehr als tausend Kinder und Eltern versammelt hatten. Bei der Befreiungsaktion kamen 334 Menschen ums Leben, davon 186 Kinder. Die kleine Stadt in Nord-Ossetien stürzte in Verzweiflung, denn zur Trauer kam der Verdacht hinzu, der blutige Ausgang der Geiselnahme hätte verhindert werden können. Diesmal versprach Putin höchstpersönlich Aufklärung. Der parlamentarische Ermittlungsausschuss verwies allein auf das fahrlässige Verhalten der örtlichen Behörden, die die Schule nicht ausreichend gesichert hätten. Aber vor Ort, unter den Angehörigen, gehen bis heute Zweifel um, ob tatsächlich eine Explosion im Inneren der Schule den Sturm ausgelöst habe oder nicht vielmehr die Spezialtruppen zuerst angegriffen hätten. Mit einem Film versuchten die Angehörigen im Herbst 2007 den Nachweis zu erbringen, dass die Katastrophe ihren Lauf nahm, nachdem die Turnhalle von außen unter Feuer genommen wurde. Erst danach seien im Inneren die Sprengsätze explodiert. Jetzt klagen die Mütter von Beslan vor dem Europäischen Gerichtshof in Straßburg, weil ihnen der eigene Staat die Aufklärung verwehrt.

Der Rückblick auf Beslan und die Ereignisse im Musical-Theater sollen nicht dazu dienen, traumatische Stunden in Erinnerung rufen, nur weil sie Tiefpunkte in der Präsidentschaft Putins waren. Doch sie dokumentieren Verhaltensweisen, die über sein Wertesystem Aufschluss geben, ein Wertesystem, das seinen sonstigen Verlautbarungen so offensichtlich widerspricht. Der Präsident ist, wie die Putin-Biographin Katja Gloger schreibt, ein «Meister der Ankündigung». In dieser Rolle bekundete er immer wieder das Bestreben, Russland zu einem Teil der westlichen Wertegemeinschaft zu machen.

Nun bietet der Westen selbst ständig neuen Anlass, an der Substanz dieses Begriffes zu zweifeln. Und doch haben die Philosophen vorangegangener Jahrhunderte einen Rahmen geschaffen, in dem sogar die Deutschen ihren «Weg nach Westen» gefunden haben. Dazu gehören die fundamentalen Grundsätze, wie sie der englische Philosoph John Locke beschrieben hat, dessen Schriften die Unabhängigkeitsbestrebungen der englischen Kolonien in Amerika beflügelten. Er lehrte, dass der Staat und seine vermeintliche «Größe» kein Selbstzweck seien und jeder Bürger einen Anspruch auf Lebensglück habe.

Wer als ausländischer Betrachter solche Erwägungen heranzieht, dem wird leicht vorgehalten, die Tradition und Geschichte des Landes nicht zu verstehen. Doch findet man diese Denkweise auch in Russland selbst, und zwar gerade bei jenen, die ihr Leben unter sowjetischer Herrschaft verbracht haben. Zu ihnen gehörte der 2005 verstorbene Alexander Jakowlew, ein Weggefährte und Vordenker Gorbatschows. Es war eine denkwürdige Stunde am 30. Oktober 2000, als der alte, schon von Krankheit gezeichnete Mann zu einer Menge sprach, die sich anlässlich des Gedenkens für die Opfer des Stalinismus auf dem Platz an der Lubjanka versammelt hatte. Er mahnte seine Zuhörer mit dem für russische Traditionen geradezu aufrührerischen Satz: «Denkt daran, der Staat dient dem Menschen und nicht der Mensch dem Staat!»

Schon dem zaristischen Russland waren solche Überlegungen nicht fremd. Aber unter den damaligen Umständen bewegten sie nur eine gebildete Minderheit. Sie ließ sich von solchem revolutionären Gedankengut leiten, als sie die autoritäre Herrschaft der Zaren bekämpfte. Im Geiste der Locke'schen Aufklärung wurde auch eine der bösesten Satiren gegen die Despotie verfasst, ein sarkastischer Anti-Locke. Michail Saltykow-Schtschedrin, ein Adliger des 19. Jahrhunderts, der schon nach seinen ersten, als lästerlich empfundenen Veröffentlichungen von Nikolai I. in die Provinz verbannt wurde, beschreibt in seinem Buch «Geschichte einer Stadt» das Spannungsverhältnis zwischen Bürger und Obrigkeit unter wechselnder Herrschaft.

Um die kleinliche Zensur zu unterlaufen, gab der Autor vor, eine Chronik vergangener Zeiten, deren Handlung in der fiktiven Stadt Dumburg spielt, verfasst zu haben. Er zeichnete in Wahrheit ein Bild seiner Gegenwart.

Viel später erwies sich das Werk auch als eine düstere Prophezeiung für das 20. Jahrhundert. Es sei hier daran erinnert, nicht der Parallelen wegen, sondern weil sich in den bitteren Gedanken des Satirikers der russische Widerstand gegen scheinbar gesetzmäßig herrschende russische Denktraditionen spiegelt, die den Staat zum Selbstzweck erheben. «Allein die Tatsache», lässt er seinen fiktiven Chronisten über die Konflikte zwischen Regierenden und Regierten notieren, «dass trotz dieses tödlichen Kampfes die Dumburger noch immer zu leben fortfahren, zeugt hinlänglich von ihrer Widerstandskraft und verdient die gesammelte Aufmerksamkeit des Historikers.» Saltykow schreibt von einer Schule des Herrschens, in der das Leben des einfachen Bürgers wenig gilt: «Die Repräsentanten dieser Schule predigen allen Ernstes, je mehr Bürger man vernichte, desto glücklicher würden sie sein, und desto glänzender würde vor allen Dingen die Geschichte selbst.» Das war eine mit überspitzter Feder ausgeführte Charakterisierung des 19. Jahrhunderts, dessen schlichte Denkweise auch andere europäische Monarchen teilten. Doch scheint es, als habe sich Russland am allerwenigsten von dieser Tradition des Herrschens befreit. Und wenn Putin heute zarengleiche Verehrung widerfährt, dann hat er seine Landsleute aufs Neue davon überzeugt, dass dies für Russland der einzig angemessene Regierungsstil sei – die von KGB-Methoden geprägte Rückkehr zum Autoritarismus vergangener Zeiten.

Mit der gegenwärtigen faktischen Hinwendung zu einem Staatsbild des 19. Jahrhunderts geht die Wiederentdeckung eines Helden russischer Geschichte einher, der im 20. Jahrhundert die Satire von Saltykow noch zu überbieten schien. Stalin benötigte keinen Krieg, um jenen Teil der Bevölkerung zu vernichten, der seinem Projekt der Modernisierung Russlands im Weg stand oder nur verdächtigt wurde, es an der gebotenen Loyalität fehlen zu lassen. Manchmal genügte schon, dass die Statistik des Mordens nach mehr Opfern verlangte.

Von diesen Abgründen der russischen und sowjetischen Geschichte wurde in der Zeit von Gorbatschows Glasnost viel geschrieben und gesprochen. Dann wurde es immer ruhiger. Der schon erwähnte Alexander Jakowlew stellte sich in den neunziger Jahren an die Spitze derjenigen, die auch weiterhin die Aufarbeitung der Geschichte forderten. Er wurde Vorsitzender der Kommission für die Rehabilitierung der Opfer des Stalinismus und veröffentlichte eine Reihe von Bänden mit Dokumenten des Terrors. In den späten Jelzin-Jahren beklagte er sich schriftlich beim Präsidenten darüber, dass im Schulunterricht diesem Thema zu wenig Bedeutung beigemessen werde. Außerdem, so bemängelte er, werde den Forschern der Zugang zu den Archiven wieder erschwert. In jenen Jahren schlug das Pendel bereits zurück. Heute würde Jakowlew vielleicht zu den Aufrührern oder zur «fünften Kolonne» gezählt werden. Denn sein Vermächtnis fügt sich nicht in das Bild Russlands, das sich Putin und seine Leute wünschen. An jenem 30. Oktober 2000 hatte er einen seiner letzten großen öffentlichen Auftritte. Dort, vor der Zentrale des Geheimdienstes, erinnert ein unbehauener Felsstein, der von den Solowki-Inseln, dem ersten Gulag-Lager, herangeschafft worden war, an die Opfer. An diesem Ort hielt Jakowlew sich und seinen Landsleuten den Spiegel vor: «Wir haben uns doch gegenseitig denunziert, entlarvt, schikaniert, klatschten uns die Hände wund, als wir den Exekutionen applaudierten.» Ohne Anerkennung der Schuld könne es keine Reue und ohne Reue keine glückliche Zukunft geben: «Wenn wir diese schlichte Wahrheit nicht begreifen, werden wir einer autoritären Nomenklatura erneut den Weg bahnen. Wir werden wieder die Hymne Stalins spielen.»

Die einstige Stalin-Hymne wurde schon einen Monat später wieder zur Nationalhymne erklärt. Es begann ein Prozess der Umdeutung der Geschichte, an dessen Ende wir erneut vor einem Denkmal Stalins stehen. Putin hatte im Sommer 2007 Lehrer auf seinen Landsitz geladen, um sein Geschichtsverständnis zu verbreiten. Man dürfe sich, so der Präsident, nicht von Stimmen aus dem Ausland Schuldgefühle aufdrängen lassen – die sollten über ihre eigene Vergangenheit nachdenken: «Wir haben keine Atomwaffen gegen eine Zivilbevölkerung eingesetzt, wir haben nicht über Tausende von Quadratkilometern Chemikalien versprüht, wir haben nicht siebenmal so viele Bomben wie im Zweiten Weltkrieg auf ein kleines Land geworfen, wie es in Vietnam der Fall war.» Damit sollten die USA in die moralischen Schranken verwiesen werden. Putin hatte auch die Deutschen im Visier: «Wir haben nicht solche schwarzen Seiten wie den Nazismus.»

Das fragwürdige Geschäft der Relativierung von Geschichte sei hier nicht fortgeführt. Es genügt vielleicht der Hinweis, dass die beiden Staaten, die von Putin genannt werden, auf jeweils eigene Weise öffentlich mit der geschichtlichen Last umzugehen versuchen. Dass in Deutschland ernstzunehmende Publizisten beginnen, die Nazizeit zu verklären, wird man zumindest schwerlich behaupten können. Doch Putins Absicht wird deutlicher, wenn man den Leitfaden, der Lehrern für den Geschichtsunterricht dienen soll, genauer betrachtet.

Die Handreichung, verfasst von Autoren aus dem Kreml-Apparat, verschweigt nicht die Jahre der «Säuberung». Doch sie habe, was angeblich auch ausländische Historiker bestätigten, in erster Linie die Parteioberen selbst getroffen. Ein Beleg für diese Behauptung wird nicht angeführt. Sodann wird Stalin mit dem Helden russischer Geschichte, dessen Porträt auch in Putins Arbeitszimmer hängt, in Verbindung gebracht: «Stalin folgte der Logik von Peter dem Großen», heißt es in dem Leitfaden, «er verlangte das Unmögliche von den Menschen, um das Maximum zu erreichen. Das Ergebnis von Stalins Säuberung war eine neue Klasse von Managern, die fähig waren, die Aufgabe der Modernisierung zu lösen... Genauso wie Kanzler Bismarck, der Deutschland mit ‹Blut und Eisen› geeint habe, stärkte Stalin das Land durch Grausamkeit und Erbarmungslosigkeit. Die Stärkung des Staates, eingeschlossen die industrielle und militärische Kraft, war eines der Hauptprinzipien seiner Politik.»

Aus dem Blickwinkel eines Therapeuten könnte man vielleicht von einem Prozess der Selbstfindung sprechen – wären die Angelpunkte der Identifikation nicht zugleich die Wegzeichen für Gulag, Hinrichtungsstätten und Massengräber. Die Statistik des Todes ist so ungeheuerlich, dass die Historiker bis heute nicht zu letzter Klarheit gekommen sind – und, wie Anne Applebaum in ihrem grundlegenden Werk über den Gulag vermutet, nie kommen werden. Achtzehn Millionen Häftlinge wurden in den Jahren von 1934 bis 1953 in den Gulag verbannt. Fast eine Million ist dort umgekommen. Ebenso viele Menschen wurden hingerichtet. Die Zahlen vermitteln nichts von dem Unglück, das den Hinterbliebenen widerfuhr. Die Gesamtzahl der Todesopfer kommunistischer Gewaltherrschaft schwankt je nach Schätzung zwischen zehn und zwanzig Millionen. Welche Verblendung muss herrschen, wenn dieses Kapitel russischer Geschichte als Etappe auf dem Weg zur Stärkung der Nation beschrieben wird!

Nach einer Umfrage vom Februar 2007 bewerten 47 Prozent der Befragten die Herrschaft Stalins positiv. In den neunziger

Jahren lag dieser Wert noch bei 20 Prozent. Aber er wird sich noch weiter steigern lassen, wenn Schulkinder mit diesem Bild der Vergangenheit konfrontiert werden – zumal dieser Patriotismus vom Fernsehen begleitet wird. Dort wurde die vierzigteilige Serie «Stalin live» ausgestrahlt, die den Tyrannen als müden alten Mann zeigt, der auf sein bewegtes Leben zurückblickt.

Die nichtstaatliche Organisation «Memorial» veröffentlichte zum 70. Jahrestag des Beginns des «Großen Terrors» Thesen zur Langzeitwirkung der damaligen Verbrechen. Die Folgen dieser Katastrophe seien bis heute deutlich zu erkennen: sie habe «verschleppte Krankheiten unserer Mentalität verschlimmert, die noch aus dem russländischen Reich stammen, und neue gefährliche Komplexe erzeugt». Dazu rechnet «Memorial» die «Empfindung der Nichtigkeit menschlichen Lebens und der Freiheit vor dem Götzen Macht», die «Gewöhnung an die ‹gelenkte Rechtsprechung›, die «Imitation des demokratischen Prozesses», die Verletzung der Verfassung, die mit der Beschwörung der unverbrüchlichen Treue zur Verfassungsordnung einhergehen. Die mutigen Mitarbeiter von «Memorial», die anfangs sogar von Gouverneuren und Bürgermeistern unterstützt wurden, stemmen sich einer mächtigen Kraft entgegen, die im Inneren das Landes über alle auch nur erdenkliche Macht verfügt – von den Medien bis zum staatlichen Sanktionsapparat.

Wer die Vergangenheit beherrscht, regiert auch die Zukunft. Die Wiederauferstehung alter Schimären folgt nicht einer privaten Marotte des Präsidenten, die sich schnell wieder verflüchtigt im Wandel der Zeiten. Ein mächtiges Land wird auf seine Rolle als Großmacht eingestimmt, für die es den Ballast der Geschichte nicht geben soll. Man kann, wie Lilia Schewzowa, die demokratische Fassade des Staatswesens ein «Potemkin'sches Dorf» nennen. Welches Gedankengut sich dahinter verbirgt, verrät am klarsten die Darstellung der Geschichte von höchster Stelle.

Wie steht es mit der oft vorgebrachten These, es handele sich bei dem Regiment Putins um eine Stufe der Entwicklung, an deren Ende eine blühende Demokratie erwachse? Man kann kaum an eine demokratische Entwicklung glauben, wenn die Pflöcke der Macht so tief eingeschlagen werden: Die Opposition ist zersplittert, der öffentliche Diskurs ist kanalisiert, Geheimdienstler besetzen die Schaltstellen politischer und wirtschaftlicher Macht. Aus dieser Position der Stärke heraus lässt sich das scheindemokratische Schauspiel einer Parlaments- und Präsidentenwahl trefflich inszenieren.

Doch die Tücke liegt im Detail. Bei den Dumawahlen war keineswegs sicher, ob das Volk, wenn es schon einmal befragt würde, der «Partei der Macht» zu einer Zweidrittelmehrheit im Parlament verhelfen würde. Die aber war erwünscht, weil sie allein zu Putins legaler Machtbasis im Staat werden konnte, auch wenn er nicht mehr im Kreml residierte. Es bedarf nicht nur zwei Drittel der Stimmen, um die Verfassung zu ändern. Diese Mehrheit schreibt die Verfassung auch vor, um ein Verfahren zur Amtsenthebung gegen den Präsidenten einleiten zu können.

Der Wechsel im Präsidentenamt war der Schwachpunkt des solide gefügten Systems Putins, weil er dem Machtgefüge seine zentrale Stütze zu rauben schien. Alle, die unter seiner Ägide zu Macht und Wohlstand gekommen waren, fürchteten eine Veränderung an der Spitze. Also musste Putin eine Rolle finden, in der er sich von der Macht verabschiedete, ohne sie zu verlieren. Die Transaktion erwies sich als schwieriger, als naive Gemüter es zunächst angenommen hatten. Ganz offensichtlich ging es um mehr, als irgendeinen guten Freund auf den Präsidentensessel zu hieven. Denn auch gute Freunde mögen, wenn sie mit allen Vollmachten des russischen Präsidenten ausgestattet sind, eigene Ziele entwickeln. Es ging nicht um die Frage, welcher Kandidat für das Volk wählbar sei – einmal benannt, würden ihm die «administrativen Ressourcen» schon die Stimmen zutreiben –, sondern darum, wer das größte Maß an Vertrauen vonseiten Putins genoss.

Auf einem Diskussionsforum in Sotschi im Sommer 2007 verkündete Putin stolz, dass nunmehr fünf Kandidaten für seine Nachfolge im Gespräch seien. Die Bürger Russlands hätten eine große Auswahl. Auch würden die Dumawahlen indirekt das Ergebnis der Präsidentenwahlen beeinflussen: «Diesen Wahlen wird eine scharfe politische Debatte und ein Kampf der Parteien vorangehen.» Wie ein weiser Staatsmann fügte er hinzu: «Wie es ausgehen wird? Lasst uns abwarten und sehen. Wir werden im März erleben, was geschieht.» Niemand zweifelt daran, dass das Ergebnis spätestens feststehen wird, wenn die Medien Weisung erhalten, welchen der Kandidaten sie zum Sieg tragen sollen.

Lenkt man den Blick auf die russische Geschichte, so ist nicht zu übersehen, dass die jeweiligen Herrschaftswechsel allzu häufig kritische Tiefpunkte der Entwicklung markierten. Das Land blieb dieser Regel treu, unabhängig vom jeweiligen Regierungssystem. Ob in Zarenzeiten oder unter Hammer und Sichel – der Abgang eines Staatsoberhauptes und die Machtergreifung des Nachfolgers lösten Erschütterungen in Staat und Gesellschaft aus, die zuweilen die Menschen um den Fortbestand des Landes und auch ihrer Existenz bangen ließen.

Das Trauma von den Erschütterungen, die ein Wechsel auf dem Thron auslösen kann, geht zurück bis auf die Zeit Iwans IV., der unter dem Beinamen «Grosny» («der Furchterregende») nachfolgenden Herrschergenerationen einen Leitfaden für ein straffes Regiment an die Hand gab: «Und immer geziemt es den Herrschern, umsichtig zu sein: hier sehr milde, dort grimmig; für die Guten Gnade und Milde, für die Bösen Grimm und Pein. Wenn er aber das nicht hat, so ist er gar kein Zar», beschied er einem Fürsten. «Denn der Zar ist nicht den guten Werken, sondern den bösen zu fürchten. Willst Du Dich aber nicht fürchten, so tue Gutes; tust Du aber Böses, so fürchte Dich.» Diese Maxime vom Umgang mit den Untertanen lebte bei gekrönten und ungekrönten Herrschern fort, und sie klingt auch beim jüngsten wieder an, als dieser die Formel von der «Diktatur des Gesetzes» erfand.

Aber jener Iwan, der im 16. Jahrhundert das Russland der Neuzeit begründete, setzte auch ein Beispiel für die Gefahr, die mit dem Herrschaftswechsel verbunden sein kann. Nachdem er seinen ältesten Sohn, den Anwärter auf die Herrschaft, mit eigener Hand getötet hatte, stürzte das Reich nach Iwans Ableben in eine Phase der Machtkämpfe, die noch heute als eine Epoche der Düsternis beschrieben wird. Als «Zeit der Wirren» blieb sie über Jahrhunderte im kollektiven Gedächtnis. Sie gipfelte in der Besetzung Moskaus durch ein polnisches Heer. Es drohte sogar die Inthronisierung eines polnischen Königs im Kreml.

Der Machtwechsel führte auch bei den nachfolgenden Herrschergenerationen immer wieder zu Staatskrisen. Manchmal war der Wechsel erzwungen, etwa als Katharina (1729–1796), die später die Große genannt wurde, ihren Gemahl und eigentlichen Thronfolger, den sie jedoch des Amtes nicht für würdig befand, ermorden ließ. Alexander II. (1818–1881) wurde durch ein Attentat dahingerafft, was das Ende seiner Reformpolitik zur Folge hatte. Über der Herrschaft des letzten Zaren Nikolai II. (1868–1918) lag in den Augen des Volkes ein düsteres Omen, nachdem bei seinen Krönungsfeierlichkeiten zweitausend Untertanen in einer Massenhysterie zu Tode kamen.

Mit diesem Schicksalsschlag begann der Niedergang der dreihundertjährigen Romanow-Dynastie. Im Februar 1917 erklärte der Zar seinen Rücktritt. Im Sommer 1918 starb Nikolai II. mit seiner Familie durch ein blutrünstiges Gemetzel in Jekaterinburg, wohin die Bolschewisten ihn verschleppt hatten.

Auch sie konnten sich nach der Oktoberrevolution, die doch alles wenden sollte, der unheilsschwangeren Tradition nicht entziehen. Auf die mit religiösem Pathos inszenierte Trauer nach dem Tod Lenins folgten Machtkämpfe in der Partei, in denen Stalin als Meister der Intrigen seinen Aufstieg mit mörderischem Hintersinn erkämpfte. Sein hymnisch betrauertes Ableben führte wiederum zu einem Machtkampf im Kreml, bei dem sogar einer der Anwärter auf die Nachfolge, Lawrenti Berija, der oberste Scherge des verblichenen Tyrannen, erschossen auf der Strecke blieb.

Chruschtschow musste sich 1964 einer Palastrevolution beugen – er durfte wenigstens eines natürlichen Todes sterben. Nach einigen Jahren des kontrollierten Machtwechsels, der seine Verlässlichkeit dadurch erhielt, dass jeder Generalsekretär bis zu seinem Verscheiden im Amt bleiben durfte, ereilte Michail Gorbatschow wieder das Schicksal, von einem ungeduldigen und ambitionierten Rivalen aus dem Kreml verjagt zu werden. Boris Jelzin hatte das Ende des Roten Imperiums herbeigeputscht und leerte am Morgen der Vertreibung des letzten sowjetischen Präsidenten in dessen geräumtem Büro mit seinen Kumpanen eine Flasche Whisky. Auf diese Weise begann ein neues, vielversprechendes Kapitel russischer Geschichte, das hinfort demokratisch genannt wurde.

Die Frage jedoch, wie der Nachfolger gefunden und bestallt werden soll, fand auch in den folgenden Jahren keine Lösung, die einem Lehrbuch für demokratische Regeln hätte entstammen können. Als sich Jelzins zweite Amtsperiode dem

Ende zuneigte, kündeten politische Turbulenzen an, dass es zu einem erbitterten Kampf um die Macht kommen würde. Mit einem politischen Taschenspielertrick brachte der Präsident seinen Nachfolger Putin an die Macht, weil er allein Jelzin Sicherheit vor Strafverfolgung und Vermögensverlust zu garantieren schien. Loyalität zum Vorgänger war der Maßstab der Dinge. Es war allerdings auch Putin, der ein Beispiel setzte für die Grenzen dieser Loyalität. Zwar ließ er Jelzin ungeschoren, doch machte er von den üppigen Vollmachten des Präsidenten schnell Gebrauch. Er säuberte den Apparat von dessen Anhängern und lenkte das Staatsschiff auf einen Kurs, der Jelzin missfiel – nicht zuletzt was die Einschränkung der Pressefreiheit anging. Doch Putin bewies, dass nichts weniger gilt als das Wort eines Vorgängers. Diese Erkenntnis stand ihm vor Augen, als sich seine eigene Amtszeit dem Ende näherte.

Höchstes Ziel der Politik von Präsident Putin war stets die Stabilisierung Russlands gewesen, jedenfalls das, was er darunter verstand. Mit dieser Maxime rechtfertigte er jeden Schritt seines Handelns, auch die Kunstgriffe, mit denen er die Regeln der Demokratie außer Kraft setzte und ein autoritäres Staatswesen errichtete. Seine Schlagworte von der «Diktatur des Gesetzes» und der «Vertikale der Macht» beschreiben den Weg dorthin. Mit der Bezeichnung «souveräne Demokratie» bemäntelte er die Abkehr vom Muster westlicher Demokratien, denn das Attribut «souverän» beschreibt den Anspruch, den Gehalt der Begriffe selbst zu definieren. Der Präsident steht mit seiner Person für die Glaubwürdigkeit dieser Strategie. Er ist geradezu das Symbol schlechthin für die Stabilität im Land. Deshalb konnte es nicht überraschen, dass nichts die russischen Bürger so beschäftigte wie die Frage nach dem Wechsel an der Spitze des Staates. Man könnte es das «Putin-Paradox» nennen: der Stabilisator als Auslöser größter Verunsicherung.

Gemessen an den Äußerungen von Amtsträgern und der Stimmung im Volk, wäre eine Verfassungsänderung, die Putin eine dritte Amtszeit ermöglicht hätte, auf wenig Widerstand gestoßen. Zu verlockend schien die einfache Devise, an der Spitze der Machtpyramide keine Änderungen vorzunehmen. Doch das hätte Putin an die Seite dubioser Amtskollegen wie des weißrussischen Präsidenten Lukaschenko und der zentralasiatischen Despoten gestellt. Diesen Weg hatte Putin stets für sich ausgeschlossen. Die Alternative aber, die Regelung der Nachfolge dem freien Spiel der politischen Kräfte zu überlassen, hätte unabsehbare politische Folgen nach sich gezogen. Jeder Erbe auf dem Kreml-Thron hätte – allen vorangegangenen Versprechungen zum Trotz – kraft der gewaltigen Macht, die dem Präsidentenamt innewohnt, den Kurs ändern oder mindestens einen Austausch der Eliten herbeiführen können. Das labile Gleichgewicht der verwobenen Interessen von Sicherheitsapparat und Industrieclans wäre aus der Balance geraten. Anzeichen solcher Konflikte, die die Gefahr von möglichen Diadochenkämpfen in sich trugen, blieben im Herbst 2007 nicht einmal der Öffentlichkeit verborgen. Putin stand am Ende seiner Amtszeit vor der Aufgabe, einen Wechsel herbeizuführen, der in Wirklichkeit keiner war. Die Menschen im Land jedoch waren zur Mitsprache oder gar Mitbestimmung nicht aufgefordert.

Schon zu Beginn des Jahres 2007 hatte Putin verlauten lassen, er werde, um der Demokratie Rechnung zu tragen, zwei Kandidaten benennen. Also verfolgte man mit Interesse, wie der Präsident zunächst den Stellvertretenden Leiter seiner Kreml-Administration Dimitrij Medwedjew zum Stellvertretenden Ministerpräsidenten ernannte. Dieser erhielt im Kabinett eine herausragende Rolle, weil er sich großen Reformprojekten zuwenden sollte, dem Gesundheits- und Schulwesen, dem

Wohnungsbau und der Landwirtschaft – jene Bereiche, die den Alltag der Bevölkerung besonders betreffen. Schon weil Medwedjew nicht dem Geheimdienst entstammt, schmückte ihn der Ruf des Liberalen, und er weckte Hoffnungen in der Bevölkerung. Die schwanden aber bald, als auch ein anderer Aspirant aus der Riege der Mächtigen in eine Startposition gesetzt wurde.

Im Februar ernannte Putin auch seinen alten Mitstreiter aus dem KGB Sergej Iwanow zum «Ersten Stellvertretenden Ministerpräsidenten». Ihn hatte Putin zu Beginn seiner Präsidentschaft als den «Mann seines Vertrauens» bezeichnet. Das Verhältnis der beiden Männer hatte anscheinend im Lauf der Jahre keinen Schaden genommen, obwohl sich Iwanow als Verteidigungsminister wenig Ruhm erwarb – die Armeereform blieb ein Torso, und vom Makel, dass Rekruten regelmäßig zu Tode kamen, konnte er die Streitkräfte auch nicht befreien. Im neuen Amt trat er vor die Presse und erläuterte, dass er mit 38 Milliarden Dollar ausgestattet sei, um die Industrie anzukurbeln. Iwanow ließ keine Zweifel an seinem Erfolgsrezept: «Es gibt allen Grund, den militärisch-industriellen Komplex als Lokomotive der Diversifikation zu bezeichnen.» Das sprach eher für eine Ausrichtung der Wirtschaft nach strategischen Gesichtspunkten, ein Vorhaben, an dem schon die Sowjetunion scheiterte. Hinfort sah ihn der Fernsehzuschauer unermüdlich durch das Land reisen, um mit Provinzchefs und Arbeitern zu sprechen. Umfragen zufolge war er der Favorit für die kommende Präsidentschaft. Er ist jung und energisch und wäre westlichen Gesprächspartnern keine Antwort schuldig geblieben. Doch, so fragten sich die Auguren, hätte er sich – einmal im Amt – an die vorher getroffenen Absprachen mit seinem Vorgänger gehalten? Selbst in Kreisen der Regierung waren Stimmen zu vernehmen, die eine mögliche Präsidentschaft Iwanows wegen seines vom KGB geprägten Wesens in düsteren Farben beschrieben. Andererseits konnte kaum jemand sich vorstellen, dass Putin seinen Freund in den Ring schickte, um ihn verlieren zu lassen.

Weil der Sommer so lang war, wurden immer wieder neue Namen von Kandidaten ins Gespräch gebracht, die alle eines gemeinsam hatten – sie stammten sämtlich aus dem Kreis von Putins Vertrauten. Zu ihnen zählten auch Wladimir Jakuni, der Eisenbahnminister und Datschenfreund Putins, und Valentina Matwienko, die Gouverneurin von St. Petersburg. Man fühlte sich fast wie in einem Marionettentheater: Die Figuren hoben an zum Tanz, und dann ließ die lenkende Hand sie wieder fallen. Wie weit der Reigen irgendwelchen Absprachen folgte oder allein dem Willen des Regisseurs entsprach, blieb das Geheimnis des Kreml.

Das Publikum jedoch, dem Putin ein Lehrstück in Sachen Demokratie versprochen hatte, wurde betrogen – das Jonglieren mit Alternativen war nur vorgetäuscht. Was allerdings überraschende Wendungen anging, so kamen die Zuschauer voll auf ihre Kosten.

Die plötzliche Ernennung des neuen Premierministers Viktor Subkow im September schlug ein wie der Blitz aus heiterem Himmel. Putin nannte die Entlassung des Vorgängers Fradkow eine «technische Entscheidung» – die Regierung müsse auch in Wahlzeiten «wie eine Schweizer Uhr» arbeiten, «ein wohl funktionierender Mechanismus, ohne Unterbrechung und Verzögerung, ohne Pause und Erholung». Der Finanzexperte Subkow sei dafür der richtige Mann, Jahrgang 1941, kein junger Spund mit langfristigen Ambitionen. Auf seiner ersten, vom Fernsehen übertragenen Kabinettssitzung machte Subkow keinen Hehl aus seiner sowjetischen Provenienz – damals galt die Regel: Wer Autorität hat, beweist sie durch strengen Umgang mit den Untergebenen. Also schalt und maßregelte Subkow seine

Ministerkollegen in der ersten Kabinettssitzung wie ein Lehrer seine Schulklasse.

Subkows überraschende Ernennung zum Premierminister ließ zum ersten Mal vage einen Plan erkennen, mit dem Putin den Amtswechsel steuern wollte. Er folgte dem Vorbild der Machtübergabe, wie er sie selbst erlebt hatte, als er vom Regierungschef zum Präsidenten aufgestiegen war. Putin pries die Qualitäten seines Kandidaten, der in der sowjetischen Zeit eine heruntergekommene Kolchose zu neuem Glanz geführt habe. Dann sei er zum Finanzexperten und später zum Chef der Finanzpolizei aufgestiegen. Kein einziges Mal sei er mit Korruption in Verbindung gebracht worden.

Sind das, so mussten sich die Bürger fragen, die Eigenschaften, die den nächsten Präsidenten auszeichnen? Als überzeugendstes Argument für Subkow als Wunschkandidat galt der Hinweis, sein fortgeschrittenes Alter erlaube ihm nur eine Amtszeit. Charisma oder gar ein eigenes polititsches Profil waren nicht zu erkennen. Vielleicht, so wurde gemutmaßt, könnte Subkow unter Hinweis auf ein Gebrechen den Präsidententhron sogar vorzeitig räumen und damit Putin den Weg zurück in den Kreml öffnen.

Nachdem Putin von der «Partei der Macht» im Oktober 2007 zum alleinigen Spitzenkandidaten ausgerufen worden war und er auch nicht ausschloss, den Posten des Premierministers zu übernehmen, wurde das Ausmaß des vorangegangenen Possenspiels deutlich. Der Ministerpräsident ist qua Verfassung der Stellvertreter des Präsidenten, der ihn im Krankheitsfall ersetzt. Putin hätte sich aufs Neue den Zugriff auf die präsidiale Macht gesichert. Alle Spekulationen, die er in den vorangegangenen Monaten selbst ausgelöst hatte, dienten offenbar nur einem Verwirrspiel.

Schon im Oktober prophezeiten Beobachter der Parteiliste

von «Einiges Russland» eine Mehrheit von über sechzig Prozent. Das tatsächliche Wahlergebnis vom 2. Dezember 2007 unterstrich Putins Legitimation und verschaffte ihm die Möglichkeit, weiterhin der «starke Mann» zu bleiben, sei es im Parlament, sei es auf dem Posten des Ministerpräsidenten, der auf seine Stunde wartet. Aber das letzte Wort des scheidenden Amtsinhabers war noch nicht gesprochen.

Und Mitte Oktober öffnete sich der Vorhang zu einem neuen Akt der Komödie von Irrungen und Wirrungen. Die Hofkünstler, der Regisseur Nikita Michailkow, der in seinen Filmen urrussische Werte beschwört, und der Bildhauer Surab Zereteli, der bei der Verkitschung des neuen Moskau eine maßgebliche Rolle spielt, wandten sich in einem offenen Brief an den Präsidenten. Sie gaben an, im Namen der Künstler des Landes zu sprechen – was später bei einem Teil der Betroffenen auf heftigen Protest stieß. Da erklang für die Leser der Staatszeitung «Rossijskaja Gaseta» eine Melodie in vertrauten, schwülstig-unterwürfigen Tönen: «Wir hoffen, dass Sie die Meinung von Hunderttausenden von Künstlern berücksichtigen ... dass es notwendig ist, dass Sie nach 2008 an der Spitze des russischen Staates bleiben. Russland braucht Ihr Talent und Ihre politische Weisheit.» Gleichzeitig zogen im ganzen Land Zehntausende von Patrioten durch die Straßen und forderten Putin auf, im Amt zu bleiben. Ein Zufall? Politologen vermuteten, dass Insider diesen Ausdruck des Volkes- und Künstlerwillens inszeniert hatten. Doch zu welchem Zweck? Weil sie bei einem Wechsel im Amt um ihre eigene Zukunft fürchten und davon ausgehen, dass die Entscheidung immer noch nicht gefallen war? Oder weil Putin doch noch keine endgültige Lösung gefunden hatte, wie er den Machterhalt sichern konnte?

Wer in solchen Manövern Anklänge von Byzantinismus entdeckt, dem wird oft vorgehalten, er übertrage das westliche

Wertesystem in unzulässiger Weise auf russische Verhältnisse. Ganz sicher ist für die Generation im Westen, die in das Jahrhundert der Tyrannen hineingeboren wurde und – wie in der Bundesrepublik – in den Werten der Demokratie den rettenden Anker fand, das demokratische Regelwerk mehr als nur eine manipulierbare Spielmasse zum Zweck des Machterhalts. Auch Russland hat sich zu diesen Grundwerten bekannt, als es 1996 dem Europarat beitrat. Wenn nach Schätzungen russischer Politologen heute nur noch rund dreißig Prozent der Bevölkerung diesem Wertesystem anhängen, kann es nicht verkehrt sein, an diesen Maßstäben festzuhalten. Die Ungewissheit, die mit der «Nachfolgekrise» – so wird der Amtswechsel inzwischen von Politikwissenschaftlern bezeichnet – verbunden ist, folgt gerade aus dem Abweichen vom demokratischen Reglement. Sie wird das Land begleiten, solange sein Regierungssystem auf der Autorität eines einzelnen Menschen beruht.

Natürlich wäre es abwegig und realitätsfremd, deswegen den Dialog mit Moskau zu meiden. Doch das Schauspiel der Präsidentschaftskandidatur räumt die letzten Zweifel über den Charakter der Inszenierung aus – wenn sie denn immer noch bestehen sollten. Das Drama hat den Titel «Gelenkte Demokratie», die den Worten des Moskauer Philosophen Ryklin zufolge «keine Demokratie» ist. Der Politologe Jerzy Macków, der die Transformationsprozesse in den Staaten des ehemaligen sowjetischen Imperiums untersuchte, spricht von einem «quasidemokratischen Autoritarismus», der demokratische Rituale zur Legitimation nutze. «Es ist insofern kein Zufall», schreibt er, «dass die Machthaber in den Staaten der offensichtlich gescheiterten Demokratisierung auf die ‹Demokratie mit Adjektiven› zurückgreifen, wenn sie ihr System legitimieren». Macków beklagt die Unbedachtheit im Umgang mit dem Begriff Demokratie und den Opportunismus des Westens, die russischen Vorgaben kritiklos anzunehmen. Im Hinblick auf Russland stellt er schlicht fest, es sei «nicht nur sachlich falsch, sondern auch nicht nachvollziehbar», das politische System Russlands als demokratisch zu bezeichnen.

Es mag müßig erscheinen, das heutige Russland mit politologischen Begriffen zu etikettieren, zumal der quälende Prozess der Kandidatenkür ohnehin tiefe Einblicke in die Usancen der Moskauer Machtelite gewährte. Aber es ist nicht nur eine Frage der Achtung vor dem eigenen, viel beschworenen westlichen Wertesystem, sich über den eingeschlagenen russischen Sonderweg Klarheit zu verschaffen. Denn der westliche Weg ist ja nicht besser, weil er schönen Idealen huldigt, sondern weil er, ganz pragmatisch, das größte Maß an Sicherheit bietet – die Sicherheit des Bürgers innerhalb des eigenen Staatswesens und die Sicherheit in den zwischenstaatlichen Beziehungen.

11. Kapitel

Annäherung durch Verflechtung?

Muss man dieses Russland fürchten – die Großmacht, die von einer «starken Hand» regiert wird? Die Geheimdienst-Kamarilla, die ihr Netz über das Land gezogen hat? Die wiedererstarkten Streitkräfte? Wenn man bestimmte Äußerungen aus Militärkreisen ernst nehmen würde, könnte man wohl erschrecken: Da bramarbasieren alt gewordene Generäle wieder von einem künftigen Krieg gegen die USA. Den in den neunziger Jahren begonnenen Versuch, durch eine Partnerschaft mit der Nato das alte Feinddenken zu überwinden, darf man getrost als gescheitert betrachten. Eine Repräsentanz des westlichen Verteidigungsbündnisses, die in Moskau eingerichtet wurde, um auch der russischen Öffentlichkeit ein neues Bild der ehemaligen Feinde zu vermitteln, wurde zwar mit Pomp eröffnet, sie war aber so gelegen, dass kein einfacher Bürger dort Zugang gefunden hat. Als vertrauensbildende Maßnahme wurden russische Offiziere zu Tagungen und gemeinsamen Lehrgängen nach Brüssel eingeladen. Für die russischen Gäste, so beobachteten ihre Gastgeber mit wachsender Frustration, waren solche Dienstreisen in den Westen der Karriere nicht förderlich: Sie verschwanden nach der Heimkehr auf ferne Posten in der Provinz, damit sie – falls vom westlichen Bazillus befallen – wenigstens in Moskau keinen Schaden anrichten konnten.

Dort aber bestimmt die in der Sowjetunion geprägte alte Garde das Denken. Der ehemalige stellvertretende Chef des Generalstabs Leonid Iwaschow unterstellt den USA Angriffsabsichten. In den nächsten zehn bis fünfzehn Jahren, so Iwaschow, werde es zu einem Krieg um die Energieressourcen kommen. Er macht sich zum Sprecher der im Kalten Krieg gestählten militärischen Elite, die ihre Anhängerschaft auch in politischen Kreisen hat. Schon in den frühen Amtsjahren Putins, als dieser noch auf Annäherung an die USA bedacht war, warnte Iwaschow in einer Rede vor Spitzenoffizieren, Russland befinde sich auf dem Weg zum «geostrategischen Suizid». Dabei war Iwaschow keineswegs nur ein Mann der Worte. Er kann für sich in Anspruch nehmen, schon einmal mitgezündelt zu haben.

Eine Episode aus dem Frühjahr 1999 belegt, wie schnell sich in der vermeintlich sicheren Welt Albtraumszenarien entwickeln können. Damals erhitzte der Kosovo-Krieg die Gemüter in Ost und West. In ohnmächtiger Wut hatte die Führung in Moskau verfolgt, wie Serbien von Nato-Flugzeugen bombardiert wurde. Gegen Ende des Konfliktes, als sich die traditionell Russland verbundenen Serben der Übermacht der Nato beugen mussten, besetzten russische Fallschirmjäger in einer Nacht- und Nebelaktion den Flughafen der Stadt Priština, der eigentlich als Hauptquartier der Nato im Kosovo vorgesehen war. Moskau war von dieser Aktion genauso überrascht wie die Führungsstäbe im Westen, man beschloss gleichwohl, das Vorpreschen als Heldentat zu preisen. Der Oberbefehlshaber der Nato-Truppen, US-General Wesley Clark, gab den Befehl zum Sturm auf den von Russen gehaltenen Flughafen. Allein die Besonnenheit eines englischen Offiziers, der schlicht – und heldenhaft – den Befehl verweigerte, bewahrte Europa vor einer unkalkulierbaren Eskalation. Diejenigen aber, die zuvor den Befehl für den russischen Husarenritt zum Flughafen gegeben hatten – unter

Umgehung des Verteidigungsministers und möglicherweise auch in Unkenntnis von Präsident Jelzin –, waren der Chef des Generalstabs und sein Stellvertreter Iwaschow. Ob der damalige Chef des Geheimdienstes Wladimir Putin in die Aktion eingeweiht war, ist offen. Generaloberst Iwaschow bekleidet heute das Amt des Präsidenten der Akademie für Geopolitik. Er fordert die Russen auf, ihr Land für einen Krieg gegen die USA vorzubereiten.

Militarismus, so schreibt der renommierte Moskauer Sicherheitsexperte Alexander Goltz, definiere sich nicht nur dadurch, dass der Generalstab politische Entscheidungen treffe, sondern auch dadurch, dass Politiker sich militärischer Mittel zur Lösung ihrer Probleme bedienten. Putins Befehl vom August 2007, dem zufolge die strategischen Bomber wieder Präsenz zeigen sollten, gehört noch auf die Ebene eher knabenhafter Muskelprotzereien. Die TU-95-Flüge sollen demonstrieren, dass man wieder dazu fähig ist, fern liegende Ziele zu erreichen. Ein ganzes Geschwader mit Bombern, Kampf- und Tankflugzeugen näherte sich daraufhin dem norwegischen Luftraum. Fast zwanzig Mal stiegen in den folgenden fünf Monaten norwegische Abfangjäger auf, um die Grenzen des Hoheitsgebietes zu sichern. Nicht weit entfernt vom amerikanischen Militärstützpunkt auf der Insel Guam im Südpazifik, so behauptete ein Moskauer Luftwaffengeneral, sei man US-Flugzeugen so nahe gekommen, dass man den Piloten ein Lächeln habe zusenden können – was in Washington, natürlich, bestritten wurde. Gleichwohl – solche militärischen Machtdemonstrationen hatte die Welt zuletzt in den achtziger Jahren des letzten Jahrhunderts erlebt, bis Gorbatschow zu der Überzeugung gelangte, sie seien nicht mehr zeitgemäß.

Die Bomber seien ohne Atomwaffen unterwegs, beeilte sich Moskau beruhigend mitzuteilen. Weniger beruhigend wirkte in diesem Zusammenhang die Nachricht aus Amerika, dass dort zeitgleich ein B-52-Bomber mit scharfen Atomwaffen an Bord den Kontinent überquert habe. Das wurde offiziell als Versehen bezeichnet, man enthob die verantwortlichen Offiziere ihrer Posten. Der Eindruck bleibt, dass die Sicherheit, in der wir uns wähnen, auf einem labilen Gleichgewicht beruht und die martialische Rhetorik auf der obersten Ebene die Phantasien der Untergebenen beflügelt.

Dennoch zielen solche Waffenspiele Moskaus und das Gerede über neue Aufrüstung zunächst auf das Publikum daheim. Wo sich der Bürger im Alltag – trotz allen staatlichen Reichtums – immer noch Mängeln und Unzulänglichkeiten gegenübersieht, die vom Gesundheitssystem über den Wohnungsmarkt bis zur Versorgung der Rentner reichen, soll er seinen patriotischen Stolz wenigstens an neuer militärischer Stärke aufrichten können. Im Oktober 2007, der Termin fiel schon in das Vorfeld der Dumawahlen, wandte sich Putin in einer dreistündigen, vom Fernsehen übertragenen Bürgersprechstunde an die Landeskinder. Für diesen Tag hatten die strategischen Streitkräfte den passenden Auftakt gefunden, sie feuerten eine Topol-M, das neueste Modell russischer Interkontinentalraketen, vom Norden des Landes bis auf die fernöstliche Halbinsel Kamtschatka. Am Abend des erfolgreichen Waffentests verkündete Putin den Zuschauern ein neues Rüstungsprogramm, das er als «grandios» bezeichnete. Es ging um neue Raketentechnologien und die Weiterentwicklung der See- und Luftkomponenten der atomaren Triade. Die Streitkräfte würden in die Lage versetzt, «besser und effektiver die Verteidigung des Landes zu sichern». Diese Demonstration militärischer Macht setzt einen bedrohlichen Akzent, der die Abrüstungspolitik der späten achtziger und neunziger Jahre als flüchtiges Intermezzo erscheinen lässt.

Natürlich gibt es nach Jahren des Verfalls bei den russischen Streitkräften Nachholbedarf. Erdöl und Erdgas spülten auch Geld in die Kassen der Militärs. Diese Tatsache erfreute in erster Linie die russische Luftwaffe, die ihre Flugmanöver nicht mehr mit Holzmodellen am Boden simulieren musste, wie das vor wenigen Jahren noch der Fall war. Folgt man den Veröffentlichungen, dann soll das Jahr 2007 zum triumphalen Wendepunkt werden. Im September meldete die Luftwaffe stolz den erfolgreichen Test der größten nichtnuklearen Bombe der Welt, viermal stärker als der entsprechende Typ der Amerikaner. Ebenfalls im Herbst erfolgte die Vorstellung eines Prototyps für einen unbemannten Tarnkappenbomber, der in seinen Flug- und Kampfeigenschaften besser sei als alles, was die Amerikaner zu bieten hätten. Im Mai wurde vom Start einer neuen Interkontinentalrakete berichtet, die in der Lage sei, jedes Raketenabwehrsystem zu überwinden. Auch die Marine hat wieder Rückenwind. Im Frühjahr erlebte der Nordmeerhafen Sewerodminsk, dessen Werften auf U-Boot-Bau spezialisiert sind, nach langen Jahren den ersten mit Pomp gefeierten Stapellauf. Das mit sechzehn Langstreckenraketen bestückte Atom-U-Boot «Juri Dolgoruki» ist das erste von sieben Schiffen, mit denen Russland seine Unterwasserflotte modernisieren will.

Keine Frage, mit Neid hatten die russischen Militärs in den vorangegangenen Jahren auf die immensen Rüstungsanstrengungen der USA geschaut. Sie wollen nun jedenfalls den Anschein erwecken, als sei die Lücke zu schließen. Unter Präsident Putin ist der Verteidigungshaushalt um das Sechsfache auf rund vierundzwanzig Milliarden Euro gewachsen. Besonnene Stimmen wie Jewgeni Primakow, einst Außen- und Premierminister unter Jelzin, der schon einmal Zeuge der sowjetischen Niederlage im Rüstungswettlauf wurde, warnen vor den Gefahren für die wirtschaftliche Entwicklung des Landes. Doch der Lust am Experimentieren tut das keinen Abbruch. Mit großer

Genugtuung präsentierte Sergej Iwanow, stellvertretender Ministerpräsident und Putin-Freund, die Leistungssteigerung des militärisch-industriellen Komplexes – er sei um fünfzehn Prozent gewachsen.

Was soll man von solchen Zahlen halten? Der schon erwähnte Militärexperte Alexander Goltz hält Iwanows Worten entgegen, die stolzen Wachstumsziffern beruhten wohl eher auf gestiegenen Preisen. Noch stützten sich alle Waffensysteme auf den sowjetischen Forschungsstand der achtziger Jahre. Das angekündigte Kampfflugzeug SU-34 sei weit davon entfernt, in Serie produziert zu werden. Auch ein modernes Panzermodell lasse auf sich warten, erklärt Goltz, und zitiert dabei einen General aus dem Verteidigungsministerium.

Sosehr das Schwadronieren von neuen Waffensystemen den Eindruck erwecken soll, Russland sei den USA militärisch bald wieder ebenbürtig, es besteht angesichts der gigantischen Rüstungsanstrengungen in Washington – der Verteidigungsetat hat sich in der Ära Bush auf über 400 Milliarden Dollar verdoppelt – noch immer eine Kluft. Dieser Hinweis darf nicht als Beruhigung missverstanden werden. Die Welt fällt zurück in eine Zeit, von der man annahm, sie sei ein abgeschlossenes Kapitel der Geschichte. Das Spiel mit der Rüstungsspirale ist ein beunruhigendes Signal für den Weg ins 21. Jahrhundert.

Ein Ereignis, das zunächst wie eine Posse erschien, könnte in nicht so ferner Zukunft Funken schlagen. Wenn es nach dem Kreml geht, ist der 2. August 2007 ein Datum, das sich die Welt merken muss. An jenem Tag tauchte ein russisches Mini-U-Boot zum Boden des arktischen Meeres und setzte am Nordpol eine russische Flagge aus Titan. Auf der gleichen Mission entnahmen Wissenschaftler Proben vom Meeresgrund. Sie wollen nachweisen, dass diese Unterwasserregion geologisch und damit auch völkerrechtlich zu Russland gehört. Das erinnerte an jene Zeiten, als europäische Mächte darin wetteiferten, ihre Flaggen in den Boden ferner Kontinente zu rammen. Die Pioniere vom Nordpol wurden bei ihrer Heimkehr gefeiert wie einst die Polarforscher, die unter widrigen Bedingungen Zeugnis von der Überlegenheit des sowjetischen Menschen abgelegt hatten. Aber es war keine Posse. Keine drei Wochen nach der Exkursion bestätigten – nicht unerwartet – die Laboruntersuchungen, dass aufgrund der geologischen Verhältnisse Russlands Territorien bis zum Nordpol reichten. Bald darauf wurde eine bemannte Forschungsstation auf dem Eis errichtet, die diesen Anspruch unterstreichen soll. Die anderen ebenfalls interessierten Anrainerstaaten Kanada, Dänemark und die USA brauchten eine Weile, um den Ernst des Manövers zu begreifen: Am Grund des arktischen Meeres werden große Vorkommen an Erdöl und Erdgas vermutet. Der Tag, an dem sich dort Kriegsschiffe in feindlicher Absicht bedrohen, könnte in greifbare Nähe rücken.

Näher als der Nordpol liegt eine Region, aus der besorgte Stimmen zu vernehmen sind. Gerade dort, wo man bislang bemüht war, mit wachem Auge eine gute Nachbarschaft zu pflegen, wird nun eine «russische Gefahr» entdeckt. Der finnische Verteidigungsminister Häkämies überraschte mit undiplomatisch klaren Worten: Es gebe derzeit drei Sicherheitsrisiken für sein Land: «Russland, Russland und Russland. Und nicht nur für Finnland, sondern für uns alle.» In der russischen Weltsicht, so Häkämies, spiele die militärische Macht eine Schlüsselrolle für die Gestaltung der internationalen Beziehungen.

Die Nachbarn Schweden und Norwegen zeigen sich ebenfalls beunruhigt. Man befinde sich in einer neuen geopolitischen Ära, urteilt ein schwedischer Verteidigungsexperte. Laut einem Bericht der «Süddeutschen Zeitung» entwarfen die Norweger inzwischen sogar ein geheimes Strategiepapier für den Fall eines Konfliktes in der Barentssee. Dort könnten umstrittene Grenzziehungen, Bodenschätze am Meeresgrund und die Fischreviere zum Streitfall werden. Das Nato-Mitglied Norwegen baut in diesem Dokument für seinen Schutz nicht einmal auf die Unterstützung durch das Bündnis.

Das rhetorische Grollen, das mit dem russischen Konfrontationskurs einhergeht, hat manche im Westen zu voreiligen Schlüssen geführt. Dabei sind die militanten Töne aus Moskau nicht zuletzt ein Echo auf das amerikanische Sendungsbewusstsein in der Ära Bush. Je selbstherrlicher Washington sich gebärdet, desto größer ist die Verstimmung in Moskau, wo man sich schlicht übergangen fühlt. Man muss nicht in Moskau leben, um an der amerikanischen Außenpolitik unter Präsident Bush Anstoß zu nehmen: etwa an der Inszenierung eines in der Geschichte einmaligen Täuschungsmanövers vor dem Sicherheitsrat der Vereinten Nationen, mit dem Washington die Zustimmung zum Angriff auf den Irak erreichen wollte, oder dem Krieg selbst, der die Lebensgrundlage vieler Millionen Menschen zerstörte, unzählige Zivilisten tötete und die Region doch nur ins Chaos stürzte. Süffisant kommentierte Putin: «Sie können schießen, aber keine Ordnung schaffen.» Zu den Menschenrechtsverletzungen durch die CIA, den Folterungen und dem Lager Guantanamo hörte man keinen Protest aus Moskau.

Bei seinem Auftritt auf der Münchner Wehrkundetagung im Februar 2007 schickte Putin die mildernden Worte voraus, dies sei ja nur eine Konferenz, eher also ein akademischer Austausch, bei dem nicht jedes Wort auf die Goldwaage zu legen sei. Umso hemmungsloser verurteilte er dann das amerikanische Vorgehen, das zur Durchsetzung nationaler Interessen auf eine monopolare Welt und das Mittel des Krieges setze. Putin bescheinigte den USA ein Scheitern dieser Ambitionen.

Nachdem weltweit die eifrigsten Befürworter des Krieges im Irak zurückrudern, konnte sich Putin in seinen Warnungen bestätigt sehen. Und noch in einem anderen Punkt hat er recht. Entgegen früheren Versprechungen hat sich die Nato – nicht nur symbolisch, sondern mit technischem Gerät – immer dichter an die russische Grenze herangeschoben. Das wäre unter normalen Umständen kein Anlass zu großer Aufregung. Aber die Umstände sind aus russischer Sicht nicht normal.

Zum einen empfindet man in Russland immer noch quälenden Phantomschmerz angesichts des verlorenen Reiches. Zum anderen hat man in Moskau das Gefühl, Putins Beistand für die USA nach dem 11. September 2001 sei von Washington nicht ausreichend honoriert worden. Damals war er nicht nur der erste ausländische Staatschef, der Bush anrief, um sein Mitgefühl zum Ausdruck zu bringen. Er öffnete Zentralasien für amerikanische Truppenbasen, damit Amerika von dort aus Krieg gegen die Taliban führen konnte. Wenig dankbar kündigte Bush kurz darauf den ABM-Vertrag, um sein Raketenabwehrprogramm umzusetzen. Die so empfundene Demütigung Russlands erreichte ihren Höhepunkt, als die USA die Weltöffentlichkeit damit überraschten, sie würden einen Sektor des Raketenabwehrsystems in Polen und Tschechien installieren. Zwar wird die Installation auch nach Aussagen westlicher Experten nicht dazu taugen, um einen russischen Raketenangriff auf die USA zu verhindern. Aber sie erlaubt den Amerikanern Einblicke ins russische Territorium.

Die durchaus angemessene Antwort war der Überraschungscoup Putins auf dem Treffen der G8, wo er zur Verblüffung aller Beteiligten und in gespielter Unschuld den Amerikanern empfahl, ein aus sowjetischen Zeiten stammendes Radarsystem in Aserbeidschan mitzubenutzen. Das war veraltet und technisch nicht kompatibel. Aber westliche Politiker, Bush eingeschlossen, waren in der Defensive. Putin obsiegte in seiner Lieblingsbeschäftigung, die Amerikaner vorzuführen. Am tiefsitzenden Ärger in Moskau über das Projekt änderte das nichts, weshalb man dort drohte, den INF-Vertrag zu kündigen. Dieses Dokument der Reagan-Gorbatschow-Zeit, in dem der Abzug der Mittelstreckenraketen aus Europa beschlossen wurde, galt als ein Fundament der Entspannungs- und Abrüstungspolitik am Ende des Kalten Krieges.

Ein Mann, dem man weder blinde Liebe zu Moskau noch antiamerikanische Haltung vorwerfen kann, nennt die Initiative Washingtons unbedacht und plump: Zbigniew Brzezinski, Sicherheitsberater von Präsident Carter und in all den Jahren kritischer Analytiker der Ost-West-Beziehungen, bescheinigt der amerikanischen Administration mangelnde Umsicht im Umgang mit Moskau. Der größte Fehler von Präsident Bush sei jedoch der Krieg im Irak, weil er die USA Glaubwürdigkeit gekostet habe. Deshalb gebe es auch keinen Handlungsspielraum mehr im Umgang mit Russland. Gerade dieser aber sei bitter nötig, seitdem Moskau vom Kurs demokratischer Reformen abgekommen sei. Mindestens ebenso besorgt meldete sich Helmut Schmidt zu Wort: Der amerikanische Plan für ein Raketenabwehrsystem, so der Altkanzler, würde in Moskau nur neue Anstrengungen auf dem Rüstungssektor auslösen.

In München zeigte sich Putin unverdrossen als Friedensfürst. Seine Worte waren harsch, aber wer wollte ihm widersprechen, als er verlangte, Nato und EU dürften sich nicht die Rolle der UN anmaßen. Da erscheint es aus russischer Sicht nur als folgerichtige Revanche, wenn Putin im Sommer 2007 den KSE-Vertrag suspendierte, der die Stationierung konventioneller Streitkräfte in Europa regelt. Die Begründung klang alarmierend: «Außergewöhnliche Umstände, die die Sicherheit der Russischen Föderation betreffen», verlangten sofortiges Handeln.

Damit ist ein Kontrollsystem außer Kraft gesetzt worden, das zu den großen Errungenschaften am Ende des Kalten Krieges zählte.

In einem Wort: Es gehören zwei dazu, um den Konflikt zu verschärfen. Und beide haben sich gefunden. Daran ändert auch der familiäre «Hummer-Gipfel» in Maine wenig, wohin Bush Putin geladen hatte, um ihn zu besänftigen.

Die Wiederentdeckung alter Feindbilder fügt sich trefflich in das Konzept der innenpolitischen Aufrüstung. Der vermittelte Eindruck, von Gegnern, wenn nicht gar von Feinden umgeben zu sein, schließt die Reihen im eigenen Land. Da dürfen dann auch die Regeln der Demokratie zur Formsache verkommen. Die Neigung, die Amerikaner als die naturgegebenen Gegner zu betrachten, hat in Russland eine lange Tradition, die bis auf die Tage Lenins zurückgeht. Und genauso tief verwurzelt ist die Hoffnung, die Europäer, insbesondere aber die Deutschen mit ins russische Boot zu ziehen. Unter diesen Gesichtspunkten hat auch das gemeinsame Projekt der Pipeline «North Stream», das die Bande zwischen Deutschland und Russland enger knüpfen soll, eine über die bilateralen Beziehungen hinausgehende Funktion.

Bei aller Kritik am Handeln Washingtons, das sich erhaben dünkt über völkerrechtliche Bindungen – das Liebeswerben Putins in Europa verlangt einen zweiten Blick. Präsident Bush schuf ein Klima, in dem russisches Aggressionspotenzial trefflich gedeihen kann. Eine neue Runde des Wettrüstens gewinnt tatsächlich an Schwung. Aber die Moskauer Empörung angesichts amerikanischer Alleingänge verliert ihre Überzeugungskraft, schaut man auf Russlands Außenpolitik gegenüber seinen unmittelbaren Nachbarn. Da bildet zum Beispiel die gepflegte Feindschaft mit Polen eine Konstante. In Polen wurzelt der Groll auf den russischen Nachbarn in der Zeit der polnischen Teilungen im 18. Jahrhundert, ein Groll, der durch die sowjetische Besetzung nach dem Hitler-Stalin-Pakt und später während der sowjetischen Oberherrschaft wuchs. Putin griff in den Annalen des zugefügten Unrechts sogar noch weiter zurück. Nicht mehr der 7. November als Jahrestag der Revolution wird festlich begangen – der neue Nationalfeiertag ist der 4. November, der an jenen Tag des Jahres 1612 erinnern soll, an dem eine polnische Garnison, die Moskau besetzt hielt, kapitulierte und niedergemetzelt wurde. Das Unrecht, das den Polen von russischer Seite widerfuhr, bleibt so in der Kultur der Erinnerung ausgespart.

Die einseitige Wahrnehmung von Geschichte entzündete auch den Konflikt mit Estland. Um die Umsetzung eines Denkmals für sowjetische Soldaten und die Umbettung sterblicher Überreste von Gefallenen wurde selbst in Tallinn gestritten. Aber weil die Geschichtsdeutung in Moskau den Gedanken nicht zulässt, dass die Kehrseite der Befreiung von den Nazis weitere Unterdrückung unter sowjetischen Vorzeichen brachte, traf Estland die Verdammnis. Sergej Iwanow, Putins Freund und lange als sein Nachfolger gehandelt, berauschte eine begeisterte Versammlung von Kriegsveteranen mit dem Aufruf zum generellen Boykott Estlands: «Kauft keine estnischen Waren, verbringt keine Ferien in Estland», forderte er. Damit, so Iwanow, verkünde er keine offizielle Politik des Kreml, sondern dies sei «die Manifestation eines patriotischen Standpunkts». In Moskau machte derweil die Jugendorganisation des Kreml «Naschi», die «Unsrigen», mobil und belagerte die Botschaft Estlands.

Vergeblich sucht man nach einem Wort der Missbilligung oder einem Aufruf zur Mäßigung. Das politische Klima hat sich gewandelt. Es geht nicht mehr um ein Wiedererstarken Russlands, sondern um eine nationalistische Selbstüberhöhung –

am deutlichsten spürbar im Umgang mit den Nachbarn. Die sollen es sich gefallen lassen, wenn – wie im Fall der Ukraine – Moskau versucht, die Wahlen zu beeinflussen, indem es mit der Erhöhung der Gaspreise droht. Russische Kreise stehen sogar im Verdacht, an dem Versuch beteiligt zu sein, einen Präsidentschaftskandidaten aus dem Weg zu räumen, weil er die Ukraine an den Westen heranführen wollte. Moskau verweigerte lange eine Mitwirkung an der Aufklärung des Verbrechens. Viktor Juschtschenko war im Wahlkampf 2004, damals noch als Oppositionsführer, während eines Essens mit dem stellvertretenden Geheimdienstchef in Kiew mit Dioxin vergiftet worden. Experten im Westen konstatierten, es sei die stärkste Dosis dieses Gifts gewesen, die je ein Mensch überlebt habe. Die Verdächtigen, unter ihnen jener Geheimdienstgeneral, flüchteten und fanden Unterschlupf in Russland. Das Gift konnte nur aus vier Laboratorien stammen, die sich in den USA, Kanada, Großbritannien und Russland befinden. Die Ermittlungsbehörden in Kiew baten die Institute, Proben ihres Dioxins zu übersenden, um damit die Quelle des verwendeten Giftes identifizieren zu können. Bislang ist Russland dieser Bitte nicht nachgekommen.

Letztlich richtet sich der Blick immer wieder auf die Rolle der Geheimdienste, denen Putin eine in der russischen Geschichte einzigartige Stellung in Politik und Wirtschaft verschafft hat. Er selbst entstammt ihren Reihen, pflegt ihr Ansehen und hat gleichzeitig das Volk in achtjähriger Amtszeit an die Kandare der Autokratie gewöhnt. Die dem Geheimdienst entsprungene Führungselite hat vom Staat Besitz genommen. Man könnte meinen, der Staat sei zu einem Monopoly-Spiel der neuen Kaste geworden, in dem unterschiedliche Clans sich inzwischen sogar den Luxus leisten, Rivalitäten auszufechten.

Lange war von Spannungen zwischen einzelnen Gruppierungen gemunkelt worden. Im Herbst 2007 war der Konflikt nicht mehr zu verbergen. Es begann mit der Verhaftung von hohen Offizieren der Rauschgiftpolizei in Moskau. Die Zeitung «Nowaja Gaseta» deutete den Vorgang – wie sich bald darauf erwies, keineswegs zu Unrecht – als Anzeichen eines Machtkampfes im Sicherheitsapparat. Wenige Tage später meldete sich Viktor Tscherkessow zu Wort, der Putinfreund aus frühen Jahren, Chef der Anti-Drogen-Behörde und hervorgetreten als Autor des schon erwähnten «tschekistischen Manifestes». Darin hatte er sich als Purist erwiesen, der von den Reihen der Kampfgefährten mit geradezu religiöser Inbrunst sprach: «Ich glaube an unsere Gemeinschaft, an unseren Stand als Stütze des Staates. Ich glaube an unsere Fähigkeit, angesichts der Gefahr alles Kleinliche und Nichtige beiseite zu lassen und den Eid nicht zu verraten.» Jüngere Kollegen Tscherkessows schienen dieses klösterliche Selbstverständnis nicht mehr zu teilen. Weil interne Gespräche vergeblich waren, wählte Tscherkessow den – für dieses Gewerbe – wirklich ungewöhnlichen Weg über die Presse. Er warnte in einem Zeitungsartikel im «Kommersant» vor einem Krieg zwischen Geheimdienstorganisationen, denn dies würde die Regierung schwächen und die Stabilität im Land gefährden. «Es kann keine Gewinner in diesem Krieg geben», gab er besorgt seinen Kameraden und auch einer breiten Öffentlichkeit zu bedenken. Tscherkessow ermahnte in seinem Appell die Waffenbrüder, die er immer noch die «Gemeinschaft der Tschekisten» nennt, sich nicht in Geschäfte verstricken zu lassen. «Wir dürfen nicht zulassen, dass aus Kriegern Händler werden.» Der Kampf um Macht und Reichtum spaltet inzwischen auch die Reihen der Geheimdienstler. Die Auseinandersetzungen im Apparat gleichen fast einem verdeckten Bandenkrieg und lassen ahnen, dass die von Putin stets beschworene Stabilität nicht einmal im eigenen Lager besteht. Der Konflikt war kein Thema im Parlament, der Präsident selbst musste den Fall übernehmen. Entrüstet kritisierte Putin einige Tage später in der gleichen Zeitung seine alten Kumpane dafür, diesen Zwist der Geheimdienstler an die Öffentlichkeit gebracht zu haben. Er bestritt, dass es diesen Konflikt überhaupt gibt. Schließlich drohte er sogar. Jemand, der sich so benehme und behaupte, «ein Krieg zwischen Sicherheitsdiensten sei ausgebrochen, sollte zuallererst selbst ohne Makel sein». Aber eine Bestrafung Tscherkessows folgte nicht. Im Gegenteil – am folgenden Tag wurde er zum Chef eines neu gegründeten Staatskomitees ernannt.

Der Vorgang lehrt zweierlei: Zum einen sind die Clans so mächtig geworden, dass der Präsident seine eigene Autorität einbringen muss, um die Lage unter Kontrolle zu halten. Zum anderen wirft der Konflikt die Frage auf, ob die Position des Präsidenten nicht vielleicht prekärer ist, als er die Öffentlichkeit glauben macht. Die Geister, die er rief, wollen offenbar mehr als nur eine dienende Rolle spielen.

Naturgemäß hat der Geheimdienst die Deutungshoheit für die Gefahrenszenarien, die Russland bedrohen. Vor allem das Feindbild vom Westen färbt auch auf das innenpolitische Klima in Russland ab. Wer die Regierung kritisiert, gerät schnell in Verdacht, Handlanger ausländischer Interessen zu sein. Nikolai Patruschew, langjähriger Vertrauter Putins und Chef des Inlandsgeheimdienstes FSB, bot im Herbst 2007 ein Beispiel für diese grimmige Weltsicht. Die Kategorien des Kalten Krieges bestimmten immer noch in manchen westlichen Ländern das Denken, behauptete er. Sie brüteten Pläne aus, die auf den Zerfall Russlands zielten. Sie versuchten Einfluss auf Protestbewegungen und Demonstrationen zu nehmen. Sie missbrauchten NGOs, um Russland zu unterminieren. Russische Soziologen sprechen von einer «orangenen Paranoia», in Anspielung auf die «orange Revolution» in Kiew, die Moskau das Fürchten gelehrt habe vor einem Aufstand der Basis, die sich nicht länger betrügen lassen will. Vielleicht muss man die Wurzeln solcher Schwarzmalerei auch in den sowjetischen Lehrjahren der Beteiligten suchen, als der KGB prinzipiell in jedem Ausländer einen Spion oder Einflussagenten witterte.

Die Folgen dieser Stimmungsmache sind jedenfalls verhängnisvoll. Organisationen, die eine Zivilgesellschaft entwickeln wollen, stehen unter Generalverdacht. Seitdem Chodorkowski im Gefängnis sitzt, wagt kaum noch ein wohlhabender Russe, sie finanziell zu unterstützen. Der Staat bekämpft sie mit den bewährten Waffen der Bürokratie, wofür sich besonders die Finanzpolizei eignet. Schlimmer noch ist die Tendenz, oppositionelle Politiker zu Feinden des Staates zu erklären. Das schafft ein Klima, in dem kritische Politiker und Journalisten sogar gewaltsam zu Tode kommen – unter nie geklärten Umständen. Die Organisation «Reporter ohne Grenzen» führt eine Liste mit achtzehn Namen von Journalisten, die während der Amtsjahre Putins in Russland umgebracht wurden.

Manche kritischen Stimmen in Russland warnen sogar vor einem aufkommenden Neofaschismus. Im Alltag der großen Städte entdeckt der Reisende wenig davon. Aber an den Rändern der Gesellschaft sind die Anzeichen nicht zu übersehen. Da werden die nationalen und geschichtsrevisionistischen Parolen, die aus dem Kreml und auch aus mancher Kirche hallen, als Aufruf zur patriotischen Erhebung verstanden. In dem Russland, das dort erwacht, ist kein Platz für Ausländer, schon gar nicht für die Kaukasier aus dem eigenen Land. Pogrome in Karelien und selbst auf Moskauer Märkten erschrecken den liberalen Teil der Öffentlichkeit. Die Stadtverwaltung sanktioniert nachträglich solche Explosionen des Hasses, indem sie die Märkte von nichtrussischen Anbietern reinigt.

«Russland den Russen» – den Deutschen sind solche ausländerfeindlichen Töne ebenso vertraut wie die daraus erwachsende Gewaltbereitschaft.

Die Wahnvorstellungen der russischen Rechten spiegeln eine irritierende Vorkriegsstimmung. Die Feindbilder stehen fest: die kriegslüsternen USA und der Westen überhaupt. Sie reden, als befänden sich die Panzer der Nato bereits im Anmarsch. Der daraus folgende Aufruf zur Wehrhaftigkeit entspringt nicht etwa den traumatischen Erinnerungen der Kriegsveteranen, die den Überfall Hitlers mit allen grausigen Konsequenzen noch vor Augen haben. Die junge russische Patriotenseele ruft nach einer Wiederkehr der Stunde des Triumphes, die Stalins Sowjetunion mit dem purpurnen Morgenlicht einer leuchtenden Zukunft überstrahlte. Dass die Jahre danach für viele Menschen in der Sowjetunion wieder zur – hausgemachten – Hölle wurden, wird von dieser Sehnsucht ausgeblendet. Das Beklemmende an diesem Phänomen ist die Tatsache, dass sich ein Bogen spannt zwischen sektenähnlichen Versammlungen und offizieller Politik. Die Jugendorganisation des Kreml «Naschi» berauscht sich an nationalistischen Aufwallungen. Auch in der Duma kann man solche Töne hören. Selbst Putin spielt mit diesen Empfindungen, wenn er fordert, russische Unternehmen sollten in Spitzenpositionen keine Ausländer mehr beschäftigen.

Vor diesem Hintergrund erscheint Putins Vorwurf in seiner oft zitierten Münchner Rede, die USA entzögen sich der Demokratie unter den Völkern, zumindest doppelbödig. Der amerikanische Anspruch auf unipolare Weltherrschaft könne nicht «sittlich-moralische Basis sein für eine moderne Zivilisation». Heuchelei warf er den Amerikanern vor. Doch das Auftrumpfen gegenüber Estland, die Einmischung in die Wahlen in der Ukraine, die Großmachtallüren gegenüber Georgien verraten nicht minder ein Defizit an Sensibilität.

Welche Art von Nachbarschaft mit Russland werden die westeuropäischen Staaten also zukünftig pflegen? In einem Grundsatzpapier zur Friedenspolitik im 21. Jahrhundert fordern Egon Bahr und zwei sozialdemokratische Mitstreiter, die «strategische Partnerschaft» mit Russland auszubauen, «um es so fest wie möglich mit dem alten Kontinent zu verflechten». Ganz ähnlich spricht der deutsche Außenminister Frank-Walter Steinmeier von «Annäherung durch Verflechtung». Dieses Schlagwort legt die Frage nahe: Verflechtung mit wem? Der Duktus jener Formel für die deutsche Russlandpolitik knüpft an die Tradition an, mit der Willy Brandt seine Ostpolitik zum Erfolg führte. Damals galt die Devise «Wandel durch Annäherung». Sie wirkte vermessen angesichts der zutiefst demokratiefeindlichen Sowjetunion. Doch die Sowjetführer waren sich immerhin der Tatsache bewusst, dass sie ein armes Land regierten, dessen Abstand zu westlichen Lebensverhältnissen immer größer wurde. Sie hatten den Zweiten Weltkrieg noch erlebt und empfanden bei allen Widersprüchen die gemeinsame Mission, die Welt vor dem Absturz in einen weiteren, alles vernichtenden Krieg zu bewahren. Der Prozess mündete in die Wahl Michail Gorbatschows zum Generalsekretär der KPdSU, der die Hinwendung zu einer friedlichen Neuordnung Europas ermöglichte.

Von einer solchen Denkweise ist die gegenwärtige Machtelite in Russland weit entfernt. Sie wirft westlichen Politikern vor, sich wieder in die Gräben des Kalten Krieges zurückzuziehen, und beschwört dabei selbst alte Feindbilder. Ihr primäres Streben gilt der Etablierung Russlands als Weltmacht.

Der heutige russische Staat ist zwar reich, er kann auf die Zusammenarbeit mit dem Westen jedoch kaum verzichten. Der technologische Rückstand in fast allen Bereichen der Industrie ist noch immer immens. Nur durch Kooperation mit westlichen Firmen kann er aufgeholt werden. Aber wer bestimmt die Regeln des Geschäftes? Der aktuelle Streitfall um die Rolle von Gasprom auf den westlichen Märkten konnte auch auf dem EU-Russland-Gipfel in Portugal im Oktober 2007 nicht beigelegt werden.

Die Beispiele, wie Russland europäische Unternehmen unter Druck setzt, häufen sich. Jüngstes Opfer Moskauer Eroberungsstrategien wurde die Lufthansa. Die kürzeste Flugroute von Westeuropa nach Asien führt durch den russischen Luftraum. Ohne Vorwarnung kündigte das russische Verkehrsministerium Ende Oktober 2007 die Überflugrechte für Frachttransporte. Sehr schnell wurde das Ziel der Operation deutlich: Die Behörden wollten die Lufthansa zwingen, ihr Drehkreuz für den Verkehr nach Asien aus der kasachischen Hauptstadt Astana auf einen sibirischen Flughafen zu verlegen. Der Hinweis, dass die angebotenen Alternativen Krasnojarsk und Nowosibirsk technisch gar nicht in der Lage seien, die Rolle eines neuen Drehkreuzes zu übernehmen, zählten nicht. Russland beharrte auf dem unüblichen Junktim, dass die Überflugrechte die Nutzung eines sibirischen Flughafens voraussetzten. Eine Monopolstellung, in diesem Fall die Herrschaft über den Luftraum, wird ausgenutzt, um einem Partner die Geschäftsbedingungen aufzuzwingen. Im Strafrecht nennt man ein solches Vorgehen Erpressung.

Von den Befürchtungen, zu denen der Vormarsch russischen Kapitals im Westen Anlass gibt, wurde schon gesprochen. Kein russisches Großunternehmen kann ohne den Segen des Kreml existieren, weshalb sich hinter dem Firmennamen stets mehr verbirgt als ein reines Wirtschaftsunternehmen. Ob die ökonomische «Verflechtung» auch von politischem Nutzen sein kann, darf bezweifelt werden. Die Sowjetunion, bedroht vom wirtschaftlichen Niedergang, suchte einst die Nähe des Westens. Das heutige Russland weiß sich in der Position des Stärkeren. Als Energielieferant und gigantischer Umschlagplatz für westliche Waren führt kein Weg an ihm vorbei. Bislang, so lehrt die Erfahrung, müssen sich westliche Unternehmen den Eigenwilligkeiten des Landes fügen und haben wenig Grund, sich von Gerichten Beistand zu versprechen, wenn staatliche Interessen berührt sind – wie der Fall von BP in Kovykta zeigte. Der Staat aber ist selbstbewusst wie nie zuvor seit dem schmählichen Untergang der Sowjetunion. Die Entwicklung auf den Energiemärkten kann, selbst wenn sich die Konfliktherde im Nahen Osten zu einem Weltenbrand entzünden, den Staat nur stärker machen. Russland fällt eine Schlüsselrolle zu, die es nie zuvor in seiner Geschichte hatte.

Diese Perspektiven tragen dazu bei, dass sich westliche Geschäftsleute – in Sinnestäuschung oder bewusster Verklärung – zu Lobbyisten des Systems Putin machen. Es könnte ja sein, so die populäre These in Unternehmenskreisen, dass dieses Land in einer Übergangsphase nicht anders zu regieren ist. Keiner soll ihnen die Freude am Geschäft nehmen, wohl aber die Rolle des Notars, der dem Handwerk des Kreml ein demokratisches Siegel verleiht.

Noch schwieriger erscheint die Verflechtung im politischen Bereich. Russland ist Mitglied einiger europäischer Organisationen, wo allerdings Gegensätze deutlicher aufscheinen als die Chancen zur Kooperation. Die Rolle Russlands in der parlamentarischen Versammlung des Europarates ist wenig ermutigend. Dort verweigert Russland die Zustimmung zu einem Protokoll, das die Arbeit des Europäischen Gerichtshofs für Menschenrechte effektiver gestalten soll. In der OSZE will Russland zwar eine konstruktive Rolle spielen, missachtet dabei jedoch den Gründungsgedanken der Organisation. Statt der Durchsetzung der Menschenrechte soll sie aus russischer Sicht vor allem dem

Krieg gegen den internationalen Terrorismus dienen. Einem im Herbst 2007 eingebrachten Vorschlag Russlands zufolge soll das System der Wahlbeobachtung eingeschränkt werden. Der Kreis der Staaten, die diesen Antrag unterstützten, ist bezeichnend: Armenien, Weißrussland, Kasachstan, Kirgisistan, Tadschikistan und Usbekistan – also jene Länder, in denen der Wahlmodus immer wieder Anlass zur Kritik gegeben hatte. Die Wahlbeobachter, so monierte der russische Botschafter bei der OSZE, würden, statt den technischen Ablauf der Wahlen zu bewerten, politische Stellungnahmen abgeben, die sich negativ auf die politische Stabilität in den betroffenen Ländern auswirkten.

Für die Dumawahlen im Dezember 2007 zog Russland praktische Konsequenzen. Der wackere Chef der Nationalen Wahlkommission Wladimir Tschurow teilte der OSZE mit, dass nur siebzig Wahlbeobachter willkommen seien. Schon die bislang übliche Zahl von vier- bis fünfhundert Beobachtern war angesichts der 95 000 Wahllokale im Land eher ein symbolisches Kontingent. Die nun mehr verfügte Reduktion gibt der Mission nicht einmal dieses Gewicht. Die Begründung aufseiten der Wahlkommission lautet schlicht: «Russland braucht keine Armee von Beobachtern einzuladen, denn es verfügt über eines der fortschrittlichsten Wahlsysteme in der Welt.»

Als Moskau auch noch die Erteilung der Visa verzögerte, verzichtete die OSZE demonstrativ darauf, eine Delegation zu entsenden. Gleichzeitig bemängelten russische Organisationen, die die Wahlvorbereitungen verfolgten, einen Mangel an Transparenz bei der Finanzierung der Wahlkampagne und den staatlichen Druck auf die Bürger, die Partei «Einiges Russland» zu wählen. Die Organisation «Transparency International» berichtete davon, dass ihre lokalen Gliederungen vom Geheimdienst FSB bedrängt würden. Das Beispiel zeigt, wie Russland im Rahmen der OSZE die Spielregeln neu festlegen will. Wenn Kasachstan, selbst alles andere als ein Musterbeispiel für die Einhaltung von Menschenrechten und Pressefreiheit, wie geplant im Jahr 2009 den Vorsitz in der OSZE übernehmen sollte, hätte Moskau sein Ziel, die Organisation nach eigenem Gutdünken zu steuern, wohl erreicht.

Die europäischen Staaten werden sich schwertun, mit diesem selbstbewussten Russland umzugehen, solange sie nicht lernen, in der EU mit einer einzigen Stimme zu sprechen. Und wenn es denn um Verflechtung gehen soll, dürfen sie nicht die Augen vor dem verschließen, was in Russland geschieht. Das gilt auch für Deutschland, dem aus Moskauer Sicht traditionell eine besondere Rolle zukommt – nicht nur, weil der Präsident Deutsch spricht.

Dem Dialog der Institutionen, der Parlamente etwa, sind Grenzen gesetzt. Die entstehenden Sprachbarrieren zwischen westlichen und östlichen Parlamentariern haben ihren Ursprung weniger in den unterschiedlichen Muttersprachen als in den politischen Kulturen, in denen zwar die gleichen Begriffe verwandt werden, diese aber mit anderen Bedeutungen aufgeladen sind. Zur Verflechtung muss deshalb auch die Solidarität mit jener russischen Opposition gehören, von der Putins Freunde nicht anders als von Feinden sprechen. Nikolai Patruschew – als Direktor des Geheimdienstes FSB von Amts wegen mit diesem Thema befasst – warnt vor einer Unterminierung Russlands durch NGOs, die vom Westen gesteuert würden. Seine Warnung ist nichts anderes als ein Freibrief, diese Organisationen zu verfolgen, wofür sein Dienst schon hinlänglich Beispiele lieferte. Diese vom Staat unterdrückten Stimmen vor dem Verstummen zu bewahren, ihnen in Europa Gehör zu verschaffen, wäre eine wichtige Aufgabe.

Und wenn es um Verflechtung geht, dann ist auch ganz pragmatisch an die Menschen zu denken, für die das jetzige Visa-Regime immer noch Hürden darstellt. Vor allem für die jüngere Generation ist die Begegnung mit dem Westen wichtig.

Eine Politik der «Annäherung durch Verflechtung» bedarf eines langen Atems. Denn die Pfeiler, die Putin in die Architektur des russischen Staates gerammt hat, sind zu tragenden Säulen geworden, an denen nicht zu rütteln ist. Die neue Machtelite findet ihre Legitimation in seiner Person. Und von Putin ist die Rückkehr auf den Weg der Demokratie kaum zu erwarten. Mitarbeiter aus seinem Kreis, die durchaus nicht alle diese Entwicklung unterstützen, aber um des Überdauerns willen auf ihren Positionen ausharren, sehen die Weichen für das Land langfristig gestellt. Sie sprechen von einer Ära, die fünfzig Jahre dauern könnte.

Putins Jahre sind keine Episode, sondern ein tiefer Einschnitt in die russische Geschichte. Hinter der Figur dieses Mannes flammt staatlich sanktionierter Nationalismus auf – und auch die Gefahr von Diadochenkämpfen innerhalb der neuen Elite, die wiederum zu einer Radikalisierung in der Außenpolitik führen könnten. Die Vorherrschaft auf dem europäischen Energiemarkt gibt dem Land dazu das nötige Instrumentarium.

Der Blick in die Zukunft würde weniger Beklemmungen auslösen, wenn Putin und seine Männer sich in der Rückbesinnung auf das geschichtliche Erbe Russlands nicht so wählerisch verhielten. Als im August 2007 auf der Hinrichtungsstätte Butowo in Moskau ein Kreuz errichtet wurde, um am siebzigsten Jahrestag des «Großen Terrors» an die Opfer des Stalinismus zu erinnern, kamen Kirchenleute und viele tausend Bürger an den Ort des Schreckens. Das Kreuz hatte eine weite Reise hinter sich – es war auf den Solowki-Inseln im Weißen Meer gezimmert worden, wo schon bald nach der Revolution das erste Lager für «Volksfeinde und Konterrevolutionäre» errichtet worden war. An jenem Tag mochte sich vonseiten des Kreml keiner zu den Versammelten gesellen. Doch am 30. Oktober, am Tag des Gedenkens für die Opfer Stalins, kam der Präsident. Er, der noch im Sommer Stalins Bedeutung in der russischen Geschichte ins rechte Licht gerückt hatte, verneigte sich vor den Opfern, pries ihren Freiheitsdrang und nannte sie «den Stolz der Nation». Von den Tätern sprach er nicht.

Literatur

Anne Applebaum: «Der Gulag», Berlin 2003.

Joseph Brodsky: «Erinnerungen an Petersburg», München 2003.

Valentin Falin: «Politische Erinnerungen», München 1993.

Yuri Felshtinsky und Alexander Litwinenko: «Blowing up Russia: Terror from within», New York 2002.

Natalija Geworkjan u. a.: «Aus erster Hand – Gespräche mit Wladimir Putin», München 2000.

Alex Goldfarb und Marina Litwinenko: «Tod eines Dissidenten – warum Alexander Litwinenko sterben musste», Hamburg 2007.

Florian Hassel (Hg.): «Der Krieg im Schatten – Russland und Tschetschenien», Frankfurt 2003.

Kerstin Holm: «Das korrupte Imperium – ein russisches Panorama», München 2003.

Alexander Jakowlew: «Die Abgründe meines Jahrhunderts – eine Autobiographie», Leipzig 2003.

Gerd Koenen: «Der Russland-Komplex – die Deutschen und der Osten 1900–1945», München 2005.

Olga Kryschtanowskaja: «Anatomie der russischen Elite – die Militarisierung Russlands unter Putin», Köln 2005.

Jerzy Maćków: «Totalitarismus und danach», Baden-Baden 2005.

Catherine Merridale: «Iwans Krieg – Die Rote Armee 1939–1945», Frankfurt 2006.
Margareta Mommsen: «Wer herrscht in Russland? Der Kreml und die Schatten der Macht», München 2003.
Irene Pietsch: «Heikle Freundschaften – Mit den Putins Russland erleben», Wien 2001.
Anna Politkowskaja: «Tschetschenien – die Wahrheit über den Krieg», Köln 2003.
Anna Politkowskaja: «In Putins Russland», Köln 2005.
Anna Politkowskaja: «Russisches Tagebuch», Köln 2007.
Alexander Rahr: «Der ‹Deutsche› im Kreml», München 2000.
Boris Reitschuster: «Putins Demokratur – Wie der Kreml den Westen das Fürchten lehrt», Berlin 2006.
Michail Ryklin: «Verschwiegene Grenze – Briefe aus Moskau 1995 – 2003», Zürich, Berlin 2003.
Michail Ryklin: «Mit dem Recht des Stärkeren – Russische Kultur in Zeiten der ‹gelenkten Demokratie›», Frankfurt 2006.
Dirk Sager: «Betrogenes Russland – Jelzins gescheiterte Demokratie», München 1996.
Gerhard Schröder: «Entscheidungen – mein Leben in der Politik», Berlin 2007.
Lilia Shevtsova: «Putin's Russia», Washington 2005.
Elena Tregubowa: «Die Mutanten des Kreml – mein Leben in Putins Reich», Berlin 2006.

Dank

Dies ist kein Buch, das mit Freuden zu schreiben war. Deshalb gehört mein besonderer Dank allen Freunden in Moskau, die mich bestärkt haben, das Manuskript zu verfassen. Sie haben mich durch viele Korrespondentenjahre begleitet und mir das Land nahe gebracht.

Die Schilderung meiner Eindrücke der Ära Putin wäre kaum möglich gewesen, gäbe es in Russland nicht Politikwissenschaftler und Soziologen wie Lilia Schewzowa oder Olga Kryschtanowskaja, deren bewundernswerte Arbeit den Blick des journalistischen Autors schärfte. Die Begegnungen mit ihnen lehrten mich Respekt vor dem Mut und der Unbestechlichkeit, mit der Wissenschaftler auch in schweren Zeiten ihrer Arbeit nachgehen.

Mein Dank gilt meinen ehemaligen Kollegen in Moskau, deren Arbeit häufig gescholten wird, vor allem, wenn ihre klare Berichterstattung den Vernebelungsbemühungen mancher Politiker im Weg steht. Ihr Russlandbild sei zu düster, wird ihnen dann kollektiv zum Vorwurf gemacht, als seien sie Befehlsempfänger einer Kampforganisation. Ich hätte in den Tagen meiner Abwesenheit von Moskau ihre vielseitigen Berichte und Analysen nicht missen mögen.

Dem interessierten Leser sei auch meine Wertschätzung für

die Zeitschrift «Osteuropa» nicht vorenthalten, deren Expertisen und facettenreiche Reflexionen zur Entwicklung in Russland wichtige Anregungen gaben.

Großer Dank gebührt schließlich Jens Dehning, dem Lektor, der dem Autor mit geistiger und praktischer Hilfe unermüdlich beistand.